1921-2021
厦门大学
XIAMEN UNIVERSITY

百年校庆系列出版物

校友文化系列

天南地北厦大人

邱伟杰　主编

厦门大学出版社
XIAMEN UNIVERSITY PRESS
国家一级出版社
全国百佳图书出版单位

图书在版编目(CIP)数据

天南地北厦大人/邱伟杰主编.—厦门:厦门大学出版社,2021.3
ISBN 978-7-5615-8097-4

Ⅰ.①天… Ⅱ.①邱… Ⅲ.①厦门大学—校友—介绍 Ⅳ.①K820.7

中国版本图书馆 CIP 数据核字(2021)第 043583 号

出 版 人 郑文礼
责任编辑 刘 璐
封面设计 蔡炜荣
技术编辑 朱 楷

出版发行 厦门大学出版社
社　　址 厦门市软件园二期望海路 39 号
邮政编码 361008
总　　机 0592-2181111 0592-2181406(传真)
营销中心 0592-2184458 0592-2181365
网　　址 http://www.xmupress.com
邮　　箱 xmup@xmupress.com
印　　刷 厦门市竞成印刷有限公司

开本 720 mm×1 000 mm 1/16
印张 26.5
插页 2
字数 372 千字
印数 1～10 000 册
版次 2021 年 3 月第 1 版
印次 2021 年 3 月第 1 次印刷
定价 180.00 元

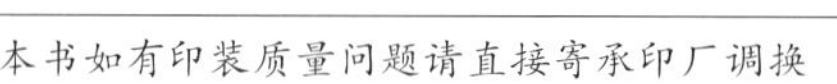
本书如有印装质量问题请直接寄承印厂调换

厦门大学出版社
微信二维码

厦门大学出版社
微博二维码

总 序

厦门大学 党委书记 张 彦
校　　长 张 荣

2021年4月6日，厦门大学百年华诞。百载风雨，十秩辉煌，这是厦门大学发展的里程碑，继往开来的新起点。全校师生员工和海内外校友满怀深情地期盼这一荣耀时刻的到来。

为迎接百年校庆，学校在三年前就启动了“百年校庆系列出版工程”的筹备工作，专门成立“厦门大学百年校庆系列出版物编委会”，加强领导，统一部署。各院系、部门通力合作，众多专家学者和相关单位的工作人员全身心地参与到这项工作之中。同志们满怀高度的责任感和紧迫感，以“提升质量，确保进度，打造精品”为目标，争分夺秒，全力以赴，使这项出版工程得以快速顺利地进行。在这个重要的历史时刻，总结厦大百年奋斗历史，阐扬百年厦大“四种精神”，抒写厦大为伟大祖国所做出的突出贡献，激发厦大人的自豪感和使命感，无疑是献给百岁厦大最好的生日礼物。

“百年校庆系列出版工程”包括组织编撰百年校史、百年组织机构史、百年院系史、百年精神文化、百年学术论著选刊、校史资料与学生名录……有多个系列近150种图书将与广大读者见面。从图书规模、涉及领域、参编人员等角度看，此项出版工程极为浩大。这些出版物的问世，将为学校留下大量珍贵的历史资料，为学校深入开展校史教育提供丰富生动的素材，也将为弘扬厦门大学“自强不息，止于至善”校训精神注入时代的新鲜血液，帮助人们透过“中国最美大学校园”

的山海空间和历史回响，更加清晰地理解厦门大学在中国发展进程中发挥的独特作用、扮演的重要角色，领略“南方之强”的文化与精神魅力。

百年校庆系列出版物将多方呈现百年厦大的精彩历史画卷。这些凝聚全校师生员工心血的出版物，让我们感受到厦大人弦歌不辍的精神风貌。图文并茂的《厦门大学百年校史》，穿越历史长廊，带领我们聆听厦大不平凡百年岁月的历史足音。《为吾国放一异彩——厦门大学与伟大祖国》浓墨重彩地记述厦门大学与全国34个省级行政区以及福建省九市一区一县血浓于水的校地情缘，从中可以读出厦门大学在中华民族伟大复兴征程中留下的深深烙印。参与面最广的“厦门大学百年院系史系列”、《厦门大学百年组织机构史》，共有30多个学院和直属单位参与编写，通过对厦门大学各学院和组织机构发展脉络、演变轨迹的细致梳理，深入介绍厦门大学的党建工作、学科建设、人才培养、组织管理、社会服务等方面的发展历程，展示办学成就，彰显办学特色。《厦门大学校史资料选编（1992—2017）》和《南强之星——厦门大学学生名录（2010—2019）》，连同已经出版的同类史料，将较完整、翔实地展现学校发展轨迹，记录下每位厦大学子的荣耀。“厦门大学百年精神文化系列”涵盖人物传记和校园风采两大主题，其中《陈嘉庚传》在搜集大量史料的基础上，以时代精神和崭新视角，生动展现了校主陈嘉庚先生的丰功伟绩。此次推出《林文庆传》《萨本栋传》《汪德耀传》《王亚南传》四部厦门大学老校长传记，是对他们为厦大发展所做出的突出贡献的深切缅怀。厦大校友、红军会计制度创始人、中国共产党金融事业奠基人之一高捷成的传记《我的祖父高捷成》，则是首次全面地介绍这位为中国人民解放事业做出杰出贡献的烈士的事迹。新版《陈景润传》，把这位“最美奋斗者”、“感动中国人物”、令厦大人骄傲的杰出校友、世界著名数学家不平凡的人生再次展现在我们眼前。抒写校园风采的《厦门大学百年建筑》、《厦门大学餐饮百年》、《建南大舞台》、《芙蓉园里尽芳菲》、《我的厦大老师》（百年华诞纪念专辑）、《创新创业厦大人2》、

《志愿之光》、《让建南钟声传响大山深处》、《我的厦大范儿》以及潘维廉的《我在厦大三十年》等，都从不同的角度，引领我们去品读厦门大学的真正内涵，感受厦门大学浓郁的人文精神和科学精神。

此次出版的"厦门大学百年学术论著选刊"，由专家学者精选，重刊一批厦大已故著名学者在校工作期间完成的、具有重要价值的学术论著（包括讲义、未刊印的论著稿本等），目的在于反映和宣传厦门大学百年来的学术成就和贡献，挖掘百年来厦门大学丰厚的历史积淀和传统资源，展示厦门大学的学术底蕴，重建"厦大学派"，为学校"双一流"建设提供学术传统的支撑。学校将把这项工作列入长期规划，在百年校庆时出版第一辑共40种，今后还将陆续出版。

"自强！自强！学海何洋洋！"100年前，陈嘉庚先生于民族危难之际，抱着"教育为立国之本，兴学乃国民天职"的信念，创办了厦门大学这所中国历史上第一所由华侨独资建设的大学。100年来，厦大人秉承"研究高深学术，养成专门人才，阐扬世界文化"的办学宗旨，在实现中华民族伟大复兴的征程上书写自己的精彩篇章。我们相信，当百年校庆的欢庆浪潮归于平静时，这些出版物将会是一串串熠熠生辉的耀眼珍珠，成为记录厦门大学百年奋斗之旅的永恒坐标，成为流淌在人们心中的美好记忆，并将不断激励我们不忘初心继承传统，牢记使命乘风破浪，向着中国特色世界一流大学目标奋勇前行！

张彦　張荣

2020年12月

出版说明

在厦门大学一个世纪的发展历程中，先后培养了40多万名优秀校友，涌现出一大批学术精英、兴业英才、社会栋梁。厦大校友在各自的工作岗位上兢兢业业，为国家和社会的建设发展做出了重要贡献，用自己的实际行动诠释着“自强不息，止于至善”的校训精神。厦大人既是学校百年办学的杰出成果和直观体现，也是学校新百年征程的宝贵财富和重要力量。

为了更好地将校友力量融入学校办学发展全过程，充分发挥校友在立德树人工作中的榜样作用，学校党委宣传部和校友总会秘书处联合在《厦门大学报》上推出了“天南地北厦大人”校友人物专访栏目，以在校学生采访学长、学姐的形式，展现出不同年代、不同行业、不同学科校友的精彩故事。2016年，在厦门大学95周年校庆前夕，我们将《厦门大学报》上刊登的35篇文章结集成册，出版了《天南地北厦大人》一书，在校园内外引发强烈反响，受到社会各界广泛好评。为此，我们决定将这项工作常态化进行，希冀将其打造成厦大校友工作的文化品牌，使之成为校友资源服务人才培养的长效机制。

2021年，是厦门大学建校100周年，这是厦大人拼搏奋进、再创辉煌的里程碑，也是承前启后、继往开来的新起点。为献礼百年华诞，我们将近年来完成的校友专访集合汇编，推出全新一辑《天南地北厦大人》。本辑共收录68篇校友故事，讲述厦大人浓厚的母校情结，展现厦大人高尚的家国情怀，以及凝心聚力、弘扬百年厦大精神。

百年厦大，人才辈出。还有更多精彩的校友故事等待我们去挖掘。我们将坚持开展校友人物访谈工作，继续出版校友榜样文集，讲好厦大人的故事，展现厦大人的精彩！

谨以此书献给百年巍峨的厦门大学。

《天南地北厦大人》编委会

2020年10月

目　录

陈碧玉：一位投身教育事业的厦大才女

人物名片：

陈碧玉，福建泉州人，1920 年生，父陈仲瑾系泉州著名士绅。陈碧玉 1942 年毕业于厦门大学数理系，曾任萨本栋校长助教，承父志长期从事中等教育，曾任泉州西隅中学、厦门女子中学、厦门二中等校校长达二十年，桃李满天下。1976 年自厦门市教育局副局长任上退休后，在厦门二中发起外语教育改革，是厦门外国语学校的创始人。她提倡外语人才培养要文理并重，为改革开放培养了一大批文理兼备的人才。

她早年就读于泉州培英女子中学，受长兄（陈泗传，厦门大学化学系 1937 届）熏陶，她崇拜居里夫人，向往成为像居里夫人那样的科学家。然而，命运之舟却令她成为一位拥有“居里夫人梦”的教育家，常以居里夫人为榜样教育学生和下一代。她笑道：“我到处去讲这位居里夫人，可是我自己却做不成科学家！”她开辟了外语人才培养的新天地，成为厦门教育界的“一姐”。她叫陈碧玉，一位值得敬佩的女校长，一位令人引以为豪的厦大人。

父兄的熏陶令她走上教育之路

热爱科学的陈碧玉却走入教育学界并非偶然。陈碧玉出生在一个书香世家，祖父是前清秀才，父亲二十四岁乡试中举，在当时泉州的读书人中并不多见。父亲思想进步，是泉州响应并发动辛亥革命的主要骨干。“愤民智之庸愚，萌民主之思想”，他重视教育，与同仁合作开办西隅学堂，并以此为据点开展革命活动。父亲为打理西隅学堂、扩办西隅师范四处奔走，竭尽全力，为各地输送了无数人才，并推动着海外的华文教学。耳濡目染，父亲的建树激发了陈碧玉心中对教育事业的热爱。

在那个时势动荡的年代，西隅师范不幸停办，但陈老先生矢志不改，多方募集资金创办西隅中学。1949 年，在泉州培英母校任教的陈碧玉受命出任西隅中学的第一任校长。她学着母亲，拿出自己的积蓄垫付学校的办学经费，努力经营西隅中学。

求学时期的陈碧玉

陈碧玉的父母和她文理兼备、博闻广识的哥哥，引导着她逐步走上了“兴学明志”的教育之路。

莘莘学子　杏坛耕耘

1938 年，陈碧玉考入厦大，自此与厦大结缘，而这缘分也是千回百转而至的。此前，学业出类拔萃的她曾被南京金陵女子大学和福建医科大学分别录取，却因家中拮据或学校草创条件简陋而放弃就读，留任培英女中附属小学的教师。那么，

她后来又是如何进入厦门大学就读的呢？

当时正值抗战时期，厦门危急，厦大内迁至长汀。说来也巧，陈碧玉的哥哥有个叫蔡启瑞的同学，毕业后在厦大当助教，回乡结婚后返校时借住泉州陈家。陈碧玉听从了哥哥的建议，随蔡启瑞一家到长汀参加全国高考，如愿考上了厦大数理系，有幸师从萨本栋校长攻读微积分教程。1942年，她自厦大毕业，回泉州培英女子中学教数理，其教育人生从此启程。一年后，萨本栋先生邀请她回厦大任数理系助教，与厦大再续前缘。

1945年，陈碧玉与厦大化学系助教李法西成婚。婚后因校方规定夫妻不能同校，陈碧玉离开了厦大。她先后在永安中学、长汀中学、南京东方中学、国立海疆专科学校和泉州培英女子中学任教，直到1949年出任父亲所办泉州西隅中学的首任校长。而在此期间，李法西经卢嘉锡先生推荐赴美深造。

1950年，朝鲜战争爆发后李法西放弃博士学位回到了厦大，在化学系任副教授。陈碧玉随夫君来到厦门，在卢嘉锡先生创办的厦大校友中学任教，从此与厦门的教育事业和美丽的鼓浪屿结下了一生的情缘，在厦门近半个世纪的教育史上留下了深深的印迹。

1951年秋季，她奉调任厦门女子中学教导主任，翌年，身为中共地下党员的她受省政府主席任命出任该校校长。1959年，厦门女子中学并入厦门二中，陈碧玉出任二中校长。自1950年至1970年，陈碧玉辛勤耕耘鼓浪屿中等教育凡二十年，可谓桃李满天下，为鼓浪屿乃至全国各地培养了一批又一批的人才。

独辟蹊径　创外语人才培养新篇章

“文革”中，陈碧玉下放永定，1972年奉调回厦门任市教育局副局长直至1976年卸任。虽然离开领导岗位，但年近六旬的她退而不休。面对“文革”后与世界各国交往的人才需求，陈碧玉深入厦门二中开办英语试点班，着手外语教学改革试验，探讨外语人才培养的新途径。

第一届英语试点班高考成绩突出，顺理成章地成了教学改革的楷模。英语试点班的总结材料，曾被教育部编入教学改革的经验汇编之中，当作学习范例在全国交流。英语试点班的优秀成绩为厦门英语中学（现厦门外国语学校）的创立打下良好基础。

陈碧玉生活照

在厦门市政府的支持下，为培养改革开放所急需的外语人才，厦门市英语中学于 20 世纪 80 年代初创办，作为学校的创始人陈碧玉荣任名誉校长。不过，这位名誉校长并不只挂虚衔。她亲力亲为做了许多改革的尝试，譬如规定早自习学英语、缩小班级规模、提高授课教师的口语水平使其尽量用英语授课、开设英语授课之“科学”课程等。

她被指定代表福建省参加了全国第一次外国语学校教学工作会议。在会议的各项活动结束后，她总结出外国语学校的共性：单纯地搞外语。于是她提出要改

革外语人才培养模式，要求在弥补只会读写不会听说的外语窘境的同时兼顾文理基础，即培养既掌握外语又具备良好科学素养的新型外语人才。这成为厦外长期以来努力的方向。

陈碧玉说，她也不曾想过厦门外国语学校能够发展到这样的规模，她很感谢一起筹备试点班的老师和后来接手的几位校长，她觉得厦门外国语学校的成就是所有人共同努力的结果。

简单勾勒完她的近八十年的杏坛人生，陈碧玉说："我就这样走，走，走到了现在。"她的神情中饱含着经历过无数风雨才足以拥有的那份从容。

原音回放：

"多读书，有选择地读些好书，读多了自然就会受到好的指引；始终保持一个清醒的判断，做对的事情，找准了方向，尽管往前走。"

（文／学生记者 陈婧；图／受访者提供）

纪华盛：弱冠师恩自难忘，耄耋倾囊爱无疆

“积攒了二十几年的退休金，凑齐这一百万捐了，我没有我的同学们那么有钱，希望母校不要嫌弃。本来想等到母校百年校庆的时候，再捐出这笔钱为母校献礼，但是我怕等不到那一天了……”

这段话来自一位九十五岁的耄耋老人，厦门大学 1948 届土木工程系校友纪华盛，他把积攒了二十多年的全部积蓄，都捐给了母校。

纪华盛与夫人的合影

九十五岁的老先生满头银发，他的故事，像是一卷铺开的长册，厚重的书墨香吸引着人靠近聆听，“厦大”这一篇章，跨越了七十五年。

艰苦的长汀岁月中，母校的关怀照亮前行的路

1937 年，为了躲避战火，厦门大学内迁至八百里外的福建山城——长汀，在

最接近敌占区的地方坚持办学。从 1938 年抵达长汀到 1946 年的八年长汀岁月中，厦大在困苦中铸就了“南方之强”。

纪华盛便是在 1944 年入读厦门大学土木工程系的。据纪华盛回忆，厦大当时有三个专业是不需要缴交学费的，吃住也由学校承担，而土木工程专业就是其中之一。这对于家境并不富裕、求学艰辛的纪华盛来说，无疑是减轻了一大负担，让他能全心投入到学业之中。

“尽管在学校能吃到的只是一点儿黄豆、笋、糙米等，但我还是觉得非常满足。”纪华盛感慨道。当时的厦大办学经费有限，处处捉襟见肘，但是依旧坚持“再苦不能苦学生”。

为了保证教学研究的正常运行，萨本栋校长带头减薪，教授、讲师们的工资也几近减半，当时的许多教授，饭菜里也常常见不到油星。对于当时许多穷苦的学生来说，即便是简单到甚至有点粗糙的饭菜，能吃饱已经是很难得的幸福了。

青年时期纪华盛

经常有人感慨：为什么从长汀时期走过来的那一代厦大人，对母校的认同感和归属感格外高？从艰苦的岁月中一同走过，厦大无声却饱含深情的关怀，始终是厦大人心中柔软的一方天地。

师恩难忘，厦大老师为学生撑起了一片天

中学生纪华盛，在鼓浪屿沦陷后不愿意做“亡国奴”，不愿在日本人办的学校里求学，便与挚友一起到长汀求学。而当时厦大已经内迁到长汀，长汀中学正好在厦大旁边，厦大的一些老师、高年级学生会到长汀中学兼课，给予了当时的纪华盛良好的师资条件。之后，他便考上了厦门大学。

纪华盛在长汀就读时期的老照片

回忆起在长汀求学的时光，纪华盛最难忘的，还是萨本栋校长。这位年轻的校长秉着“未到‘最后一课’的时候，应加紧研究学术与培养技能”的原则，为师生树立起一个榜样。

山城没有电灯，萨本栋校长拆下自己汽车的发动机改装成发电机，为师生亮灯；学生们每天吃糙米小菜，萨本栋校长逢年过节便自掏腰包赠送每位学生一片猪肉增加油水；然而他自己却患有严重的胃病和关节炎，校医不得不为带病依旧

坚持讲课的萨本栋校长做了一件铁衫支撑他的腰部，让他能站着上课……

萨本栋校长心中装着的，是厦大的发展，是厦大的学生，是科研，是学术，唯独漏了他自己。为学生撑起一片天的他，最后却把自己累倒了……“萨本栋校长因胃癌病逝在美国，才四十七岁啊！”谈到这位大爱无疆的校长，纪华盛沉默了，怀念、感恩与遗憾交杂在一起。

爱国爱校，为了厦门这片热土上的曙光一往无前

母校、恩师的培养，让纪华盛成长为了一名爱国爱校的优秀青年。他于 1947 年在厦大加入共产党，此后开始了革命工作，为厦门的解放做出了重要贡献。

1949 年，当时只有一百一十八平方公里的厦门岛上挤满了大大小小的军事碉堡和十几万的国民党守军，“至暗时刻”笼罩全岛。当时的国民党指挥官汤恩伯非常自信，认为厦门守三五年不成问题。但他没有料到的是，星星之火很快就要燎原！纪华盛便是其中一员。

为了探清国民党碉堡分布的状况，纪华盛等人联系了当时同为地下党人、担任工事建设监工的厦大学生，暗中复制了碉堡分布图和结构图。拿到图纸后，纪华盛买了个热水瓶将内胆取出，将图纸包在内胆外面之后再装回热水瓶内，交给组织。正是这些重要的碉堡图纸，避免了厦门解放战斗中同志的过多牺牲。谈起这些光辉事迹，纪华盛却笑着说：“我其实没什么好宣传的。”

对自己“抠门”，却毫不犹豫为母校捐出全部积蓄

“我和老伴都是国家机关工作人员，收入有限，退休前家里负担重，退休后退休金逐年增长，我们也比较节约，这些钱是二十几年积攒下来的，我没有我的同学们那么有钱，希望母校不要嫌弃。”说起这些话，羞涩、遗憾的神情浮现在纪老先生的脸上，而在他的身后，是狭小客厅的陈旧摆设，是老式的热水瓶，是斑驳的墙面……

纪华盛工作照

厦大关心、呵护着她的学子们，而学子们又何尝不是怀着一颗对母校的感恩之心。

纵使求学时光短暂，但这是属于一代代厦大人一生中最美好的记忆，在漫漫时间长河之中占据着一席之地，即便过了十年、二十年、三十年……回忆起自己的厦园时光，回忆起厦园中的恩师、朋友，依旧是一颗心被填得满满的感动。饮水思源，对母校的爱与感激，化作诚挚的报恩行。

纪华盛学长毕业七十一年了，而如今他与厦大的深厚情谊、他对母校深沉的爱，以另外一种方式在厦园中延续、表达。

（文 / 宣传部、教育发展基金会；图 / 受访者提供）

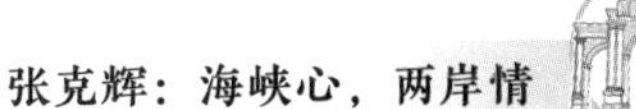

张克辉：海峡心，两岸情

人物名片：

张克辉，台湾彰化市西门口张厝人，祖籍福建省平和县安厚镇马堂村。1948年考入厦门大学经济系并加入中国共产党。新中国成立后，历任福建省安溪县人民公安队指导员、县公安局股长，省委土改队组长，省委统战部干事、组长。1978年以后历任福建省政协副秘书长，省侨务办公室、外事办公室副主任，省台盟主委等职。1991年至1997年任全国台联会长，海峡两岸关系协会顾问，台盟第五届中央委员会副主席。1997年至2005年任台盟第六、七届中央委员会主席，2005年12月被推举为台盟中央名誉主席。1998年至2008年任全国政协副主席。曾任中国和平统一促进会会长，全国台联名誉会长。曾任第五届、第七届全国政协委员，第九届、第十届全国政协副主席，第八届全国人大常委会委员等职。

2010年，全国台联名誉会长、年过八旬的张克辉在台北发布新书《海峡心·两岸情》，记录自己从当年的热血青年辞别乡井，奔赴大陆，从文学青年、游击队员到担任全国政协副主席的丰富人生体验。阔别故土多年，他将这份炽热深远的爱与哀愁写进书中。他写道：

> 我来自台湾海峡的东岸，台湾有我童年梦幻、青年的憧憬，有亲人的盼望。
>
> 我来到台湾海峡的西岸，大陆有我所追求的理想、热爱的事业，有同甘共苦的人民。
>
> 我爱台湾，我爱大陆，我更爱走向统一、富强的祖国——中国。

这或许是对张克辉一生伫立于大陆而回望两岸，在故土亲缘与国之重任的弘毅之路上最好的诠释。“海峡心，两岸情”，割舍不下的是他对这片沧桑山河，这份故土深情的浓浓乡愁。

童年：清河衍派，赤子之心

1928 年，张克辉出生在台湾彰化。蓊蓊郁郁的八卦山是彰化境内唯一的高地，登山远眺，视野极佳，从山顶可以眺望到他的出生地西郊张厝老村庄。刚出生时，这个被寄予厚望的孩子取名张有义，后来他进入福建省安溪县老区打游击时，将自己的名字改为了张克辉，自此，这个名字伴随他走过了峥嵘岁月。

少年张克辉

童年时期的张克辉上学时，祖母常常在村口伫立等候。在老家门楼正中，镶嵌着由青石造成的匾额，上面镌刻着“清河衍派”四个遒劲有力的大字。

关于匾额上的这四个字，史书记载，清河郡始设于汉高祖刘邦时代，《水经注》也称：清河源于河南北部，流经河北由海河入海。泉州张姓在内的世界张姓族人均以“清河”为总郡望堂号，寓意是不忘先祖之地。2009 年，已步入杖朝之年的张克辉在阔别故乡一个甲子之后，第二次返回故乡时谈到祖堂前的门匾“清河衍派”，就曾特别有感情地回忆道：“小时候，祖父母都会把我们叫到门匾下说我们是从中原来的，让我们从小就知道自己是中国人。虽然小时候我念的是日本学校，但越受日本人欺负，中国人的意识、概念就越强。”

1945 年，日本战败，台湾终于摆脱了殖民统治，重回祖国怀抱。在人人喜悦的海洋中，火车站广场上，人们燃放鞭炮以庆祝抗战胜利，热闹的舞龙、舞狮也出现了。张克辉和同学们挤在欢迎祖国军队的人群中，激动地等待庄严的时刻。火车进站时，“祖国万岁”的口号声此起彼伏。一股学国语的热潮悄然兴起，张克辉也买了一本自学国语的小册子，到山坡上高声朗读“你好吗？好久不见了”“我是中国人，你是中国人吗？”。

荡漾的海峡碧波，这头的宝岛在国民党政权的专制独裁阴影下爆发了“二二八”事件，那头的大陆各地民众纷纷以正义力量给予他们支持。爱国民主运动风起云涌，事件逐渐延烧到彰化，年轻的张克辉和同学在街上解救了一位被流氓欺负的外省籍女教员，后来，被解救的教员还邀请张克辉和同学到家中做客，以表达感谢。

在厦大：风华正茂，挥斥方遒

1948 年，向往祖国大陆的张克辉决定报考海峡对岸的厦门大学。但当学校寄来录取通知后，父母和阿嬷却因路途遥远，两岸关系未卜而犹疑不定，颇为担心，不愿孩子离去。后来阿嬷决定问妈祖，在妈祖庙掷筊后竟扔出了三个圣筊，遂同意他去厦大念书。

从台湾彰化离开，辞别父母，离开眷恋的八卦山、云雀岗，渡海求学，张克辉来到厦门大学就读经济系。

由于日本帝国主义投降前在台湾推行奴化教育，张克辉讲话得用日语，写、读要用日文，中文底子很弱，因此在厦大的学习过程碰到很大困难。这时，从上海来的同系同学陈漪，每次课后都去他的宿舍，帮他理解教授讲课和辅导中文阅读。同学之间温暖而诚挚的友情感动了张克辉，他在厦大校园里努力汲取着知识的力量，同时也不忘积极投身于热烈的爱国民主运动。

1948 年，蒋介石发动内战。纷飞战火造成的是严重的社会动荡，政府官僚权贵腐败成风，时局难稳，物价飞涨，普通百姓们生活在水深火热中，奋起反抗的进步青年们上街游行，却遭到残酷镇压。受红色热情洗礼的张克辉在多个场合流露出对共产党的赞赏之情。同年十一月，他在同学郑坚的介绍下加入地下党组织，次年二月受派到安溪游击区工作。

此事为经济系老师、《资本论》的翻译者之一郭大力获悉。这位当时知名的进步教授请陈漪提醒、转告张克辉，务必注意安全、讲话要收敛。听从陈漪转告后，张克辉真正感到白色恐怖就在身边，于是提高警惕，谨言慎行直至最后辗转去到游击区。在游击区，他听闻军统特务毛森在厦门逮捕进步同学，好几位认识的同学被害，不免后怕，同时也感激在厦大遇到的老师挚友，他们将个人安危置之度外，以友善的提醒救了自己一命，这份救命之恩常萦绕在他心中。

正是由于有这些同担昂扬斗志的同辈情谊，张克辉才得以在那时逃脱生命危险。他感激这些有着明亮内心的老师和同学，得以自由地施展抱负，而不用再畏惧这些黑暗。

在之后的岁月中，张克辉曾多次表示，两岸学生相互交流，促进彼此之间的了解，绝对是一件好事，“两岸学生本来就应该相互交流，我本身就是到大陆念书的台湾学生”。

返乡：乡音难改，故情难忘

当年的台湾热血青年离开家乡，到大陆成了游击队员。张克辉回忆当时的游击队员生活，对抗国民党的反共救台军，不但连吃的东西都没有，天天以地瓜干和萝卜干果腹，甚至与蚊子、跳蚤、虱子为伍。但当被问及是否会后悔当时背井离乡奔赴大陆的决定，张克辉却回答：“从来没有后悔过，我坚持自己的选择是对

的。”即使是在生活最困顿、最难过的游击队生涯，他都没有后悔过。

张克辉近照

后来任职国台办，当选政协副主席后，张克辉有机会接见很多来自台湾的朋友，每次都忍不住问“有没有来自彰化的？”。而命运的神奇之处在于，几乎五分之一是彰化人。他很开心，一直觉得能当彰化人，是非常荣幸的事。

1993 年，张克辉父亲辞世。尽管台湾当局以“身份特殊复杂”“回台可能遭起诉”等诸多荒谬借口频频阻挠，张克辉还在各界人士的帮助下，终于在离别故乡四十五年后，第一次回到家乡，为父亲奔丧。2009 年 5 月，张克辉以中华妈祖文化交流协会会长的身份，应大甲镇澜宫邀请率团去台参访，携夫人第二次回台。此后多次参与两岸文化活动，将漫漫的人生经验化为笔下文字，既是他自己所称“心灵旅程最真实的记录”，也是海峡两岸历史沧桑的珍贵缩影。

回望张克辉少小离家的那段岁月，动荡的祖国山河与风起云涌的社会局势，同辈人大多心怀爱国之志，奔赴世界各地，为光明的未来积蓄力量。选择奔赴大陆的张克辉常以文字纾解乡愁，以谦逊敏捷的姿态活跃于文坛，作品常因诚挚情感倍受称誉。他年轻时就在台湾著名爱国作家杨逵主办的《力行报》上发表过小说《农民》，离休后更是将这些难以割舍的浓厚乡愁凝注于笔端，如泉流不断地写成文章和剧本，其中《台湾往事》及《寻找》后来还被翻拍成电影《云水谣》。他在政坛中为两岸和平与希望大声疾呼，在文坛中以己之笔抒写两岸共同回忆，也曾在回首往事时感慨命运所致，发出游子长叹，但他心有志而从未后悔："当年辞别故里，奔赴大陆的热血青年，如今已是白发苍苍、步履蹒跚的老者。两岸分离日久，家国团圆，故乡富饶，社会和谐，同胞们安康幸福，这是贯穿了我一生的梦想！"

（文 / 学生记者 李沁桦；图 / 受访者提供）

谭一文：扎根新疆六十载　不忘初心莫言悔

人物名片：

谭一文，厦门大学1954级经济系校友，厦门大学新疆校友会名誉会长。1958年毕业时，他主动要求远赴新疆投身教育工作，数十年如一日。严谨认真的教学态度、和蔼可亲的师德师风、思维缜密的科研精神令他深受学生喜爱。与此同时，他致力于研究新疆的医疗卫生事业的发展，深入南北疆三十多个县市调研，提出具有新疆特色的多项农牧区卫生事业发展政策建议，受邀参加新疆新型农村合作医疗试点推广工作，被新疆维吾尔自治区卫生厅领导誉为新农合“首席专家”。

谭一文近照

2017年夏天，在新疆支教服务六十年的老校友谭一文回到母校厦门大学，他为学校的巨大变化所震撼，相比自己当年的学习条件和生活环境，母校的变化真可谓翻天覆地。

烽火岁月　完成学业

1954年，不满十八周岁的谭一文因慕厦门大学校长王亚南之名，报考了厦门大学经济系政治经济学专业，从此开启了人生求学新篇章。就在这一年，台湾海峡形势紧张，厦门和金门开始武装对峙，地处海防前哨的厦门大学经常面临被轰炸或炮击的危险。在这个特殊时期，厦大的师生们肩负着双重任务，一方面要坚持教学和学习，另一方面还要坚持反空袭、反炮击。所有厦大师生都要在开学初接受长达一周的反空袭斗争教育。此后一个月，为了保障师生的安全，课堂临时迁到南普陀后山的一些石洞门前，每当遇到空袭，师生就要进洞，这些洞后来也被大家称为“厦门大学十八洞”。在当时，“跑警报”对厦大师生来说是家常便饭，此前校园内所有建筑物和道路两旁都挖有防空壕、交通壕。不论你身处校园何处，也不论你正在做何事，只要防空警报拉响，都必须立即入壕，迅速到指定的防空洞。他至今还记得，有一次吃饭断断续续吃了四五个钟头，饭碗刚端到嘴边警报就响了起来，不得不放下碗筷进入防空洞中，直至警报解除再出来接着吃饭。

武装对峙使厦大师生在战备状态下学习生活，校园的正常秩序被打乱，师生的生命安全受到威胁，这种艰难处境放眼全国大学都是绝无仅有的。然而，就在这样极其艰难的条件下，谭一文和同学们一起，以顽强的意志和极大的勇气坚持学习，完成了学业，顺利毕业。

六十多年后的今天，他回忆起当年与反空袭斗争相伴的厦大求学生涯，仍坚信那是自己一生中最难忘也是最有价值的一个阶段：危险和艰苦锻造了他顽强的意志，对他后来几十年的工作产生了重要而深远的影响。为此，他对母校厦大始终心怀感恩。

在这段艰难岁月中，还出现过一段小插曲。当时，国民党的“太平号”护卫舰被中国人民解放军鱼雷艇击沉，这对于解放军海军夺取战区制海权起到了决定性的作用。消息传到学校后，生物系青年教师胡维宏有感而发，创作出一段《太

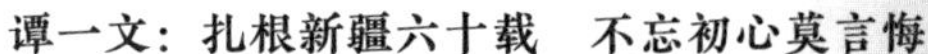

平号军舰回老家》快板，并且经常在公共场合为大家表演。朗朗上口的说辞使得这段快板受到了许多人的喜爱，谭一文也牢牢地将其铭记于心。即使到现在，他仍然能清晰地记得这段快板绝大部分的内容。他说，每当默念起这段快板，当年在厦大学习和生活的场景就会浮现在眼前，激励他不要忘记自己是一名厦大人，一言一行都要为厦大争光；激励他铭记当年扎根新疆、建设新疆的誓言绝不动摇；激励他不要辜负离校时陆维特书记、王亚南校长、经济系的老师及同学们的期望，鞭策自己兢兢业业做事、老老实实做人，立足本岗位，努力为建设新疆贡献一生。

教书育人　孜孜不倦

1958 年，谭一文响应国家号召，一毕业就毅然决然地选择了奔赴祖国边陲新疆工作，先后在自治区党校和自治区农村社会主义建设学校工作，1975 年年初调入新疆医学院任教，直至 2001 年退休，长期坚守在教学第一线。

谭一文说：“我热爱教学，我也热爱我的学生们，我愿做学生的贴心人。”在这四十几年的教书生涯里，他先后讲授政治经济学、中国社会主义建设、邓小平理论、卫生经济学、卫生管理学等课程。他认真履行教书育人这份职责，坚持从教学内容、手段、方法、考核等环节探索改革，努力提高教学质量，并潜心进行教学思想研究，多次获得校级教育思想研究奖项。

这段时光中，谭一文尤为难忘的，是筹办卫生事业管理班的教学经历。作为中国西北部地域面积最广大的自治区，新疆的医疗卫生发展状况具有独特的区域特点。1985 年，谭一文接受了新疆医学院党委筹办卫生事业管理班的任务，花了三年时间，积极收集相关资料，制定出符合区情的卫生事业管理大专班教学计划，对课程设置、教材选择做了精心安排。1988 年秋，成人卫生事业管理大专班正式招生，迎来了该专业的第一批学生。

在这个卫生事业管理班中，学生年龄差距悬殊，有的已经年过四十，有的才高中毕业；学员间的文化水平也参差不齐，教学过程中磕绊、阻碍很多。为了解决大家碰到的诸多问题，谭一文坚持深入了解，加强与任课教师沟通，采取有效措施，提高教学质量，经常在课后为他们答疑解惑。这个过程虽然十分复杂、艰辛，但在他和学生的共同努力下，班级学习成绩得到很大提升。毕业实习时，谭一文结合当时卫生管理领域的一些热点难题，组织部分学生与自治区、乌鲁木齐市卫生行政部门合作，展开专题调研，制定实施方案，进行数据分析，悉心指导学生修改毕业论文，使得论文得到了各方高度评价及充分肯定，其中几篇论文还被全国性学术研讨会选录。如今该班学生中，有许多人成为新疆卫生管理事业中的骨干。此后，他又承担了三届卫生事业管理大专班的教学管理工作，发表办学体会的论文，为新疆卫生管理专业教育积累了经验。虽然许多学员已经毕业三十多年，但他们仍与谭一文保持着联系，彼此间建立了深厚的师生情谊，大家经常邀请他参与聚会，一同回忆往昔的时光。

四十四年春华秋实，谭一文辛勤耕耘杏坛，培养了一批又一批优秀学子。退休后的他，仍然积极参与和教育相关的工作。他曾参与高等院校本科教学评估，是本科教学自评专家组的成员。后来他还担任学校教学指导委员会委员和教育教学督导委员会委员，而这个工作一做又做了十几年。谭一文在工作和奉献中感受到的是快乐，是充实。

民族团结　亲如一家

民族团结是各族人民的生命线。1958 年，谭一文初到新疆，从祖国东南沿海到大西北，无论气候、生活习惯、经济和社会建设水平、人文环境等都有巨大反差。为了能更快地适应当地生活，谭一文决定先从饮食开始，断米三个月，和当地人一样以面食为主食。同时，他还克服困难学会了维吾尔族的语言和文字，真心实意地融入当地人生活，尽心竭力地在边疆工作和奉献。

民族团结是在各民族群众交流、交往、交融过程中产生的。1960 年至 1961 年，他下放至托克逊县维吾尔族聚居的农村劳动锻炼并任驻队干部，坚持与农民同吃

（当时有公共食堂）同住、同劳动、同商量，边学习劳动技能，边学习维吾尔语言，边了解少数民族风情与民间疾苦。其认真负责的工作作风，实事求是的工作态度，公平公正的处事原则，令他深受少数民族农民的欢迎，双方从最初的语言不通、心有隔阂，逐渐结下深厚的感情，视如一家人。在这期间，他被评为自治区区级机关下放干部青年积极分子。十多年后，他重返该地，受到了老乡的热烈欢迎和热情款待。2011 年，谭一文再次走访时，与唯一健在的原生产队长共同回忆当年的情形，队长热情地称赞其是少数民族农民的贴心人，民族团结的模范。

这段宝贵的经历，更坚定了谭一文为少数民族边疆地区建设做实事，贡献毕生的信念。此后，无论是参加社教还是支农，他都一直坚持“四同”，受到少数民族农民的赞扬。在学校工作中，他热情帮助、耐心指导少数民族教师，对少数民族学生倍加爱护，曾多次被新疆医学院评为民族团结先进个人。

服务社会 报效边疆

新疆位于中国西北边陲，优质卫生资源相比于内地明显不足，人们的健康意识也相对薄弱。特别是广阔的农村地区，卫生事业曾一度遭遇滑坡，传统合作医疗解体，致使农牧民不能很好地享有基本医疗卫生服务，甚至出现农牧民因病致贫、因病返贫的严重社会问题。谭一文深知，加强新疆农村卫生事业管理不仅重要而且十分紧迫。

谭一文在和田市墨玉县调研

在谭一文看来，只有深入调查研究，才能提出接地气的政策建议；只有让农民得到实实在在的好处，让农民享受到方便、优质、价廉的医疗卫生服务，才算得上真心为农民做实事，也才算得上真正地为农民解决疾苦。因此，从 20 世纪 80 年代初期开始，谭一文先后深入新疆三十几个县市展开一线调查研究，就在 75 周岁的那一年，还到南北疆六个县市农牧区深入调研。他申请并参与了多项研究课题，并根据自己深入扎实的基层调查，提出多项符合新疆农牧区区情、有特色、接地气的卫生发展政策建议，其研究成果先后获得自治区哲学社会科学优秀成果奖，自治区科技进步（软科学）奖和中国卫生经济学会学术成果奖。由于他脚踏实地的工作作风、认认真真为基层工作设想、排忧解难，深受基层欢迎，被时任主管农村卫生工作的副厅长誉为新农合“首席专家”。

也许对于很多人来说，放弃沿海良好的物质条件和舒适的生活环境是“一件不值得的傻事”，但谭一文对此并不苟同。他说，自己从未后悔扎根新疆的决定，也从不介意日常生活上所碰到的困苦，反而庆幸自己能够得到支援边疆、报效祖国的机会。一方面，他认为自己在大学期间从学习到生活都受到了国家给予的诸多恩惠，学成之后理应回报国家。大学经历的那段烽火岁月，更让他深知祖国的富强来之不易，作为一名中国人，要为国家的发展尽一分力量。另一方面，在新疆的生活和工作让他与当地的少数民族同胞建立了深厚的友谊。他们热情友好的态度、淳朴善良的品质深深感动着他，让他坚定了扎根新疆，为新疆建设出力的决心。同时，正是在新疆的几十年，使他从一名青年学生成长为高校教师，从青年教师到教授，成长为一名卫生事业管理战线上的杰出工作者，让自己有了更好施展才能、报效祖国的机会。他殷切地希望未来能有更多的学生投身到边疆的建设之中，为社会的发展和国家的兴盛而奉献与奋斗。

原音回放：

“要热爱国家，服务于国家；要敬业，有奉献精神；要有创新思维，特别是在自己的专业领域中。”“要下基层锻炼的年轻人，应当要扎扎实实做事情，不能浮夸，要真正为当地人民做实事，谋福利。”

（文 / 学生记者 章韵洁；图 / 受访者提供）

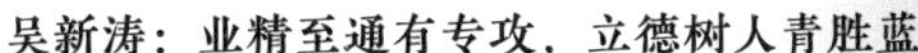

吴新涛：业精至通有专攻，立德树人青胜蓝

人物名片：

吴新涛，厦门大学 1956 级化学系校友，中国科学院院士，物理化学家，研究员，博士生导师。长期从事结构化学和簇化学研究，在过渡金属含硫原子簇化学、稀土—氨基酸簇化学及超分子无机组装化学等前沿领域取得多项原创性研究成果，在结构调控、无机组装化学方面拥有高深造诣。迄今发表 SCI 论文三百八十多篇，曾连续六年入选爱思唯尔发布的化学学科中国高被引论文学者名单。先后荣获国家自然科学奖二等奖（两项），省部级科技一等奖（四项），全国优秀科技工作者，中国科学院优秀导师，中国侨界杰出人物奖，福建省五一劳动奖章，福建省科学技术重大贡献奖等多个奖项与荣誉称号。

因“师”利导，勇探化学求知路

1939 年，吴新涛出生在闽南侨乡石狮的一个归侨家庭。父亲吴慕农曾创办石狮市第一所中学——石光中学。得益于良好的家庭教育氛围，吴新涛从小就对科学知识抱有浓厚兴趣。他在采访中说道，自己还是十几岁的孩童时，就被化学的瓶瓶罐罐所吸引，一路走来，很幸运能坚守住最初的梦想。而谈及为什么走上化学研究这条路，他坦言和多位老师的教导与影响密不可分，而这些老师无一不贴着“厦大化学”的标签。

与化学结下不解之缘，要从他在泉州一中读高中之时说起。“金珍君老师是厦门大学化学系的毕业生，化学课讲得好，我是化学课代表，上课有什么难题其他同学一时回答不了，经常让我回答，答对了就给我鼓励，所以我就更努力学习化学。”在金老师循循善诱的教导下，天资聪颖、勤奋刻苦的吴新涛在 1956 年考入厦门大学化学系。厦大时期的吴新涛像一块海绵一样，挤出每一分每一秒的时间，极力吸收着知识的养分。回想起这段时光，他认为，一方面除了个人努力，更主要的原因在于老师们“教得好”。

1956 级化学系物构专业学生合影（后排左五为吴新涛）

“进入大学后第一个学期学‘无机化学’，任课的是江培萱老师，江老师教得很好，我听得很认真，学好这门课也为我大学四年的学业做好了铺垫。”1957 年，第一个五年计划的经济热潮造就了福建省的工业基地——三明，新开垦的处女地急需各种人才。为了支援三明地区的建设，江培萱老师告别熟悉的讲台与温馨的家庭，赴任三明化工总厂总工程师，参与三化一系列重大项目的设计与建设，为三化发展成国家大型一档企业立下汗马功劳。这种“舍小家为大家”的精神给青涩懵懂的吴新涛带去了不小的震撼。

吴新涛与蔡启瑞院士、张乾二院士、万惠霖院士、黄本立院士、林鹏院士合影

蔡启瑞先生与张乾二先生也给吴新涛留下了深刻的影响。“当年蔡先生和张先生坚持阅读英文原版书籍并用于教学，我也跟着学英文教材。”多年坚持阅读英文教材的良好习惯与不懈积累为他后来出国学习乃至主编英文专著奠定了坚实的基础。此外，还有一件事也对他产生了巨大的触动。1956 年，蔡先生刚从美国回到厦大任教，王亚南校长想聘任他为二级教授。照理说，在美国就已是副教授的蔡先生受之无愧，但虚怀若谷的蔡先生坚持不肯，硬要当低一级的三级教授。“几十年后回头看，这种胸怀并不是人人都有。我曾见过有人在提职称的时候把机会让给别人，但自己主动提出来降一级的例子，除了蔡先生之外，我从未见过。”大学毕业后，吴新涛被分配到福州大学化学化工系任物理化学助教。在那里，他遇到了对其一生中影响最为深远的恩师——我国结构化学奠基人、著名物理化学家卢嘉锡先生。

1999 年，吴新涛与恩师卢嘉锡先生合影

1958 年，福建省决定在福州筹建一所工科大学。1960 年，卢嘉锡先生被省委委任为福州大学副校长。福州大学建立之初完全是白纸一张，用卢先生的话来讲，“初到福州时，住无宿舍，食无膳厅；教学上，缺师资、缺教室；科研上，缺人才、缺设备，一穷二白，一切都得从零开始，真是困难重重啊”。在这样艰苦的条件下，为了尽快开展化学科研工作，卢先生请蔡先生与张先生推荐优秀的研究生人选。蔡先生与张先生一致推荐吴新涛。经过正规考试后，他于 1962 年成为了卢先生的研究生，专攻物理化学领域。在卢先生的手底下做研究，多年的耳濡目染与言传身教让吴新涛在不断学习到宝贵知识的同时，也逐渐培养出报效祖国的赤子之心、谦逊严谨的治学态度，以及甘为人梯的奉献精神。师恩深重，心铭长存，为了缅怀与纪念卢嘉锡先生，吴新涛的办公桌上一直矗立着一尊卢先生的雕像。

悟韧并重，业精至通有专攻

关于如何做好科研，吴新涛认为关键在于两个字：悟和韧。吴新涛曾经给学生写过一副对联：研到独创派自立，学至乐之顿悟明。在他眼里，科学研究者首先一定要有悟性，要敢于钻研创新，敢于为天下之先。其次还要有韧性，“仰之弥高，钻之弥坚”，科研的道路荆棘遍布，困难重重，只有不畏崎岖才能到达光辉的顶点。

勇攀科研高峰的征途上，除了知识和创新的拦路虎，有时还会受到外部环境的影响，但是对于真正心志坚定的人来说，无论什么样的困难，都是“万水千山只等闲”，只会更加磨炼他们的意志，促使他们厚积薄发、一飞冲天。研究生期间的时局动荡，导致吴新涛晚了两年毕业，甚至在毕业后也没有顺利开展科研工作，而是被分配到漳平铁矿从事矿工、仓库管理员、中学教师等工作，一干就是四年九个月。但吴新涛始终坚信“知识就是力量”。科研事业虽然被迫中断，但是他却在工作中不忘积累知识，通过英文翻译和英语教师的工作，继续提升英文水平。回想起当年的那段经历，吴新涛说：“我当时年轻，体力锻炼也受得了，主要是我有一股向上的动力，我坚信我们国家要发展，就一定会发展教育和科技，所以能够经受艰难岁月的磨难。”

社会动荡并不能影响广大科研工作者的拳拳报国之心。1973 年，吴新涛在卢嘉锡先生的帮助下重新回到了物构所，此时的他为了弥补失去的宝贵岁月，比往常更加努力地投入科研工作，在恩师的指导下参加了三项具有前瞻性的高水平研究任务。对一位研究人员而言，一项研究的任务量就已经非常大了，“但我不计较工作量，只要是导师让我去解决困难的课题，我就会义无反顾地参加，从未曾想过得什么奖”。功夫不负有心人，态度认真、专心研究的工作状态让他参与的项目捷报频传，尤其引人注目的是，吴新涛仅用了三个月就完成了有关天花粉蛋白单

国外访学时期的吴新涛

晶体生长的课题，更让人感到惊讶的是他采用的研究方法还是最艰苦的打格子的实验方法，“为了保证实验进度和效果，我每天都要完成数十个实验，不厌其烦，逐点进行”。高强度的工作、复杂的研究实验并没有难倒他，正是因为吴新涛心里始终怀有对科研的兴趣和热爱。

1983 年，已过不惑之年的吴新涛凭借扎实的英语基础，以助理研究员身份赴美国弗吉尼亚大学化学系做访问学者，后来又得到杨振宁基金会的资助在纽约州立大学做访问学者。为了给祖国的化学研究注入新鲜的血液，使之向国际先进水平迈进，吴新涛不懈努力，竭尽所能地学习国际上的先进理论和方法。

学术交流的层次在某种程度上代表了这个国家的科研水平。吴新涛说：“改革开放初期，我国学术研究大多遵循所谓的‘直流’模式，就是单向地吸收国外的先进学术经验，很少能够拿出自己的成果去和国际上的专家交流。”在国家决定大力发展科学技术之后，大量的政策和资金开始向科研倾斜，经过了一二十年的努力，情况发生了巨大的变化。在举行卢嘉锡与日方共同创建的中日原子簇双边研讨会第二次会议时，吴新涛作为代表向大会做报告，“这意味着我国的研究水平已经进入可以与国际同行平等交流的阶段”。2004 年在第五次原子簇会议上，日本东京大学的清野秀越博士坦言，他们的异金属含硫原子簇的研究工作就是在吴新涛课题组的基础上完成的，这更加说明了吴新涛的科研成果已经领先于国际水平，受到国际学者的认可与追随。“当年我读的书都是外国英文原著，里面的例子都是国外的。现在我们有了自己的例子，而且比之前的更新。这是从无到有、从有到强的过程。”

从事化学研究几十年，吴新涛获得的荣誉数不胜数。迄今为止，他共发表 SCI 论文三百八十多篇，曾连续六年入选爱思唯尔发布的化学学科中国高被引论文学者名单，被学术界誉为含硫过渡金属原子簇化学领域的“国际带头学者”。先后荣获国家自然科学奖二等奖（两项），省部级科技一等奖（四项），全国优秀科技工作者，福建省五一劳动奖章，福建省科学技术重大贡献奖等多个奖项与荣誉称号。他还主编了四本英文版化学专著，其中一本在科学出版社出版，三本在德

国斯普林格（Springer）出版社出版。

杏坛耕耘，立德树人青胜蓝

“为什么我们的学校总是培养不出杰出人才？”这个著名的“钱学森之问”让吴新涛甚为挂怀，在他眼中，“好老师应该是‘业精至通有专攻，立德树人青胜蓝’”。

吴新涛认为，教师首先要做到“术业有专攻、业务精通”才能向学生传授与众不同的有价值的东西。“像卢先生讲物理化学课，考题习题都是他自己出的，很少用国外出版的考题及习题，厦大的物理化学有一套自己的系统，这是田昭武院士继承和发展卢先生打下的基础，所以厦大的物理化学得到很多赞誉。”此外，一个好老师还要有“俯首甘为孺子牛”的奉献精神，勤恳耕耘，不辞辛劳。吴新涛清晰地记得，卢先生常常早上四点多就起来备课，而且连续四节课站着讲课，但从来没有喊过一声累。

吴新涛与学生在实验室

“我们不是没有一流的学生，不是没有一流大师，但是数量远远不够。”受到过大师耳提面命的吴新涛经过几十年的积累，如今也成长为一位大家，他的理想就是为国家培养出更多的一流学生。回国后，他和自己带的第一位博士生黄群的研究成果发表在国际顶级期刊《应用化学》(国际版)上，并被国际著名无机化学教授科顿编入《高等无机化学教科书》作为典型案例，同时被英国《化学与工业》杂志评为1996年最杰出的无机化学论文。来自国际知名学者和期刊的赞誉让吴新涛倍感鼓舞，也是对他多年来献身教学科研育人工作的认可。而让吴新涛更为欣慰的是，作为导师的知识传承，黄群的博士毕业论文在全国众多博士论文中脱颖而出，被教育部和国务院学术委员会评为首届全国优秀论文，而全国获得此项荣誉的不过百人之数，吴新涛也被授予全国优秀博士论文指导教师称号，“这是对我培养学生水平的高度评价”。在吴新涛办公室的半壁书柜中，有一排装订精致的书册，吴新涛将历届学生所写的论文一一珍藏。

“我能在这条路上走到现在，是因为我遇到了一个很好的老师，卢先生对我的影响让我一生受用，所以我也希望自己能成为对他人有所帮助的老师。”吴新涛称，恩师卢嘉锡先生常说，一个老师好不好，就要看他能不能培养出超过自己的学生。他把恩师的这句话奉为至理。“我觉得，当老师的不能成天担心‘教会徒弟饿死老师傅’，有所保留，反而应该倾囊相授，而且还要有兼容并包的胸怀，允许甚至鼓励学生除了学习自己的东西之外，还要去学习别人的东西，这样教出来的学生才有可能超过自己。”

“春蚕到死丝方尽，蜡炬成灰泪始干”，由于吴新涛长时间看显微镜的高强度工作，他的一只眼睛视力受到影响，视力下降严重，这给他的生活和工作带来极大的不便。在家人劝他休息时，他总是说：“我们这一代人，更多是起到一个桥梁的作用，从百废待兴，到跟上国际水平。但这个过程不容易，光靠我们还不行，更大的发展还是需要有更多后继者。”在自己数十年的教书生涯之中，吴新涛遵从恩师的教导，努力培养优秀的科研人员，前前后后一共有五十多位硕士和博士从他那里毕业，他们中的很多人都在各自研究领域取得了不凡的成就。

“我觉得最开心的就是在物构所为国家培养学生，这是我们很重要的任务。”如今，虽然自己也步入了杖朝之年，但吴新涛仍“坚守阵地”，坚持在实验室里

工作，守着自己的每一个学生。目前，他还担任着中国科学院福建物质结构研究所研究员，带头承担国家自然科学基金重点项目、中国科学院自然科学基金重点项目、福建省自然科学基金项目等多项任务，一直活跃在科研与育人的第一线。CCTV4 华人世界栏目组曾经专访吴新涛，问他的“中国梦”是什么，他的回答是：“我希望我们有更多一些大学、研究所能够达到国际一流，这就是我的中国梦。为此，我就要更加努力来培养更多优秀的人才。”

吴新涛返校做客“大学新生 · 2017”讲坛暨凤凰花季校友讲坛

青丝白发转眼间，沧桑几许话浮沉。见证祖国化学科研事业从小到大、从弱到强的发展历程的吴新涛回首往事，不无感慨：“四十三岁出国做访问学者时，由于自己当时还只是助理研究员，需要请人写推荐信，我曾经找到了两位美国教授写推荐信，一位来自芝加哥大学的华裔教授，另一位哈佛毕业的美国教授。”但是随着改革开放，国家日益强盛，国际地位逐步提升，我国社会发生了翻天覆地的变化，科学研究和经济实力大大提高，吸引了大批高水平学者来华工作。“没想到二十多年后，他们都到中国来工作，分别请我帮他们写推荐信，一个要到厦门大学，一个要到苏州大学。他们恐怕也不会想到有一天会请当初的助理研究员写推荐信，真是风水轮流转。”中国改革开放所取得的成就，让世人钦赞。“这个小故事反映了我们国家在改革开放后的巨大变化，科研水平大大提高，经济实力也大大提高，没有想到我们的国家会变化得这么快。”他乐呵呵地说，红润的脸庞笑容可掬。

原音回放：

“悟与韧是做学问的两个重要品格。”

（文／曹京柱 综合访谈记录整理，部分内容节选自《华侨华人与中国改革开放》一书以及中新网、搜狐网等报道；图／受访者提供）

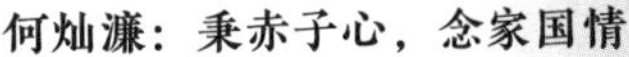

何灿濂：秉赤子心，念家国情

人物名片：

何灿濂，厦门大学华侨函授部1957级语文专修科校友，后入印尼锡江新华侨中学高中部任教，并担任厦门大学函授部辅导老师，努力促成厦门大学与哈山努丁大学文化交流合作，成立“郑和文化教育委员会”。历任印尼哈山努丁大学教师、中国湖北省与印尼南苏省友谊城市联络处主任、厦门大学客座教授、南昌大学国际交流文化顾问、哈山努丁大学孔子学院顾问。现今，他在印尼是一位成功的企业家、教育家和侨界领袖。长期以来，身在异乡，心系祖国，在文化、教育、经济等领域，为中印两国的友好合作交流不断努力，做出了杰出贡献。

何灿濂先生，1961年毕业于厦门大学海外教育学院华文函授部，虽已至耄耋之年，却仍精神抖擞。岁月的洗礼让他更加从容淡定，苦难的磨砺让他珍惜感恩。他拥有多重身份，亦商亦师，他是流连痴迷乐谱的音乐家，也是中印友谊的“牵线人”。近九十年岁月，一路走来，漂泊流离大半生，无论世事如何变迁，他那“炎黄的丹心，中华的气节”早已化为对中国的永恒眷恋，也铸就了他不断传播中华文化、促进中印友好交流的丰富人生。

求学厦大　深植家国情怀

何灿濂出生于战乱扰攘的年代，从小饱受饥寒流离之苦，为了谋求更好的发展，他决定随亲友去印尼谋生。到达印尼后，因贫困只能寄宿在朋友家，学缝衣、学照相、当木工，几经辗转当上了小学教师，但长期营养不良、体弱多病、穿着寒酸，最终被学校以“不修边幅、有碍校风”为由辞退。在失业即将面临绝境时，1957 年，厦门大学在印尼锡江开始招收函授生的消息给他的人生带来了重要的转折和新的希望，何灿濂不顾别人对他的各种质疑和嘲讽，以锲而不舍的惊人毅力，发奋学习，最终成为三十七位报考人中九名被录取者之一，也是同期录取者中唯一一位顺利毕业的学员。

1961 年，何灿濂以优异的成绩毕业后，锡江著名的华中校长、教务主任亲自邀请他去华中任教。自那以后，他的人生便豁然开朗。“在那段日子里，我学到了不少文化知识。这些文化知识，在我的脑海里，融会、转化为一种动力，一种斗志，使我敢面对人生的风浪，面对困难的挑战，面对追求梦想必遇的险境；从一个默默无名受人冷落的弱者，变成一个有一定文化的学者，一个昂首向前的入世者。”何灿濂在教书育人中尽享为人师之乐。

何灿濂近照

他的这段人生转折过程，真切演绎了知识改变命运的过程，让他更加明白文化知识对人的重要性，也更加真切感受到传授文化知识者的伟大，他对母校、对老师心存感恩，也始终认为是中华民族文化的精髓和传统美德孕育了自己，使他终身受用，他立志要报效祖国、回报母校和师长，用自己的知识和力量去影响下一代，几十年如一日，从未间断。

学以致用　不遗余力传播中华文化

获得厦大文凭之后，何灿濂真正将所学用于华语文化的传播，从亲为人师开始影响身边一个又一个华人子弟。走过几十年起伏不平的人生路程，让他明白“和谐平等的社会环境才是人生幸福的源泉”，才能不被“动荡的风浪卷翻沉没”。他凭自己的特长，尽自己的能力，走进当地最有影响力的哈山努丁大学去义务教学，架起中印两国文化交流的桥梁。在他的努力下，厦门大学和哈山努丁大学合作成立了“郑和文化教育委员会”，也在他的不断争取推进下，促成了锡江哈大孔子学院的设立及发展，开设“孔子课堂”、中文系、中华历史文化艺术馆，还创办了多个汉语培训机构。他用人生中最美好的时光和最大的精力不遗余力地传播中华文化，实现了汉语教育在当地再现发展和辉煌的美好愿望。

印尼锡江首间孔子课堂开幕典礼合影

以乐化人　力促中印友好交流

作为华人，何灿濂常说，他有两个“恩人”，一个是中国，另一个是印尼。祖籍国给了他生命和血缘，赐给他勇敢面对困难的精神，印尼给了他肥沃的土地、发展的空间和生活的源泉，他深深热爱着这两个“恩人”。为提升两国的友情，共同创造和谐共存的社会环境，他曾参加过无数次中印文化交流活动，他发挥自己在音乐上的特长优势，为中印文化交流写过许多作品，出版和翻译了近百首印、汉文化歌曲。他将对祖国、社会、职业、家人和朋友的爱融入音乐作品中，将坎坷丰富的人生经历化作跳动的音符，把对祖籍国的一片赤子之心和对推动中印两国教育、文化交流的一腔热情传递给身边的人们。

音乐不分国界，音乐最能打动人心。何灿濂不但创作歌曲，还坚持教不会说中文的印尼人唱中文歌。他把中华文化的精神融入歌曲之中，组建乐团，一字一句地教当地人唱。看着他们唱出字正腔圆的中文歌，何灿濂说，这是最直接、最有效的传播中华文化方式之一，是真正的寓教于“乐”。

中华人民共和国成立六十周年前夕，何灿濂先生入选《建国六十周年全国优秀词曲·音乐教师人物辞典》，由他谱曲歌颂北京申奥成功的《神奇的春天》作为他的代表作也被收录，他是被收录的音乐教师中唯一的外籍华人。

随着“一带一路”倡议不断推进，中印两国在教育、文化、经贸上的往来也日益密切，在努力构建和谐社会和人类命运共同体的伟大战略指引下，何灿濂始终走在印尼社会的前列，他团结各个族群，积极向上、向善，通过义务教学和搭桥牵线，表达中国人特别是华人华侨的善意和爱心，传递他们诚实守信、勤劳创业、热爱和平的传统美德，虽已至耄耋之年，但何灿濂仍在构想要到印尼其他城市去以音乐、艺术、旅游、汉语教学等形式推广中华文化、广结友谊，带动印尼学生、教师及民众学习中华文化、发扬多元文化，让他们更了解中国，一起携手走向和谐、创新、共赢之路。

（文 / 海外教育学院 颜彩蓉；图 / 受访者提供）

林卫国：南鸟北巢　赤子热忱

人物名片：

林卫国，厦门大学1959级中文系校友，厦门大学山西校友会会长，山西省人民政府侨务办公室原主任。从1980年起开始投身侨务工作，先后获评山西省“侨务工作先进个人”“归侨侨眷先进个人”等，著有多部翔实反映各时期、各阶段海外华侨精神风貌和生动事迹的文集专著，所撰写的学术论文多次获山西省群众文化优秀论著评奖一等奖。

恩怨得失皆为空，顺逆荣损亦从容，赤子奉献无停息，只缘祖国在心中。这是林卫国对自己心迹的概括，更是他对过去近八十载岁月的写照。

少年猎得平原兔，马后横捎意气归

厦门大学对于林卫国来说，是一场充满豪情和眷恋的人生转折。

1959年，林卫国自永春第三中学毕业，考上厦门大学中文系，并担任过鲁迅在厦大任教时倡导创办的文艺创物《鼓浪》编委。他回忆道：“考入厦大是我一生的荣幸，也是我的人生经历中最感欢乐和最值回味的阶段。”那年秋天刚进校园时，厦门大学正笼罩在两岸对峙的硝烟之中，并且遭到了几十年一遇的强台风，到处都是吹折或者连根拔起的大树和电线杆，残垣断壁。破砖碎瓦随处可见，但令林卫国感到更为紧张的是浓郁的战争氛围。

《鼓浪》编委暨文学爱好者合影（林卫国位于后排左四）

自从1958年“8·23炮战”以来，隆隆的炮声持续不断。厦大校园里曾落下蒋军炮弹，损坏了一座校舍的一角，在展览室还展放着当时留下的炮弹碎片。校舍所有玻璃门窗都贴上了“井”字形或“米”字形的纸条，以免震飞伤人。新生们进校后第一项要紧事就是参观和熟悉坑道，一旦遭空袭或炮击时，就可以用最快的速度进入自己所在系、所在班级的坑道。平时看电影时，正片开始前会放映幻灯片《疏散线路图》，告知每位观众一旦有情况要出哪个门，进几号坑道。晚间学生们躺在床上，经常可以听到轰隆轰隆的炮声从前沿传来，并感觉到一阵阵震动。

当时，校园里流行一首由谢应瑞作词、李涣之作曲的《厦门大学战歌》：“海潮汹涌浪花翻，耳边炮声隆隆响，战斗的厦门大学，挺立在炮火线上。把校园当战场，把教室当工厂，把烟囱当大炮，把笔杆当刀枪！六千个人一条心，六千个人一个思想，看，我们听从党的指挥，学校筑起了铁壁铜墙。”这就是考入厦大的

林卫国上的第一堂“课”，也是被称为“前线大学”的厦门大学有别于其他高校的独特之处。没过多久，林卫国就完全适应了这种生活，在炮火中坚持学习，在学习中坚持战斗。

奔赴异乡六十载，一腔热忱寄怀中

1963 年大学毕业时，与林卫国同系同届分配到山西的厦大毕业生共有五十多人，最后包括林卫国在内只留下六个人，其他都“孔雀东南飞了”。而林卫国，则自称为“视异乡为故乡”的执着的“南鸟”，选择“南鸟筑北巢”，扎根黄土。

林卫国当初有条件留在福建工作，自己却积极主动要求到北方艰苦的地方，他在填写学校下发的分配工作志愿表时，不假思索地在第一志愿栏里填了广西，第二志愿栏里填了内蒙古。当得知自己最后被分配到山西时，他毫不在乎，因为他的志愿是去边疆，去艰苦的地方。初到山西，难免水土不服，身体不适应，给林卫国带来很多痛苦。但是在学习了印尼归侨李林烈士扎根山西大地抗日救国的英勇事迹之后，林卫国坚定了要以李林为楷模，扎根北方，献身人民的决心。

林卫国出生在著名的侨乡福建永春，在他的记忆里，侨眷是很悲苦的一群人，侨汇是他们重要的生活来源；父辈们的爱国情怀和家乡人“四海为家”的观念对他产生了深刻的影响。这些特有的经历和情感，促使他在此后一步步走上为华侨服务的道路。20 世纪 80 年代初，林卫国开始接触侨务工作。1980 年，运城地区成立归国华侨联合会，林卫国被选为副秘书长。从 1984 年起，林卫国先后担任运城行署外事（侨务）办公室主任兼运城中国旅行社经理、山西省人民政府侨务办公室主任。

他的工作服务对象中，有大量的归侨、侨眷和华侨、华人。林卫国开始为归侨侨眷日夜奔波，不断解决侨眷的落实政策、安排工作、维护权益等问题。在他长期从事侨务工作和涉侨工作的过程中，逐渐摸索出“五侨”理念，即一要“知侨”，要刻苦深入地调查掌握侨情、侨史；二要“爱侨”，要真心实意地热爱侨胞；

三要“助侨”，要千方百计地扶助有困难的侨胞；四要“护侨”，要旗帜鲜明地贯彻落实国家和地方法律法规，维护侨胞的正当权益；五要“颂侨”，要满腔热情地颂扬侨胞的先进模范人物和爱国奉献事迹。林卫国这样倡导，也这样践行，他认为，作为一个共产党员，一个侨务工作者，应该从我做起，为华侨、华人和归侨、侨眷多办点实事，多奉献点爱心，让他们感觉到党的关怀和祖国的温暖，从而焕发出积极性，共同为振兴中华添砖加瓦。

1983 年，蒙古排华，几千名难侨不得不返回祖国，国侨办在大同设置接待站并发布分配安置侨胞的任务。在侨务等部门的协作下，七百多名侨胞被安置妥当，连掏煤炭火的火烛和酱油醋都一应俱全。谈到此处，林卫国却依然有点遗憾，他说，在蒙古的山西籍华侨大致分三批形成：明清晋商滞留当地者、二战末苏蒙联军撤退时从山西裹挟而去者、新中国成立后政府派往蒙古支援建设者。与南洋华侨后代不同，这些蒙古华侨的后代多未接受过高等教育，否则回国后的安置可以更理想，在企业改制大潮中受到的冲击也会少一些。

2017 年再获“山西省归侨侨眷先进个人”称号，在家中接受颁奖

落红不是无情物，化作春泥更护花

如果说林卫国工作时多在践行“助侨”“护侨”的理念，那么他退休之后则在“知侨”和“颂侨”上付出了更多的时间和精力。

从自己钟爱的侨务工作岗位卸任后，林卫国开始深入着手华人华侨历史研究工作。远离故乡、扎根黄土高原六十载，乡音易改，但是对侨乡特有的情愫却难以抚平。后来学习到历代领导人对华侨的评价，再加上对华侨历史的钻研，林卫国更加清楚地认识到华侨、华人、归侨和侨眷是伟大的，是值得歌颂的，于是他凭借着特有的优势和机会接触到与山西有关的华侨、华人、归侨和侨眷，了解他们的生活和经历，感受他们对家乡和祖国的热忱和思念，决心用手里的笔反映侨胞的历史和生活，尤其是侨胞们的奋斗历史和对中国革命与建设的贡献。

采访南侨机工蔡明训（右）

不知不觉又是二十个年头，林卫国在这期间不断奔波在采访侨胞的路上。2003年的“非典”肆虐没有阻挡住他采访年迈的南侨机工蔡明训，他不顾危险三访老人，终于将其事迹整理成《从南洋到延安》的专题文章发表；了解到归侨女青年曾眷娣在山西抗战牺牲的故事，他立即采访相关战友，将归侨抗战女英雄的

故事记录下来，并因此发现不少无名“华侨兵”的事迹和牺牲地没有确切记载的情况，他为此写下《血沃黄土，魂归何处——追寻牺牲在山西的抗战英杰曾眷娣》，希望能引起更多人对归侨英杰的关注；受到云南省抗战历史研究专家汤晓梅的委托，林卫国立即着手协助寻找在山西的美国飞虎队员威廉·E. 瑞根的下落，通过陈斯平在省侨联国际信息网，发出一则《寻找“飞虎队”员威廉·E. 瑞根的牺牲地》的启事，五年之后，一些新线索证实这位飞虎队员的牺牲地应在今河南省荥阳市汜水镇南面的高阳镇，或者在汜水镇与高阳镇之间，事情至此，林卫国心里的这块石头也终于算落地了。他坚信，在民族危难之际得到过的支持和帮助，中国人民永远不会忘记。

退休二十年，林卫国通过采访、考证、调查、研究，先后在报刊上发表各类侨务工作文章百余篇。多年埋头苦干的业绩也终得到肯定和表彰，这些年来，林卫国多次被侨办、侨联表彰为先进侨务工作者。新闻媒体对林卫国的研究活动也非常关注，《人民日报》(海外版)、中国新闻社等主流媒体对他进行多次报道和采访。

厦门大学山西校友会成立 30 周年庆典

除了关心侨胞，林卫国还始终心系母校。1986 年，在林卫国等热心校友的组织联络下，厦门大学山西校友会正式宣告成立，他当选为副会长。2004 年，山西

校友会第三届理事会换届，林卫国担任会长至今。校友会迄今已有三十四年历史，林卫国既是见证者，也是亲历者。在任校友会会长期间，林卫国主持校友会开展了一系列活动，包括开展校友联谊、编印厦大山西校友通讯录、祝贺母校厦门大学校庆、接待来山西访问的厦大校友、吊唁去世的校友、编印《王克铭纪念文集》等，做出了许多贡献。林卫国总结道，二十年来，厦门大学山西校友会走过了曲折的历程。现在，在全体校友的努力下，在方方面面的支持下，终于走出了困境，进入了一个崭新的发展阶段。他和大家一样，对校友会的前景是看好的，是充满信心的。

原音回放：

"恩怨得失皆为空，顺逆荣损亦从容，赤子奉献无停息，只缘祖国在心中。"

（文 / 学生记者 宁一奇；指导老师 / 周钧庭；图 / 受访者提供）

陈宜瑜：献身科学的淡泊人生

人物名片：

陈宜瑜，福建仙游人，厦门大学1959级生物系校友，中国科学院院士。曾任中国科学院水生生物研究所所长、中国科学院副院长、国家自然科学基金委员会主任、国际生物多样性计划中国委员会主席、中国动物学会理事长、中国海洋湖沼学会副理事长等职。担任《中国科学》《动物学报》《生态学报》《水生生物学报》等学术刊物编委，发表学术论文一百五十余篇，主编和参加编写专著十六部，十一项成果获得国家自然科学奖或中国科学院科技进步奖。

与海结缘、心系母校的厦大学子

莆仙故地，英才辈出，陈宜瑜自幼便生活在这片人杰地灵的土地。陈氏先贤好学敬业的氛围激励着子孙努力奋斗、立志成才，父亲陈鸿藻矢志继承祖父陈德器的事业，致力医学，成为当地名医，先后担任过县医院副院长、县卫生局局长。陈宜瑜在这样的家庭氛围中耳濡目染，养成了勤思好学的习惯，加上他天资聪颖，学习能力过人，1959年，年仅十五岁的他完成了高中学业，考入了厦门大学，走出了生活十几载的小县城，来到了这座美丽的滨海城市。

在报考大学和选择专业时，陈宜瑜本想子承父业，选择医科大学，就读医学专业，但是冥冥之中命运牵引着他与大海结缘，最终他被厦门大学生物系录取。海洋生物学科是厦大最具特色的学科之一。面对广阔无垠的大海，陈宜瑜感觉自己无须拘泥于医学祖业，开始慢慢接受并享受这个学科具有的独特魅力。

1959级学生是厦大生物系将本科生培养模式从四年制调整为五年制的第一批改革对象。五年时光弹指一挥间，陈宜瑜完成了蜕变，从一个略显稚嫩的孩童成长为一位成熟上进的青年。他对在校最后一年撰写毕业论文的这份经历印象尤为深刻，“从查阅文献到实验设计，从采集标本到论文撰写，这份规范、完整的研究经历是非常宝贵的，是我迈出科学探索的第一步”。忆及在厦园的点点滴滴，陈宜瑜非常感恩母校提供的良好平台，让他拓宽了视野，为他今后的科研生涯打下了扎实的基础。

从1964年毕业离开母校，转眼已过了几十载春秋。已步入花甲之年的陈宜瑜依旧时刻关注着母校的动态点滴，在学术科研、项目合作、人才培养等多方面都心系母校发展，关心后学成长。2011年4月6日，陈宜瑜以校友代表的身份参加厦门大学建校九十周年庆祝大会，正如他在致辞发言中谈到，早日实现建设世界知名高水平研究型大学的目标需要每一位厦大学子共同携手、共同助力。虽离开厦园多年，但“厦大人”这一烙印早已深深地镌刻在陈宜瑜的心间。

陈宜瑜近照

在记者采访陈宜瑜当天，恰逢2020年第六号台风“米克拉”登陆漳浦，侵袭厦门。采访伊始，学长关切地询问母校和师生的情况，回想起他入学那年也是经历了一场超级大台风。身为院士的陈宜瑜坦诚而淡泊，娓娓道来，谦和耐心的谈吐让年轻学子真切感受到一位科研大家的平易近人。走进陈宜瑜，收获到的是更真实的感动。

勇往直前、永不止步的科学家

1964 年大学毕业后，陈宜瑜被分配到武汉的中科院水生生物研究所工作。从鹭江之畔到东湖之滨，他的研究领域也从海洋生物跨越到不太熟悉的淡水生物。在这期间，他参加了湖北省渔业调查，调查组中有多位著名的鱼类生态学家、经验丰富的养殖学家。陈宜瑜和专家们朝夕相处，跑遍了湖北的知名养殖场，学到了新型养殖模式，包括苗种繁育、饲养技术和捕捞加工的全过程。这几个月的实地考察激发了陈宜瑜对科研调查的浓厚兴趣，乐在其中且受益匪浅。

随后的两次进藏经历，更是陈宜瑜科研之路的重要经历。作为全球海拔最高的高原，青藏高原被誉为除南极、北极外的“第三极”，也是全球环境变化的敏感区。1975 年，三十一岁的陈宜瑜首次进藏，沿着喜马拉雅南北坡，从羊卓雍湖到亚东、到日喀则，再到希夏邦马草原、樟木口岸；1976 年，他第二次进藏，考察被称为“生命禁地”的藏北羌塘无人区。在平均海拔五千米左右的高原实地考察艰苦不已，自然环境的恶劣和水源的缺乏使这里成为人迹罕至的边缘地带，物资供应困难，没有蔬菜，燃料是昂贵而有限的固体燃料。藏北地区夜晚最低温度达到零下十八摄氏度，水特别冷，考察团在藏北的六个月都没有洗过澡。“开始每个人身上都长满了虱子，很难受。白天还好，晚上就痒得不行。中午暖和的时候就把衣服脱下来，把那个虱子卵掐得‘吧吧吧’地响。我们想用这种办法把虱子冻死，但它居然冻不死。”在《青藏高原科考访谈录（1973—1992）》里他回忆道：“我们进去三十二个人，当时团队成员开玩笑说进去就不知道能不能出得来，因为完全无法跟外界联系，地图也没有，那就等于说完全带有探险性质地这么走进去的。”

1976 年 8 月，藏北分队到达昆仑山口（右起第二位为陈宜瑜）

在天寒地冻的环境中，陈宜瑜经常需要挽起裤腿，下湖观察鱼类和水草。艰难的跋涉、困苦的生活丝毫没有动摇陈宜瑜继续深入科研的决心。他通过这次考察，开始真正全面了解青藏高原特有的淡水鱼类裂腹鱼的物种情况，通过研究其产生和进化过程可以进一步探索它跟青藏高原隆起的相互关系。后期，陈宜瑜与九走西藏的曹文宣，青海省生物研究所的武云飞、朱松泉一起商榷研讨，合作撰写并发表了《裂腹鱼起源演变及其与青藏高原隆起的关系》，这是我国第一篇比较明确地提出生物进化和地球演化关系的论文，引发了巨大的反响。从那以后，一大批科学家开始更深入地研究青藏高原及其他相关地区的各种联系。

1981 年，陈宜瑜对青藏高原的考察并未止步，他还参与了横断山的考察，从北到南跨越了独龙江、伊洛瓦底江、怒江和澜沧江。通过这次考察，陈宜瑜提出了关于动物分区的新观点，提出了可用于解释云贵高原特定湖泊区系起源的同域成种进化模式及边域快速成种的实例，在实践中丰富了进化理论。

陈宜瑜在不断深入科学研究提升理论水平的同时，还十分注重科学研究为经济建设和社会发展服务。20 世纪 80 年代中期，他参加了治理洪湖沼泽化的工作，呼吁开展中国淡水渔业结构性调整的研究工作，减缓了洪湖沼泽化进程，取得了明显的经济效益和环境效益，目前洪湖的水质已得到显著改善。1993 年，他又担任了国务院三峡工程建设委员会委员，亲身参与并见证了三峡工程建设的全过程。陈宜瑜极其关注三峡工程对长江鱼类资源的影响，积极开展三峡库区的调研，坚持开展鱼类资源调查及其相关变化规律的研究，提出要对三峡库区进行长期的观测，促进中华鲟人工繁殖，尤其是要针对四大家鱼的繁殖进行生态调度，不断探索尽可能减少人类活动对生态环境影响的对策。一路前行，永不止步，是陈宜瑜在科研道路上始终秉承的信念，他几十年如一日地在发光发热，生动地诠释着一位科学家的使命和担当。

辛勤耕耘、不忘初心的管理者

陈宜瑜不仅是一位杰出的科研工作者，还是一位出色的管理者。1991 年，已是中科院院士的陈宜瑜被任命为中国科学院水生生物研究所所长。1995 年，他离开中科院水生生物研究所调任中国科学院副院长。2003 年 12 月，他被任命为国家自然科学基金委员会主任。他将科学家的缜密细致和管理者的宏观把握巧妙结合，找到了他们之间最完美的切合点。从学术领域走上管理岗位，在不同舞台上的陈宜瑜尽管扮演的角色和承担的职责不同，但是始终非常坚定，不管做什么工作，只要选择了就要一门心思做出成绩。

1990 年，中国科学院院长周光召（右二）视察水生所（前排中间为陈宜瑜）

陈宜瑜担任基金委主任之时，正逢自然科学基金成长发展的关键时期，如何在现有基础之上开创科学基金工作的新局面，是他需要细细琢磨的事情。上任伊始，他做的第一件事就是将 2004 年确定为基金委的“政策调研年”，提出要“大兴求真务实之风，研究完善资助格局的举措，探讨加强管理能力建设的思路”，推

动基金工作的规范化、制度化。在陈宜瑜等基金委委员的积极倡导和共同努力下，经过反复修改和审议，首部《国家自然科学基金委员章程》于 2005 年 3 月 17 日出台，对科学基金的使用、管理、分配、监督等工作程序提出了规范化要求。这也是自然基金委 1986 年成立以来的首部章程，标志着我国自然科学基金管理有法可依、有规可循，走向成熟。

当科学家成为一种职业，和经济利益挂钩，便可能产生学术不端行为。对此，有着丰富管理经验的陈宜瑜惋惜地说："如果从申报项目就开始作假，将来怎么搞科学研究？青年科研人员必须讲诚信，这是一个基本认识。"在他看来，学术不端有些是源于治学不严谨、学术不规范，从而存在纰漏。因此，制度、监督惩处对于打击科研不端行为十分重要，同时教育、预防工作则更应受到重视。教育的目的在于引导，让研究者明晰科学的意义，明确科研的职责。在担任基金委主任期间，陈宜瑜积极推动自然科学基金委联合国家科技部科研诚信建设办公室等多部门翻译出版了美国弗吉尼亚州立联邦大学爱德华·迈尔斯教授编写的《科研诚信：负责任的科研行为教程与案例》，推荐该书作为规范科研行为的教材。知晓学术严谨需具备的"边界感"，这是研究者迈入科学研究殿堂的第一课。

陈宜瑜做客母校科研讲座

2019 年 12 月 4 日，陈宜瑜做客厦门大学生命科学学院“科学与人生”系列讲座，与学子们分享了自己的科研经历和人生态度。他坦言，其实他们在进藏时并不知道裂腹鱼能做出这样一个结论性的成果，更多是抱着一种到没去过的地方跑一跑，广泛吸收各领域的知识、开阔眼界、勤于学习的心态。在为年轻一代的生命科学学子提出科研建议时，陈宜瑜写下寄语：“淡泊人生、献身科学。”

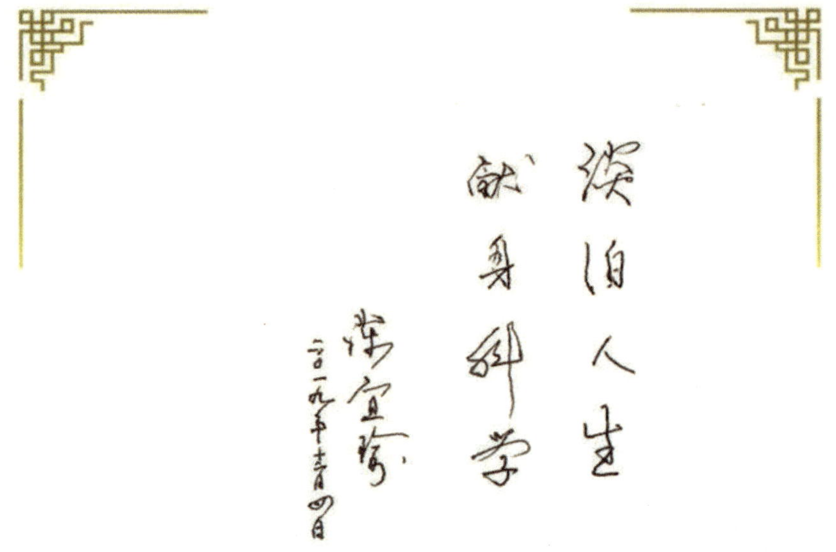

陈宜瑜手书寄语“淡泊人生、献身科学”

一种态度，一份初心，双重身份，成就了陈宜瑜多彩的人生。

原音回放：

“做科研，要用平常心，不能看不起细小的过程，怀着科学的态度慢慢积累，丰富自己的知识，学到的东西总会是有用的。”

（文 / 学生记者 徐素珍，部分资料来源于厦门大学出版社《科学与人生》2008 年 1 月第 1 版；图 / 受访者提供）

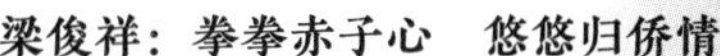

梁俊祥：拳拳赤子心　悠悠归侨情

人物名片：

梁俊祥，厦门大学化学系1961级校友，现任香港健迪（佛山）家具公司董事长、香港生活文化基金会主席。他重视华侨华人历史文化传承，先后出版有关侨史的书籍七十多本（套）；他长期热衷公益事业、捐资兴学，先后在多所学校设立奖学金，鼓励勤奋好学的莘莘学子。

爱国华侨领袖陈嘉庚先生创办厦门大学之初，将面向东南亚华侨作为厦大的一项重要办学方针。因此，长期以来，厦门大学也成为海外华侨向往的高等学府，成为培养华侨子弟的重要摇篮。在海外的厦大校友中，涌现了许多优秀的校友，他们的爱国之心与爱校之情书写了无数感人的篇章。在这些平凡而又感人的校友身上，我们看到了嘉庚精神的传承与弘扬。厦门大学1965届校友、印尼归侨、现任香港健迪（佛山）家具公司董事长、香港生活文化基金会主席梁俊祥便是其中之一。

返回祖国怀抱　考入厦门大学

梁俊祥祖籍广东梅县，1941年出生于印尼雅加达的一个华侨家庭。父亲梁智蔚，是华侨中典型的旧式文人，小时候因病致残，从未上过一天学，也没有踏足过祖国的土地，全靠在亲友资助下勤奋自学、博览群书而成材。其父尤工书法，擅诗词，热爱中华传统文化，是当时雅加达华社知名的诗人，时常在雅加达知名

青年时期的梁俊祥

的华文报《天声日报》上发表诗文，还在雅加达华人区经营一家印刷厂支撑家庭开销，其勤奋好学、坚忍不拔的精神对子女产生了深远的影响。但是他的父亲在政治上思想保守，支持国民党，而梁俊祥与其他兄弟姐妹却受到当时印尼华社进步思想的影响，不顾父亲的反对，兄妹八人先后毅然选择在支持新中国的印尼华侨学校读书。

1957—1959 年，梁先生在雅加达著名的中华中学就读，中华中学由爱国华侨教育家李春鸣、李善基、张国基、陈章基与雅加达华侨商人张祖砚、麦燏煊等人创办。作为一所新式的华侨学校，中华中学积极向学生灌输爱国主义思想与中华优秀传统文化。因为受到中华中学爱国主义教育的熏陶，加之 1959 年后印尼排华浪潮风起云涌，华侨学生难以在印尼继续高等教育，1959 年高中毕业后，梁俊祥在新文中学任教职一年；1960 年，他与许多华中同学一起返回中国，进入集美华侨补习学校学习，一年后顺利考入厦门大学化学系；1965 年从厦门大学化学系毕业后，他被分配到北京的一家农药厂工作；1972 年，他移居香港，开始了在香港艰难的拼搏岁月。

艰苦创业　大器晚成

初到香港，投亲靠友，创业伊始，百般艰辛，梁先生先后辗转数个行业，甚至还做过的士司机。事业坎坷、生活艰辛，不仅磨炼了他坚韧不屈的意志，也让他体验到归侨同乡、同窗之间的互助友爱，锻造了他日后豁达包容、乐观幽默、诚恳坚毅、乐于助人的品格。天道酬勤，机缘巧合，借助香港国际贸易中心的优势地位与海外华人的跨国商业网络，他充分发挥自己通晓多种语言的才干与坚忍不拔的精神，在 20 世纪 80 年代初开始涉足家具进出口批发业。改革开放后，他敏锐地看到中国大陆经济飞速发展所蕴藏的巨大商机，开始在大陆经营家具进出口生意。2005 年，他果断与马来西亚华商共同在广东佛山投资创办香港健迪家具公司。此时，他已逾花甲之年，但仍高扬奋斗之志，锲而不舍专注事业的发展。他知人善用，懂技术，善管理，敢创新，对待员工下属严厉又亲和，经过十余年的奋斗，如今的健迪家具公司已成为一个拥有四百多名员工的大型家具企业，不仅是国际快餐业巨头麦当劳等著名国际品牌在亚洲最大的供应商，而且还成为其他快餐、咖啡国际品牌的重要合作伙伴。古诗云：老骥伏枥，志在千里；烈士暮年，壮心不已。如今已过古稀之年的他，仍然勤奋好学、兢兢业业。除了管理工厂外，还开启了人生的另一番事业。

梁俊祥近照

醉心侨史研究　热心公益事业

梁俊祥不仅是具有实干精神的企业家，更是热衷公益事业和重视华侨华人历史文化传承的慈善家。1992 年，梁俊祥被华中校友会推选担任“庆祝张国基老师百龄大寿”筹委会副主任，将印尼雅加达中华中学的归侨学子凝聚起来追忆师恩，彰显了归国华侨尊师重教的精神。同年，梁俊祥发起成立了雅加达中华中学旅港校友会，并且兼任了三届理事长。虽然是社会义务兼职，不仅不取分文酬劳，而且还要出钱出力，但他仍然恪尽职守，任劳任怨，甘当“傻子”，大小事都亲力亲为，以身作则，将华中校友紧紧凝聚在一起，赢得了校友们的爱戴与尊重。2011 年，梁俊祥在湖南益阳国基实验学校参与设立“国基华侨教育奖学金”，以此缅怀张国基校长对华侨教育的贡献，弘扬“公诚勤朴”的华中精神，传承华侨热心教育的优良传统。2011 年至 2013 年，为纪念印尼爱国华文报《生活报》，梁俊祥等印尼归国华侨发起组建“印尼《生活报》纪念丛书”编委会，并亲自担任副主任，他们共出版十五种共十九册“印尼《生活报》纪念丛书”，并于 2013 年 10 月与厦门大学南洋研究院联合举办了隆重的印尼《生活报》创刊六十八周年暨“生活报纪念丛书”首发研讨会，共有来自海内外的二百多位嘉宾参加了此次具有历史纪念意义的盛会。

“印尼《生活报》纪念丛书”的顺利出版，使他意识到保存印尼华侨历史资料的重要性与紧迫性，这促使他于 2014 年在香港与印尼归侨挚友发起成立了“生活文化基金会”，并担任创会主席。香港生活文化基金会是一个非营利的民间文化机构，旨在挖掘、抢救、整理、保存和出版涉及华侨华人的历史资料。五年来，香港生活文化基金会资助出版了纪念抗日胜利七十周年的“东南亚华侨抗日史料丛书”（十五种十七册）、“归国华侨史料丛书·香港篇”（共六册），以及厦门大学南洋研究院副院长施雪琴、研究生居玛丽撰著的《南洋明珠 侨教典范——雅加达中华中学校史》等近百本关于华侨华人历史的书籍与资料，其中不乏弘扬海外华

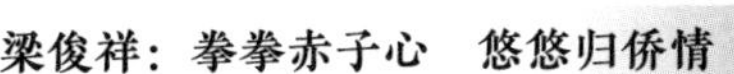

侨爱国主义精神的历史资料与著作，这些在香港出版的华侨爱国历史资料与丛书，在今天具有无比珍贵的意义。

作为一名从南洋归国的侨生，梁俊祥始终怀着赤子之心，用一生的实践表达了自己对祖国、对母校、对华侨的真挚热爱。作为一名厦大校友，梁俊祥践行着“自强不息，止于至善”的校训，用行动阐扬嘉庚先生倡导的“诚毅”精神，他和数位厦大校友捐资在化学系设立了奖学金，鼓励勤奋好学的莘莘学子；他关心厦大南洋研究院的发展，慷慨赠送侨史资料；他重视侨史传承，积极筹资出资赞助侨史研究；他重情重义，救困济贫，扶持归侨好友……不忘初心，方得始终，从一个步入耄耋之年的厦大校友身上，我们看到了华侨的赤子之心与爱国情怀。

（文 / 施雪琴；图 / 受访者提供）

郭南昌：承中医绝学，以丹心济世

人物名片：

郭南昌，祖籍福建省莆田市，1962 年进入厦门大学中医专科班学习，毕业后回到马来西亚创办了中医学院，从事医务教学四十余年，曾获雪兰莪州苏丹赐封的服务社会有功勋衔及服务社会卓越勋章，先后担任厦门大学马来西亚校友会主席、华夏医疗养中心主任医师、马来西亚华人医药总会中医顾问、马来西亚留华同学会顾问。

“身体发肤，受之父母，不敢毁伤，孝之始也。”——以传承中医药文化的方式来帮助大众获得更健康的体魄，珍惜父母所给予的生命，是校友郭南昌学医、从医、行医的初心。“自强不息，止于至善。”——铭记校训，砥砺前行，在嘉庚精神的激励下积极进取、努力开拓，饮水思源、回馈社会，是他知校、爱校、荣校的初衷。

漂洋过海，缘定厦大

早年，郭南昌随父返华，于 1962 年进入厦门大学中医专科班学习。在 1974 年中马建交之前，马来西亚籍学生来厦求学并不容易，当时的学习环境也比较艰苦，各方面条件有待完善。可正是这段在厦大学习的青春岁月，使他萌发了弘扬中华医学、济世救人的使命感和人生目标。艰苦求索的大学生涯，奠定了他兢业踏实的职业人生。

每每谈起在厦大学习的那些岁月，郭南昌都会不自觉露出一丝幸福的笑容。他说，厦门大学校主陈嘉庚作为马来西亚著名侨领，其优秀的品德、坚毅的个性和开拓进取的精神是他终身学习的榜样，给他带来了巨大的影响，希望自己能够像嘉庚先生一样：于己能做到自强不息，止于至善；于人能做到乐善好施，医者仁心；于国能做到鞠躬尽瘁，实现价值。

设诊办学，传承中医

经过不断的学习和深造，郭南昌回到马来西亚开设了自己的中医诊所，并创办了中医学院，不定期请厦大教师前往北京、南京、福州、马来西亚等地授课，培养了一批又一批热爱中华传统医学且医术精湛的学生，不断为社会输出优秀的中医人才。在马来西亚从事医务教学四十余年，郭南昌秉持济世救人的宗旨，以精湛的医术为病人服务，为中医的继承发扬和中华文化的弘扬贡献力量。在他的影响下，长子郭子超也在厦大中医学系和福建中医学院学习后考取了中医硕士，从事中医药业；次子郭子义则毕业于厦大生科院生物系。父子同心同德，成为当之无愧的中医世家。

对于一些驳斥中医科学性的言论，郭南昌表示，中医确实还不具备完善的科学体系，但它所包含的经验科学具有很多应用价值。俗话说，“西医治已病，中医治未病”，西医能够针对已有的病症进行快速有效的治疗，而中医根据阴阳五行等理论，能够对病人的身体进行调理，预防疾病的发生。实践是检验真理的唯一标准，中医是在实践中总结出来的，实践终将证明其正确性。郭南昌说：“中医学是门讲究平衡身心机制的实践医学，经历数千年而不衰。”他呼吁马来西亚政府多加关注并承认中医院校的学术地位，以利于中马两国中医药和卫生事业发展。

夙兴夜寐，情系厦大

作为厦大的老校友，郭南昌一直情系母校，心系厦大的未来。他不仅长期为

郭南昌（前排居中）与马来西亚校友在一起

当地校友会的发展捐资筹备、尽心尽力，也为母校海外教育学院的招生做了很多工作。2016 年，为庆祝厦大创校九十五周年、马来西亚校友会成立二十四周年及厦大设立马来西亚分校“三喜临门”，马来西亚校友会特别举办“厦大之光”晚宴，筵开八十席，共襄盛举。他说：“厦大马来西亚校友会曾举办过多次‘厦大之夜’，这次扩大活动办‘厦大之光’，希望能唤起更多的人关心母校及延伸工程的发展，为母校添增光彩。”

厦门大学马来西亚分校的正式开学，让郭南昌感慨万千。一方面，厦门大学是由爱国华侨陈嘉庚先生于 1921 年创办的，九十多年后，又回到陈嘉庚先生事业取得巨大成功的马来西亚创办分校，这是历史的回馈。另一方面，分校的成立将培养出一批有尊严、有智慧的青年人才，为马来西亚、中国、东盟等地区的人民福祉和社会进步做出贡献。他说，“为适应全球化、开放性之多元化，中国大学正‘往外走’。厦门大学马来西亚分校的设立，是中国大学首所获得批准在海外办学之明证，是历史的重大突破”。

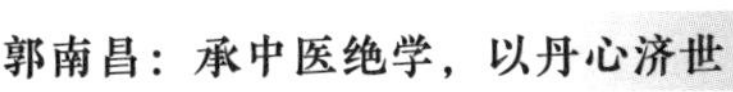

原音回放：

“希望青年学子能珍惜在厦门大学学习的时光，发挥自己的特长，将母校建设得越来越好，将中华文化在世界各地发扬光大，成为一个饮水思源、自强不息、心怀感恩、有使命感的人。希望每一个厦大学子能够为天地立心，为生民立命，为往圣继绝学，为万世开太平！”

孙立川：徜徉文学海洋，传递阅读快乐

人物名片：

孙立川，福建泉州人，1976 年从厦门大学中文系毕业后留校任教。1983 年考取日本国费奖学金赴日学习，先后获京都大学文学硕士、文学博士学位。1993 年移居香港，曾任职于香港中文大学、岭南学院、《明报月刊》等，现任香港天地图书公司董事、总编辑，兼任辽宁师大特聘教授、现当代文学专业博士生导师、中国作家协会会员。出版有译著、古籍校编、随笔集、论著等十七部（其中有两部与人合著）。

志趣于文学，青春筑梦厦园中

孙立川出身于诗书之家，从小喜欢跟随祖父听说书，《三国演义》《水浒传》《阿 Q 正传》等经典名著和小说是他最早的文学启蒙。大家庭里有多位亲人是教育和科研工作者，父亲曾在民国时期集美商业高等专业学校（集美大学财经学院前身）学习和留校任教，叔叔也是知识分子。在浓郁书香家庭氛围潜移默化的熏陶之下，文学的种子自孙立川幼时便开始生根发芽。

20 世纪六七十年代，青年们响应“上山下乡”的号召，在广袤的土地上挥洒汗水，当时已从农村调到工厂当工人的孙立川却并没有因此而搁置内心对于文学的热爱和追求。作为闽南人，厦大校主陈嘉庚先生爱国爱乡的精神触动着孙立川一家人，鲁迅、林语堂、孙伏园等一批著名作家学者曾在中文系执教，厦大中文系让孙立川心生向往、念念不忘。

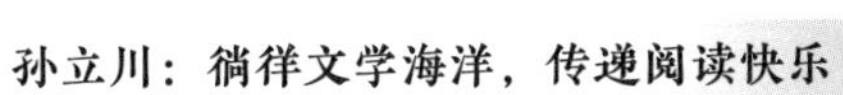

在家人和朋友的一致鼓励和支持下，1973 年，孙立川成功通过考试作为工农兵学员推荐到厦门大学学习。“后来我才听说我本来是要读政治经济学的，当时中文系负责招生的老师发现我在《福建日报》和其他地方文学杂志上发表过文章，所以招生老师把我调到了中文系。”冥冥之中与文学缔结下的情缘让孙立川如愿进入梦寐以求的厦门大学中文系。中文系创办于 1921 年，是厦门大学创办最早的院系之一，“历届中文系学生的学号都是排在整个学校的最前面的，比如我们 1973 级汉语言文学的同学学号有 7301 开始的……”历史悠久的中文系名师荟萃，培育了一代又一代优秀的文学人才，是无数热爱文学的学子魂牵梦萦的地方。由于经历过比较动荡的时期，孙立川在学期间倍加珍惜这来之不易的学习机会，入学后开始广泛选修各类课程，大量阅读书刊文集，这为他后来深厚的文学积淀打下了坚实的基础。

1976 年，从中文系毕业后，孙立川留校任教。由于当时受到“文化大革命”的冲击，高考中断了十年。孙立川作为班主任，正好迎接了 1977 年恢复高考后第一批入学的大学生。回想起与学生们相处的点点滴滴，孙立川感念不已。恢复高考后的第一批 1977 级的学生年龄参差不齐，最大的年龄超过了三十岁，比孙立川年纪还大，最小的只有十六岁。这批学子尽管人生经历各不相同，年龄跨度很大，但都拥有着一腔沉甸甸的读书情怀。1977 年的厦门大学，物质条件不够丰富，甚至没有通自来水，每位同学都需要自己准备一个桶去打水。虽然生活条件比较艰苦，但是校园里充盈着浓厚的学习氛围，一群远离书籍多年的年轻人相聚在凤凰花开的美丽校园，保持着旺盛的学习力和好奇心，如痴如醉地投身于书籍的海洋中，基本过着三点一线的生活——教室或图书馆、宿舍、食堂。

“恢复高考后的这几级学生，都非常优秀和用功，学风积极融洽，学生朝气蓬勃。”孙立川回忆道，当他自己还是学生时，校园里没有什么学生活动。随着恢复高考后的这批新生入学，丰富的学生活动终于重新步入正轨。学生们自发成立了“朝花文学社”，组织开展了读书会，复刊了停止多年的杂志，开展舞会，课余生活多姿多彩。孙立川谈到，教师不仅仅给学生们上课，还经常参与师生共建的各项体育活动，一起打篮球、乒乓球等，师生相处其乐融融，着实令人怀念。

多元文学观，坚守出版人原则

1976年，孙立川留校任教后做的第一件事就是全程参与并组织了当年十月举办的“纪念鲁迅先生到厦门大学从教五十周年”学术会议，也是借助这个会议的契机和其他几位老师一起将鲁迅纪念馆进行全面整修，补充了大量从全国各地征集来的照片和纪念文物，增辟了三间陈列室，纪念馆扩大到整层二楼的六个房间，并将鲁迅纪念室修缮为鲁迅纪念馆，采用郭沫若先生的题字。留校后的这一段经历搭建起了孙立川与鲁迅的特殊“缘分”，在之后的研究生涯中，孙立川展开了对鲁迅的进一步深入研究。

1981年，孙立川参与了人民文学出版社《鲁迅全集》的注释工作；2004年，孙立川为鲁迅先生第一本小说集《呐喊新编绘图注本》进行导读、题解和注释。对鲁迅先生的大量研究和倾注心血让孙立川感知到鲁迅精神是一种民族精神，应该代代相传。此外，鲁迅开创的中国现代文学在处理与传统文化的关系时展现的批评吸收、绝不盲从的态度也是具有开拓性与指导性的。

孙立川坦言：“文化本就应该是百花齐放、欣欣向荣的，文学是人性美学的表现，是让你慢慢咀嚼品味的精神食粮。它绝不是一种快餐式的文化。正如现在国外一些一流大学，理工科的学生修读专业之外，最喜欢阅读的是文学、历史、哲学经典，像莎士比亚的作品，但丁的《神曲》，苏格拉底、康德的哲学著作，东方的文学理论，中国的绘画等。按照弘一法师的观点，他认为文艺实际上是人文学科中最杰出的代表。”中国现代文学的开山鲁迅先生在1926年秋天曾任厦大文学院和国学院教授，同期还有林语堂、孙伏园等著名作家在厦大执教。新中国成立后，厦门大学的校匾及校章用的就是鲁迅先生手写的字体，中文系毕业的学生都以此为傲。只有多元化，才能产生一片欣欣向荣的文学绿洲。

作为出版人，孙立川热衷文化的交流传播，校编出版过现存最早的中国禅宗

孙立川近照

史书《祖堂集》《新安县志》，努力出版有人文深度的书籍。除著书之外，孙立川还是香港最大出版社之一的天地图书公司的董事、总编辑，他说，“香港天地图书公司一年要出版几百种新书，但我们不出那些格调不高、品位低俗的书，即使市场利润高也并不追求，而希望坚守我们的精神家园。希望每年都能编出几十本好书，以满足推动社会向前所需要的文化软实力”。近几年，孙立川一直考虑编写香港文学史上第一部包含五十位作家的个人作品集，花费了五年心血，当编写到第二十一位作家时香港政府却不再支持作品集的编写，此事便由此搁浅了，孙立川表示非常遗憾。香港是资本发达的市场，讲究经济效益，但孙立川认为，经济效益并不能完全衡量文学作品的价值，出版人有自己的一份坚守。

感恩母校情，捐赠图书勉学子

从 1973 年入学到 1976 年留校任教，从 1983 年离开母校到远赴日本求学，孙立川的身份从一名厦大学子到一位厦大老师再到一位厦大校友，身份的转变和宝贵的经历随着岁月的沉淀升华为他对母校深沉而隽永的爱。“虽然我们厦大人身在祖国各地，分散在各个行业，我的同学们中有文学家、戏曲家、语言学家，但是我们心中始终和母校紧紧相连。”虽毕业多年，孙立川依然心系母校、关怀学子，并以实际行动回馈母校。

2007 年 7 月，在孙立川等校友的倡议下，“厦门大学旅港校友扶困助学基金”成立了。有好几位年近七旬的年长校友，在身体患病、手头并不宽裕的情况下也尽上自己一份心意。副监事长孙立川和时任校友会理事长王春新、候任理事长林贡钦亲自前往福建老区建设促进会，通过层层审核，确定资助名额。

除了积极参与助学活动，孙立川身体力行并大力呼吁为母校捐赠图书作为对母校文化建设的一份回馈。孙立川认为，阅读的力量不可小觑，虽然现代社会网络的电子阅读对传统出版业有所冲击，但网络阅读取代不了纸质阅读，因为纸质书籍延续了我们的精神文化。2019 年，他发起并参加香港校友会向厦门大学马来西亚分校图书馆捐书活动，除了本人捐献的一千七百多本中外图书之外（加上历年捐给厦大的总计应有一千八百本以上），同时还请香港出版社同业及作家又捐献给马来西亚分校一千二百本左右书籍。

陈嘉庚先生 1950 年于香港出版《新中国观感集》（非卖品）

因为喜爱图书，他还曾先后去香港古籍旧书拍卖会上拍到两本陈嘉庚先生 1950 年于香港出版的《新中国观感集》（非卖品），这本书应该是在海外出版的第

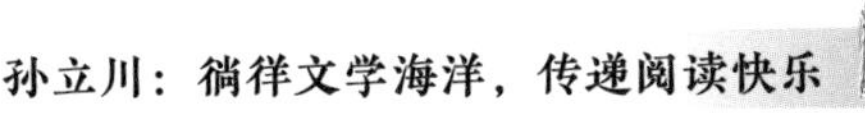

一本介绍新中国成立的文献之书，很有价值，孙立川分二次拍买到这本书，分别赠送给了厦门大学及集美大学档案馆。目前，他与厦门大学香港校友会正在策划第二次的捐书赠书活动，希望能够让一代代的厦大人以书为舟，游向知识的海洋。

回顾自己在厦园求学和任教的十年时光，孙立川十分动情，并寄语厦大莘莘学子："我们以母校为荣，这是我们人生中重要的一段旅程，也是思想和人格成长的重要动力基地。希望学子们向前辈校友们学习，向一代一代老师们学习。母校既是学术摇篮之地，也是人生重要的驿站，记住母校的恩情和老师们的培养，有所回馈。"

原音回放：

"文学是百家争鸣、百花齐放的，它需要我们认真阅读、慢慢欣赏、细细品味。文学只有多元化，才能更加欣欣向荣！"

（文／学生记者 董芬、徐素珍；图／受访者提供）

张绳华：为党分忧，为民解愁
——一名共产党员的生动实践

人物名片：

张绳华，1977年毕业于厦门大学经济系财会专业，曾先后任职西藏自治区农机局政治部组干科副科长、福建省人事局专业技术干部科处干部、莆田市人事局副局长、福建省人事局人才交流服务处副处长、福建省人民政府办公厅农业政法处处长、福建省农业办公室副主任，中共漳州市委常委、漳州市委组织部部长，中共中央组织部干部监督局副局长、正厅级调研员，国家邮政局党组成员、纪检组长。

年少时，他结缘厦大，南强楼宇，芙蓉湖畔，见证着他入党初心；青年时，他扎根基层，为民解愁，为国分忧，践行着对党的承诺；而今，他依旧“不忘初心，牢记使命”，身体力行地为祖国、为人民不懈奋斗……

缔结初心，援藏助力

1974年，张绳华进入厦门大学，就读于经济系财会专业。在厦大的学习生活中，身边优秀的教师与同学成为他学习的榜样，尤其是老校长、著名经济学家王亚南教授严谨治学、心系祖国的崇高精神深深影响了一代厦大人。1976年，他光荣地加入中国共产党，成为党的一分子。那一年，唐山大地震举国悲恸，在校师生自发捐款捐物，共同为同胞祈福的场景至今印刻在他心中。从那时起，作为一

名共产党员、作为一个厦大学子，“为中华崛起，为人民服务”的信念便与他紧密相连。

1977 年，张绳华响应国家号召，毅然而坚定地志愿报名奔赴西藏工作。问起原因，他坦言：“我是福建人，我当然想留在家乡。但是，如果我一个党员都不站出来，谁还能站出来？”他是这么说的，也是这么做的，援藏期间，他用自己的行动感动着周围的人。不论是清晨的来回奔忙，还是夜晚的勤奋刻苦，他的形象赫然显现在我们眼前，更深深留在西藏人民的心中。

援藏期间，西藏爆发了大山洪，国家财产受到严重威胁。在这紧急关头，张绳华为保护国家财产，奋不顾身地与山洪展开了顽强的搏斗。西藏的山水，即便是在烈日当空的三伏暑天也依旧冰冷刺骨，张绳华却撸起袖子，卷起裤管，双手双脚都泡在了水里，就连自己的衣服和手表被水卷走也全然不知，直到身体没有了知觉，他倒在水里……而醒来后，他只休息了一天，便又参与到抢修排洪沟的战斗中。

这样不怕苦不怕累，全心奉献的精神体现在他生活的方方面面。在某次任务中，张绳华带领三十多名学员翻越一座座雪山，克服一个个困难抵达了目的地，并在此过程中与学员们建立起深厚的情谊。白天，他强忍自己的高原反应，给生病的学员端水送药；晚上，他充当起艰苦岁月中的欢乐，带头在三十多人的群体中唱歌，原本沉闷的高山也回荡起他们欢快的歌声；更有甚者，他不顾寒冷，为照顾好学员，将自己的大头鞋换给穿着单胶鞋的学员，而到达目的地时，他双脚却早已被风雪冻坏。即便如此，他也全然不管不顾，拖着由于过度劳累而感冒发烧的身体，坚持带领学员参加新的工作，直到工作完成后，他才悄然离开。

张绳华的模样，连同他朝气蓬勃，永不言苦的精神在单位传开了，同事们用“像雷锋同志那样把有限的生命投入到无限的为人民服务中去”来褒奖他。而他，也继续着自己的信念，保持着初心……

组织夜谈，探索实践

由于国家需要，张绳华从西藏回到家乡福建，先后任职莆田市人事局副局长、福建省人事局人才交流服务处副处长、福建省人民政府办公厅农业政法处副处长、处长、福建省农业办公室副主任等职。1996 年，在担任漳州市委常委、组织部长期间，张绳华推出“组织部长夜谈”（以下简称“夜谈制度”）工作方式，办得有声有色，在群众中引发强烈反响。

张绳华在“夜谈”工作现场

谈起夜谈制度设立的原因，张绳华回忆起事件的缘由——一位老红军的党籍问题。当时，漳州市一位老红军曾三次找组织要求恢复党籍，并向组织留下了三封信，言辞恳切地陈述了原因，让张绳华深受触动。他走访老红军，收集资料，查明事实，上报组织，为老红军解决问题。通过这个案例，他深感干部群众存在着反映情况难、解决问题难的困境。而自己“在其位便要谋其职”，身为组织部部长有责任、有义务、也有条件为干部和群众搭建起沟通的桥梁。考虑到若将谈话制度设在白天，不论是群众还是自己可能都没有时间，无法和人民真正面对面交谈。于是，他便利用自己的休息时间，在晚上开展“谈话”工作，也就是“夜谈

制度”。依托这个制度，干部群众可以与组织部部长面对面反映工作生活中的困难和问题。每个“夜谈日”，张绳华雷打不动地在岗，从不缺席。

那时，虽说固定每月十五日下午四时至晚上十一时作为接访时间，但实际操作起来，“夜谈”时间往往不够用，因为前来找组织部长谈心的人实在太多。张绳华体谅有些群众跑一趟不容易，于是来者不拒。“一个时间段的‘夜谈’，少则几十人，多则几百人，有的时候甚至谈到第二天凌晨三四点。”回忆起当年的这些事，张绳华历历在目。

“群众利益无小事。”张绳华说，往往群众反映的一件事，就会牵扯到许多个部门和单位，“我们要以‘夜谈’为载体，还民以公道，消除各种怨气，化解社会矛盾。”

经过五年探索实践，“夜谈制度”取得良好成效，为广大干部群众所赞扬和支持，获得上级有关部门的充分肯定。如今，随着工作体系和有关制度的不断完善，这种工作方式虽已消逝，但“夜谈”背后凝聚着的“为党分忧，为民解愁”之精神，却始终流淌在张绳华的血脉中，成为他长期实践、终身坚守的法宝。

致力宣传，传承文化

张绳华出色的工作得到上级的认可，之后，他又先后任职中共中央组织部干部监督局副局长、正厅级调研员、国家邮政局党组成员、纪检组长。然而，此时的他却依旧初心不改，致力于更高的追求。

“我要回到福建去。”八年前，时任国家邮政局党组成员、纪检组组长的张绳华毅然向组织提出申请，下决心从北京调回福建工作。“我是福建人。在福建和省外工作的二三十年间里，耳濡目染习近平总书记当年在我家乡生动的探索、实践和创造。这些，久久深深地震撼着我和福建干部群众的心灵，我很想多了解些各方面的情况，并将其传播开来，让大家共同分享总书记胸怀天下、造福百姓的丰硕成果。”张绳华心有意愿，想对习近平总书记在福建工作时成功的探索与实践做

进一步详细了解，力图能收集并宣传总书记当年在福建工作时的所思所想、所作所为、所成所就，以此激励广大党员群众共同奋斗，积极投身到改革开放和各项建设事业中去。

2011 年 8 月，回到福建工作的张绳华，沿着习近平同志曾经留在福建的足迹开展调研。将近一年的时间里，他走访了九个地级市和部分县（市、区），与二十多位省部级干部、百余名厅级干部以及数以千计的基层干部群众进行了深度沟通、对话，并收集、整理、查阅了大量的文献、文件、资料，致力于真实反映习近平总书记在福建工作时的情况。2012 年，张绳华撰写了关于“习近平同志在福建”的宣讲稿。2013 年，福建省党的群众路线教育实践活动启动，张绳华先后担任省委党的群众路线教育实践活动第一和第八督导组组长。此后，他既是督导员，又是宣讲员。他走到哪儿，就把宣讲“习近平同志在福建”的辉煌篇章带到那儿。他以“南国春早迎赤子”“三地聚焦走八闽”“留得丹青绘宏图”等为题，通过一个个有血有肉的事例，号召各级党组织和广大党员深入学习、深刻领会习近平总书记系列重要讲话精神。一场场精彩的宣讲深化了群众路线教育实践工作，越来越多的党政机关、基层单位热情邀请张绳华前往宣讲。短短一年，其宣讲场次高达十七次。

然而，正当他踌躇满志，决心进行更广泛的宣讲，更深入的研究时，他的命运却发生了转折。2014 年 3 月 8 日，张绳华在前往长汀县进行宣讲的途中遭遇车祸，颈椎受伤，造成高位截瘫。虽然这场变故如同晴天霹雳搅乱了张绳华的计划，

2014 年，张绳华在福建省图书馆进行宣讲

但他却依旧行走在宣讲的路上，只是，方式发生了变化——自瘫痪在床后，张绳华的宣讲对象，变成每一位前来探望他的人。他像一位教师，更或是学者，针对不同的对象，他以不同的方式进行他的宣讲：有的开门见山、单刀直入；有的深入浅出、娓娓道来；有的互相探讨、彼此启迪……

“我已退休数年，并残疾在身，似乎可以静心康复、安度晚年了。然而，身残未敢忘忧国。习近平同志在福建十多年所积累下来丰富的思想、精辟的理论、高尚的品格，还有他非同凡响的业绩和爱党爱国爱民爱军的事迹、情怀，都需要更为全面、完整、充分、深入地进行挖掘，而我如今心有余而力不足，满怀遗憾。”张绳华坦言，“几年来，我总是以自己特有的方式，对前来探望我的亲友、同事讲述、交流这一话题。为什么数年如一日？我想或许这一话题正是我坚强挺立的生命支撑点”。从千余人、数百人的宣讲大场面，变为病房里三五人甚至一二人的交谈……张绳华坦然接受变故，他的梦想、他的宣讲从未中断过……

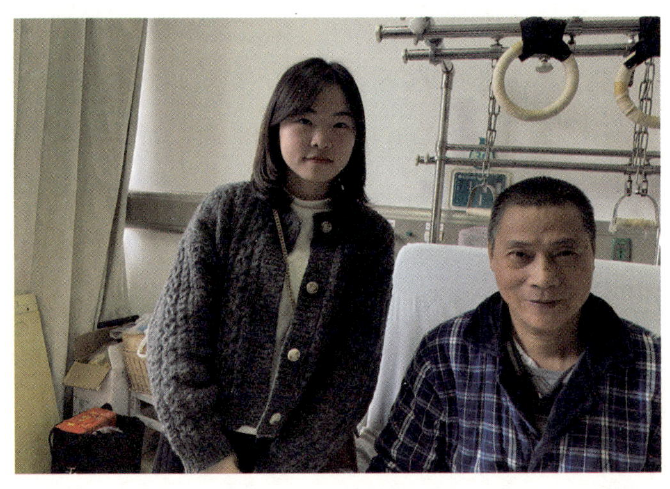

2020 年 1 月，张绳华在医院康复期间接受学生记者采访

如今，事实如他所愿，习近平总书记在福建的思想与实践被越来越多人所熟知，《习近平在福州》《习近平在厦门》《习近平在宁德》相继出版。而面对笔者的敬佩，张绳华淡淡地说道：“我只是厦大路边一棵小草，有点新绿，有点活力而已。”

张绳华的办公室挂着一幅字联“苟利国家生死以，岂因福祸避趋之”，正如他所言：“只要是对国家、对人民有利的事，我就一定要做！”不论是年富力强的开拓进取，还是如今的忧国忧民，他始终保持初心，与党同心同德，为实现中华民族伟大复兴的中国梦而不懈努力。

原音回放：

“踏踏实实做事，平凡里也会出不平凡。”

（文 / 学生记者 陈惠莹，部分资料来源于《人民网——张绳华的生动实践：如何做一名敢于担当的共产党员》；图 / 受访者提供，部分来源于网络）

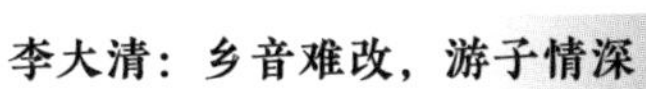

李大清：乡音难改，游子情深

人物名片：

李大清，湖南省怀化沅陵县人，厦门大学1975级外文系日语专业本科、1980级日语专业硕士研究生。现任日中和平友好联络会秘书长、日中创新协会理事长、日本华人华侨创新协会会长、湖南省政协海外发展顾问等职，厦门大学日本校友会原会长，并担任中国多所著名高校客座教授及客座研究员。

杂交水稻　开启厦大情缘

1972年，高中毕业的李大清成为一名知青，被分配到沅陵县木马岭良种示范农场。当时，农场的主要任务之一是配合袁隆平杂交水稻制种以及野败（花粉败育的野生稻，简称“野败”）型三系杂交稻雄性不育系的育种科研实验工作。作为一个刚刚毕业的高中生，李大清并不知道这一实验对于中国乃至世界的历史性意义，他只是听从技术人员的安排，和其他同志一起踏踏实实地劳作。1975年，杂交水稻雄性不育系育种“温汤去雄”实验取得了突破性进展。农场的育种工作成绩显著，李大清的优异表现得到了农场领导和技术人员的高度肯定，在通过了农场考试和县高中及县政府的推荐后，李大清成为一名厦大学子，自此开启了他与日语的不解之缘。

“对我们这一代人来说，从知青到大学生是人生的一大转折。”李大清如是说。早在新中国成立之前，李大清家里就开办了私塾学堂。受到父辈们的影响，他从小读书刻苦自觉，上大学一直是他梦寐以求的事。上山下乡期间，他放弃了参军和去国营工厂当工人的机会，就是为了等待上大学的机会，圆自己的大学梦。

对于被推荐到厦门大学日语专业学习，李大清坦言“毫无思想准备”。在那个学习资料相对匮乏的年代，他对日语专业一无所知。1975 年，李大清入学时，学校使用的课本不少内容还是《毛泽东选集》《毛泽东语录》的日文版。“听日本广播电台录音（短波放送）必须在得到批准的情况下几个人一起才能听，录放机一个班只有一台，轮流使用，字典和参考书也非常少。”然而就是在这样艰难的求学条件下，李大清和他的同学们，通过反复的模仿录音和朗读背诵，打开了日语世界的大门。1978 年，李大清到桂林参加毕业实习，这期间一次工作机会为几位来华旅游的日本海员担任陪同翻译，这是他第一次在生活中见到日本人并将所学专业用于实践。“我说的词语有一些他们听不懂，很可能是比较老的日语说法或是生硬的书面语。不过我记得他们夸奖了我的发音和语调。”没有去过日本，也没有接触过日本人，能将日语学习到这样的水平，李大清表示，这多亏了在厦大求学期间遇到了黄国雄和林为龙两位恩师。

外文学院第一届日语专业研究生与黄国雄教授（1980 年于厦大上弦场）

黄国雄老师来自宝岛台湾，1946年就读于厦大会计系，日语说得很地道。在李大清的记忆里，黄老师是一位受人敬重的长辈，他热心于教育事业，对学生认真负责，耐心细致、诲人不倦。黄老师将李大清视作“得意门生”，在缺乏充足学习资料和语言环境的情况下，黄老师逐字逐句地教他标音调，准确地为他念诵每一段课文，为了有更多的时间一起练习，黄老师甚至与他同吃同住。这样的学习经历也为他后来从事日语相关工作打下了坚实的基础。

对于李大清来说，林为龙老师更像是一位志同道合的朋友。林为龙老师比他大不了几岁，是从东京归国的华侨，因为热爱阅读，他们以书会友，很快结下了深厚的情谊。他至今仍清楚地记得，林老师克服困难，专门借到了日语版的《基督山伯爵》，一边用日语诵读，一边用日语讲解给他听。后来，也是在林老师的引荐下，他才有机会参与北京人民广播电台日语播音的招聘选拔，获得了与林为龙老师搭档播出科技日语讲座的机会，并参与了中央人民广播电台“星期天日语”的播音。

厦园的数载求学时光，在李大清的记忆里留下了浓墨重彩的一笔，学习知识，增长本领，幸得恩师，结识伙伴。这些关于青春的故事，随光阴流转，像一杯陈年的桂花酒，品一口，唇齿留香。时至今日，李大清总会回想起，晨读时他喜欢爬上五老峰，寻一块石头落座，石边的灌木林生长着相思树，清风吹来，风情无限。那是他与厦大的专属回忆。

学以致用　推进中日友谊

1978年，李大清从厦门大学日语系本科毕业后，被分配到北京航空学院，在由第三机械工业部等部委举办的“外训部”出国培训班任教。凭借培训教学工作中的出色表现，1987年，他获公费奖励名额以访问学者（副教授）的身份赴日本深造，先后于日本国立语言研究所担任研究员，在国立静冈大学以外国人研究员身份进行合作研究，并兼任静冈产业大学非常勤讲师（即外聘教师）教授中国文化。后来，经国务院原副总理、外交部部长黄华介绍，李大清于 1992 年进入日本前外务大臣园田的事务所工作，担任原众议院议员园田夫人的私设秘书，从事中日间的政治、经济、文化交流工作。在此期间，他曾作为陪同翻译和联络秘书参与了多位日本首相以及前首相还有世界一流企业总裁等高层政界、商界人士访华和中日交流活动，也曾参与中国国家领导人访日接待活动及中日双方国家交流计划的执行等。在园田事务所十年的工作经历，不仅使他得以为中日友好交流贡献了一份力量，也为他日后围绕这一领域开展的诸多事业奠定了基础。

“德不孤，必有邻。”在李大清看来，中国与日本是一衣带水的邻邦，古往今来渊源已久，文化方面也有共通的传承。因此，加强对话、增信释疑对两国的和平友好发展有着极为重要的意义。他至今仍然清楚地记得，自己作为陪同工作人员拜访日本时任首相细川护熙，细川首相在临别之际对中方来访人员说：“很高兴与你们度过充实的一天，如果一生为一日，我的一生中有这么多时间都与中国有关，不要等到明天，我们握手前行，中国和日本没有理由不世世代代友好交往。”细川首相“一日一生”的理念令李大清深受感动，此后，他也将自己的每一日与中日友好交流关联起来，转眼便已奔走半生。

1996 年至今，李大清始终担任着日中和平友好联络会秘书长一职，这是一个在日本颇有影响的社会团体，旨在积极推进日中两国在政治、经济、文化、人际关系等领域的友好交流，致力于同日中两国人民一道齐心协力为全世界的和平友好事业做出贡献。不仅如此，李大清还积极参与日中创新协会及日本华人华侨创新协会的各项工作，积极推进日本与中国间技术、人才、资本、市场各个阶段的高精准对接，为两国民间经济交流提供了一个全方位、多层次、宽领域的高效互动平台。2019 年，日中创新协会响应 G20 峰会号召，成功举办日中企业交流会，推动了中日高新产业园区合作项目的新进程。

旅日三十三载，李大清始终活跃在促进中日友好交流的事业中。他似一条纽带，更是一道桥梁，践行着一个日语学者的使命。而正是与他一样的条条“纽带”，串联起了无数个关于中国与日本的故事，正是如他一般的道道“桥梁”，飞架南北，

天堑变通途。

赤子之心　不忘思“湘”忧国

独在异乡三十余载，李大清对母校、对祖国总有着剪不断的眷恋，理不清的离愁。多年来，他始终热心于校友会事业，积极筹备校友会活动。担任厦门大学日本校友会会长期间，多次组织校友会成员向母校捐赠樱花树苗，以表感恩之情。在李大清心中，樱花盛开是春日里最盛大的演出。每年四月，既是樱花盛开的时节，也是母校厦门大学的生日，这些樱花树在装点厦园的同时也见证着母校的发展壮大，这是日本校友对于母校的拳拳深情。

李大清近照

人们常说，乡音难改，乡愁难却。李大清表示对家乡的思念总是随着时间的推移而愈加浓厚。“喝一碗沅陵家乡的酒，解渴乡思又一年。”思乡总是始于味蕾却不止于味蕾，李大清早已把自己对故乡的一腔赤诚化作担在肩头的责任。2020年 1 月，李大清作为湖南发展海外顾问团成员，受邀参加湖南省政协全会，在北京飞往长沙的途中，飞机因大雾迫降南昌，他仍坚持在机场换好出席会议的正装，连夜打车奔赴长沙。经过五个小时的奔波，最终准时抵达会场。花甲之年的李大清对于家乡的事业仍然怀揣着一颗赤子之心，他希望自己有机会为湖南“引进来，走出去”建言献策，为湖南省走出国门、走向世界贡献力量。

新冠肺炎疫情期间，李大清虽远在海外，却始终心系祖国。多次号召日本华人华侨创新协会理事团成员捐款捐物。二月初，疫情日趋严峻，直航湖南长沙的特殊运输通道援助物资大量积压，航空公司人手紧张，李大清立刻提出为航空公司提供无偿的志愿服务，召集志愿者专程从东京前往大阪，协助有关捐赠机构和机场前台装箱搬运。当日本疫情日趋严峻时，他又积极参与北京市以及湖南省的抗疫物资无偿援助活动，给在日华人华侨以及日本友好团体和院校送去捐赠口罩和防疫用品。山川异域同云雨，一衣带水月共天。“对于中华儿女来说，无论在哪里，只要祖国需要，我们就会立即行动起来，同舟共济、众志成城。”李大清如是说。

少小离家，乡音无改。对于李大清而言，故乡是幼时的记忆，而祖国是此生难以割舍的情愫。月是故乡明，游子的深情是虽相隔万里，灵魂深处却始终保有的一丝羁绊和无限牵挂。

原音回放：

“在我的创业概念里，不仅包括中日两国的经济贸易往来，还有两国间的民间交流事业。对这份事业而言，重要的不是巨额的交易，而是不可替代的沟通和情谊往来。”

（文 / 学生记者 王萌；指导老师 / 杨盛澜；图 / 受访者提供）

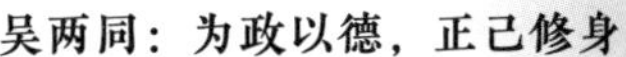

吴两同：为政以德，正己修身

人物名片：

吴两同，籍贯福建省云霄县，厦门大学1977级历史系校友。现任漳州市人大常委，漳州市委政法委副书记，厦门大学漳州校友会常务副会长兼秘书长，福建省书法家协会会员。

忆厦大：艰苦美好的青葱岁月

1977年，中国恢复高考，这对当时还在田间耕作的吴两同来说无疑是命运的转机。凭借平日里的刻苦学习，他顺利考入厦门大学历史系，成为厦门大学恢复高考后的第一批学生，从此与厦大情结一生。

那个年代，厦大的生活艰苦却充实美好。“一餐能吃上五毛钱的菜，就是一件很奢侈的事”，吴两同如是说。然而，生活条件的清贫并没有阻碍吴两同旺盛的求知欲。作为“洗脚上田”的知青，吴两同格外珍惜自己的学习机会，常常窝在图书馆奋发读书，一待就是一整天。有时同学们相约玩耍，他的内心也会涌起不安，找个借口偷偷溜回学校宿舍看书，唯恐浪费一分一秒。那时厦大的学习氛围十分浓厚。无论何时何地，都能看到同学在废寝忘食地读书，下半夜也常常会看到路灯下读书的身影。吴两同回忆道：“学校怕学生读书太累，星期天把群贤楼大教室都上了锁，但是教室里还是座无虚席，同学们都是把书包先扔进教室，再从窗门上面爬进教室，女同学也一样爬进爬出。”生活虽苦，但厦大丰富多彩的生活让他收获了弥足珍贵的师生情与友情。陈在正教授对学生用心良苦，戴一峰同学做学问举重若轻，施瑾同学的蝶泳劈波斩浪，侯真平同学的书法才情横溢，都让他印象深刻，至今难以忘怀。“毕业三十多年过去了，老师同学一直给我力量。感谢母校厦门大学，她改写了我的人生。”回忆起当年在校的情景，吴两同动容地说道。

勇担责：以德维稳赢民心

在我们约访吴两同之际，还欣闻他获得全国政法系统特殊战线一等功殊荣。吴两同长期在市委政法委副书记的岗位上，一个突出的特点就是以民为本、为政以德。2015 年正月十六，吴两同带领漳州市委政法系统维稳队进驻古雷半岛。古雷是中国七大重石化基地之一，项目从 2009 年开始动工建设，2015 年，漳州市委启动大规模的整岛搬迁，提出举全市之力完成全岛三万人搬迁，一百八十三万多平方的房屋征迁拆除，同时完成征地二万亩，征海九亩三分，任务十分繁重。吴两同负责整岛搬迁的维稳工作，面对的不只是面前的问题，还有许多历史积压下来的难题，各种矛盾叠加，情况错综复杂，可谓是“临危受命，责任重大”。吴两同秉持一个信念：维稳工作与群众工作是高度契合的，把群众工作做好了，维稳也自然实现了。进驻古雷当晚，他立即将队伍一分为八，维稳人员全部分散进驻八个村，与古雷村民同吃同住，力求全天候获悉群众的诉求，全天候掌握各类信息。

吴两同在古雷整岛搬迁拆除现场

吴两同提出，“维稳首先是维权，维稳的前提是把人民群众的合法权益维护好”。他一周组织两次研判，把各村村民的诉求统一会诊，逐一化解。2015 年 4 月 6 日，古雷岛腾龙芳烃 PX 项目发生爆炸，岛上一时混乱不堪，情况十分危急。吴两同率领全体维稳队员冒着生命危险到爆炸区边缘的疏港公路疏导交通。4 月 8 日深夜，形势更加严峻，指挥部下达指令，全岛三万人连夜撤离，刻不容缓。吴两同竭尽全力组织维稳队全力以赴转移群众。当时 PX 已有过几次复燃，随时可能引发更大的爆炸，但他一心想着百姓，不顾自己生命安危，穿越爆炸区边缘赶到古雷头，转移最后一批不愿离家的孤寡老人。此外他还连续几天组织维稳队进村巡查，使群众的财产免遭抢劫。吴两同以民为本的维稳做法赢得了绝大多数群众的支持。

但是，古雷岛上仍然存在着一些顽固的抵抗力量困扰着维稳工作。吴两同回忆道：“当时岛上有少数社政头家和庙公、神头、族头对政府的征迁工作一直激烈反对，这些人在村民中有呼风唤雨的蛊惑力。对这些人，我主动亲近他们，倾听他们的诉求，即使有些是六七年前的历史遗留问题，但对他们应得的利益我仍四处奔走。”吴两同坚信真诚可以化解坚冰。古雷岛上有一个七十多岁的长老，是个很“极端”的人物，在“4·6”爆炸转移中借机煽动村民不搬迁，说搬到新港城是死，在村里也是死，要死也要死在家里，产生恶劣的社会影响，导致征迁工作严重受阻。吴两同认为长老如此刁蛮定有隐情，他委派驻村维稳组长钟国荣负责攻坚，掌握到长老家里滩涂被侵占多年已陷入绝望的真情，小钟还提出了很好的破解方案。吴两同与小钟多方协调，妥善解决此事。为了彻底做通长老的思想，吴两同和小钟拎着酒上山看望老人，这位平常凶神恶煞的长老变得无比慈祥和宽厚，完全变成另外一个人了。从此，他逢人就说维稳组的好话，除带头签约腾房，一有村民到庙里烧香，就宣传政府搬迁好政策，并说每天都是搬迁好日子，古雷庙成了一个义务宣传站。从原来与政府对立变成促进整岛搬迁的正能量。吴两同真心为群众办实事，解难题，许多抵抗力量不攻自破，他们不但真心拥护征迁，还成了岛上义务的维稳队，主动帮政府做他们小圈子的维稳工作。近年来一直动荡不安、群体性事件时有发生的

古雷半岛终于平静了下来。截至 2020 年 5 月 12 日，古雷整岛搬迁累计完成签约 7834 户，占总任务数 99.77%；拆除房屋 176.26 万平方米，占总任务数 96.01%，在短短十三个多月内完成古雷整岛搬迁工作，实现了零越级上访、零群体性事件和零个人极端事件发生，创造了一个又一个“古雷奇迹”。

吴两同与他的古雷村民朋友

馈母校：繁忙不忘校友情

作为一名为政者，吴两同密切联系群众，政绩突出。作为漳州校友会的秘书长，他即使政务繁忙也要挤出一定时间组织校友会工作。漳州校友会下设立 EMBA 和 EDP 等几个活力四射的分会，近年来，EMBA 和 EDP 校友组织了小马拉松活动和许多高端论坛，其中的一些校友还多次参加全国商学院穿越戈壁活动且在 2015 年为厦大赢得铜牌。在厦大九十五周年华诞时，漳州校友会的捐款率达到了 68%，且出资百万元认捐芙蓉桥。为了加强校友们的联系，吴两同从 2014 年开始根据校友的需求，组建了书画俱乐部、骑行俱乐部、游泳俱乐部、读书会、合唱团等十个俱乐部。这些俱乐部活动广泛联系了校友，密切了校友之间的感情，漳州校友

对校友会丰富多彩的活动赞叹不止。对于如何兼顾公务与校友会的工作，吴两同有自己的一套方法，他说道："我的做法是要抓住几个重点：一是抓班子。漳州校友会的班子都对母校有很深的感情，有很强的事业心和责任感。在第一届'感动漳州校友'海选中，就有三位副会长当选。占了总数七名中的 43%。二是抓融合。在漳州，我们与 EMBA、EDP 等几支队伍是完全融合的，所有的活动都是共同策划，共同参与。漳州校友会中还有各县的分会和嘉庚学院分会，这些分会也是与我们共同成为一个统一的整体。三是抓活动。十个俱乐部是很好的桥梁和纽带，许多校友都在业余时间选择了自己喜欢的门类参加俱乐部活动。俱乐部中老中青校友兼而有之，平时校友互动良好。"

修性情：读书泼墨悠然乐

吴两同从厦大历史系毕业，大学四年的人文熏陶让其骨子里都渗透着文人雅士之风致。吴两同酷爱书法。古人云："书者，散也，欲书先散其怀抱"，书法对他而言是减压放松之良方，是心灵得以恣意舒展的寄托。"古人的率性很契合我的心境。在书法里，我能从从容容，不激不厉，怡然自得，许多烦恼的事一扫而光。"他笑道。由魏晋入唐宋，智永千字文、孙过庭书谱，颠张醉素、苏黄米蔡，吴两同皆有所涉猎，此后他又上溯钟繇和汉简、敦煌残纸，更是发现无穷乐趣。"仰之弥高，钻之弥坚"用来形容吴两同对书法的热爱再贴切不过。即使在古雷维稳，吴两同也不忘带上笔墨，为签约搬迁的村民写书法和对联。

吴两同（左一）为古雷征迁户写书法

除了喜挥毫泼墨，吴两同还热爱读书。“如果说有什么让我从大学生涯延续至今，从未间断，那就是买书和读书。毕业三十多年来，即使下乡到偏僻小山村，我也会去书店看看，一天不看书就很不自在。”他动情地说：“校歌要我们‘致吾知于无央’，校训教导我们要‘止于至善’，离‘至善’的境界还很遥远，我们没有理由不读书。”

原音回放：

“1910 年秋，毛泽东在《盛世危言》的影响下，决定外出求学，临行前将‘维新三杰’之一的西乡隆盛的一首诗题写在父亲的账本上。我将这首诗抄录如下，赠予母校的青年学子：孩儿立志出乡关，学不成名誓不还。埋骨何须桑梓地，人生无处不青山。”

（文 / 学生记者 郑志娟；图 / 受访者提供）

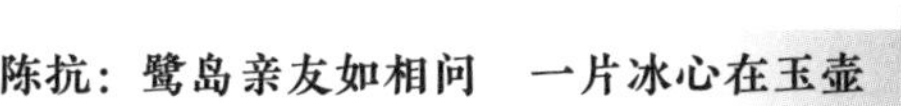

陈抗：鹭岛亲友如相问　一片冰心在玉壶

人物名片：

陈抗，厦门大学数学系1977级校友，毕业后留学美国，获马里兰大学博士学位。1989年至1991年任职于世界银行中国局和社会主义改革研究小组。后来到新加坡，先后任教于新加坡国立大学和南洋理工大学。1999年至2005年任南洋理工大学应用经济系系主任，现任新加坡国立大学李光耀公共政策学院教授和中国项目主任。主要研究领域为中国经济改革，宏观经济模型，以及中央与地方的关系。

分飞白鹭，廿载笃行路。
忽闻五老松涛唤，归来堂中怀故。
朝去建南上弦，夜伴映雪群贤。
囊萤芙蓉丰庭，成伟成智梦间？

这是厦门大学八十周年校庆时，时任新加坡厦门大学校友会理事会秘书的陈抗写下的《母校八十周年校庆有感——调寄清平乐》。二十余载岁月过去后，这位新加坡国大李光耀公共政策学院的教授谈及母校，言语间一切仿佛仍似昨日之事，清晰浮现在眼前。

逆境不辍求学梦

因为“文革”，陈抗未能在高中毕业后继续学业。动荡的岁月里，他先是随父

母下放到闽西山区的武平县农村，后又在厦门纸制品厂做工。

1977 年，陈抗已在厦门纸制品厂当了三年工人。也正是在这一年，他等来了高考恢复的讯息。一时间，高考的热情在全国快速蔓延开来。厦门六中的老师组织了复习班，为学子们免费补习。

“那是‘文化大革命’以后的第一次高考，”陈抗回忆，“当时很多人都去考了，但考上的机会很小。”

失而复得的上学机会，是多么宝贵啊！在报到的那一天他发现，身边的同学中，有 1946 年出生的，有 1962 年出生的，有的已经做了父亲。

但在此刻，他们跨越时间的界限，成为同窗同学。

三代缘系芙蓉园

陈抗的爷爷陈贵生先生是厦门大学图书馆副馆长，他的父亲是毕业于厦门大学历史系并任教历史系和台湾研究院的陈孔立教授。像是命中注定般，他也考入这所有“南方之强”称谓的芙蓉学府。

受当时“学好数理化，走遍天下都不怕”口号的影响，陈抗并未延续父辈走过的路——修读人文社科专业。

“当时刚好有个报告文学，报道了数学家陈景润的故事，”陈抗说，“也不知道该选什么专业，我就选了数学。”

可一入学，他就遇到了难题。大学所学的数学内容，与高中相比，抽象程度高了许多，让初入大学的陈抗多少有些适应不过来。

“当时，学校里的学习氛围特别好，”陈抗说，“大家都觉得，这一辈子突然有机会上大学了，就非常珍惜这个机会。”

陈抗记得，彼时还是八人寝的窄窄宿舍里，夜晚熄灯之后，有的室友会拿出手电筒在床上看书。昏暗的路灯下，也会有“借光”的好学少年。当时的数学馆在建南大礼堂旁边，因此许多个清晨，陈抗和他的同学们一道，在晨曦微露的建南背英语单词。

来之不易的学习机会和报效祖国的热情，促使同学们在课余花更长的时间来学习功课。不过，当年的课余生活还是挺丰富的。许多人或许都想不到，这位经济学教授，曾经是厦门大学艺术团的相声演员呢！

当时，厦大每个系都有自己的食堂，同学们只能凭饭菜票在各自的系食堂中就餐。因为不喜数学系食堂做的菜，数学系的同学们一起策划了一场“罢饭行动”。虽然行动最终并未成功，但却引起了学校的重视。只能在各自系食堂就餐的规定被打破，食堂之间的竞争机制成功引进。在那之后，食堂的饭菜也变得更加可口。至今想起这件事，陈抗还会有些小激动，“我们同学过了这么多年见面，还会提到这件事”。

厦门大学对于陈抗来说，有欢笑，有泪水，有感动，有收获。这是他梦的起点，也是他实现理想抱负的开始。

异乡不忘报国心

20 世纪 80 年代，外语热和出国热逐渐在国内悄然兴起。彼时，出国留学吸收先进知识，学成归来报效祖国，成了许多学子梦寐以求的愿望。

1982 年，毕业留校的陈抗获选参加世界银行贷款资助的出国留学项目。他顺利通过教育部的英文考试，赴美国俄亥俄大学学习。

这正是计划经济向市场经济开始过渡的时期，国内百废待兴。“那是中国人有着最强大共同愿望的时候，”陈抗说，“大家都有着共同的目标：脱离贫困，建设四个现代化。”

陈抗用一年时间获得了应用数学的硕士学位。国内的经济改革形势，让他意识到祖国非常需要经济学方面的人才，厦大数学系的老师也支持他学习经济数学的决定。

第二年，陈抗转学到马里兰大学，开始学习经济学，并取得了马里兰大学应用数学与应用经济学博士学位。或许是冥冥中的注定，曾经秉持着“文科无用论”，坚决走上理工科道路的陈抗，怀着为国效力的决心，再次走上了父辈研究社科的道路。

年少时下乡与工厂做工的经历，赋予他对问题更深入的思考和认知。他亲眼看到过生产队队长催着大家出工，而农民却磨磨蹭蹭，坐在田头抽烟、讲故事、消磨时间的情况，也经历过工人们围成一圈喝茶、打牌，上班没劲、干私活来劲的情景。

“在我给学生上课的时候，我常常会和他们说起这段回忆，”陈抗说，“在计划经济的制度下，激励机制是多么扭曲。”

自 1989 年夏天起在世界银行工作了一段时间后，因缘巧合，他来到了狮城新加坡。这一来，就是二十几年。但是，陈抗的研究、思考，从没有和中国的发展相脱离。在他二十多年的课题研究中，中国的经济问题及改革走向是不变的核心内容；在课堂中，他也向许许多多到新加坡参加短期培训和硕士课程学习的各级中国政府官员传授经济学和公共管理知识。

陈抗近照

身虽不在这片土地，但他的心却没有离开他热爱的国土。这或许也是为什么在诗中，陈抗饱含深情地写下：忽闻五老松涛唤，归来堂中怀故……

原音回放：

“大学四年的时间，很快就过去了。如果考试考什么你学什么、微信推送什么你读什么，一些更重要的事情，你可能就来不及做了。无论忙什么、怎么忙，请别忘了提高自己独立思考的能力，掌握终身学习的技能，保持一颗好奇的心。”

（文／学生记者 刘秋雯；图／受访者提供）

陈少华、赵清华：矢志笃行，在世界舞台上挥斥方遒

人物名片：

陈少华，厦门大学数学系1978级校友，世界银行发展研究局首席统计学家，主要负责全球贫困监测项目，以及各国收入分配公平性、政策和项目的效益评估等研究。研究成果发表于《经济学季刊》（QJE）等国际主流杂志，论文引用次数一万二千余次（Google学术检索）。他还是世界银行主要报告，如世界发展报告（WDR）、世界发展指标（WDI）、世界经济展望（GEP）、全球监测发展报告（GMR）等全球贫困监测部分的负责人，也是世界银行近两年《反贫困和共同繁荣》报告的作者之一。

赵清华，厦门大学数学系1978级校友，世界银行研究部资深数据科学家，长期从事经济统计计算方法的研究。研究结果包括贫困地图分析系统PovMap（poverty mapping），国际贫困比较项目及其在线分析工具Povcal Net，面向公众的数据分析平台ODAT，高速贝叶斯估计算法及其实现。

在陈少华、赵清华两位校友，身上总能流露出“纯粹与热爱”：对专业的热爱，对母校的热爱，对学弟学妹们的关爱。他们的聚焦点始终在母校对学科的建设上，目光总是寻找着母校教育上变化的痕迹，问题始终萦绕在学生们的学习问题。尽管他们目前在国际组织世界银行中担任要职，解决世界性的重大问题，在世界的舞台上决胜千里，挥斥方遒，但仍谦逊地以有着丰富经验和卓越战绩的学长、学姐

身份，关照呵护母校学子，倾囊相授，拳拳赤子之心，令人感动。

忆往昔，自强不息，以感恩之心惜光读书

陈少华与赵清华是厦大1977级的学生。1977年，是中国恢复高考制度第一年，这一年的高考录取率高达200∶1。因此，能从千军万马中脱颖而出进入厦门大学学习，是一件十分不易又十分幸运的事。“我们非常感恩、非常珍惜读书的时光”，陈少华、赵清华回忆起大学时光，感慨当时如饥似渴、拼命学习的劲头儿，劝慰学子们以感恩之心惜光读书。陈少华回忆当时大学生学习的急迫感，女生蓬头垢面是家常便饭，六点钟起床铃一响，来不及好好收拾，就冲出去参加早读；大家互相“攀比”，较着劲儿地学习，“你学我也学”。走在校园里，经常会出现出门晨读的同学碰到“晚自习”归来的学生。那时的大学，学子们真的心无旁骛，简单的生活，极少的诱惑，更多的时间和精力投入到读书与专业学习上。

厦门大学1977级控制理论专业同学合影

赵清华表示，当时学校的软硬件设施都很有限。但是，师生们仍秉持着厦大精神，“自强不息，止于至善”，刻苦钻研，顽强拼搏。当年，学校只有一台内存为 32K 的电脑，为了满足学生们的使用，超负荷地运转着，而学生们更是珍惜，“电脑不睡学生们就不睡”。老师们则更是“贪婪”，希望把所有知识都传授给学生，高水平、严要求，给了学生们极大的压力与紧迫感。但正是这种严格要求，激发了他们对学习了巨大的渴望和拼搏的动力。“在厦大四年的学习，令我们受益匪浅，这是受益一生的财富”，陈少华感慨地说道，厦大四年的教育使学生们的素质在当时可与美国的研究生水平一较高低。这是对母校最好的褒奖。这也是母校对学子们的最好的礼物。厦门大学传授给学子们的不仅仅是知识，更是对知识的渴望和热爱，使他们不断求索，不断自我突破，深刻践行着厦门大学的校训——“自强不息，止于至善”。

看今朝，高屋建瓴，以长者之智谆导学子

往昔校园的纯净与朝气，引今日学子们无限的遐想。时光流逝，母校日益壮大与美丽，但令赵清华和陈少华感慨最大的不是校园的变化，而是校园学子们的变化。晨读活动没了，晨读的学生少了，静心钻研的学生少了，学子们花枝招展，却感觉很迷茫与浮躁。“时代确实变了”，赵清华表示，如今学子们的成长环境，

陈少华分享职场感悟

不论是物质层面还是精神层面都有了大幅提升，但客观来说，竞争却更加激烈，可获得的机会也更难得。当年，国情相对特殊，他们的工作可以统包分配，而新的一代大学生，从入学伊始就要思考就业问题，要面对外界更多的诱惑和难题，往往难以沉心在学习之中。

但面对学弟学妹们的迷惘与困惑，他们却坚定地说："不要担心工作，能力到了，工作自然会有的。"然而需要怎样的能力，该如何培养能力呢？作为长者，赵清华和陈少华希望能借助自己的阅历和智慧，传递给学弟学妹们一些经验。作为世界银行的工作人员，他们站在一个非常高的平台上接触了全世界非常优秀的人才，清楚什么样的人才才能适应工作，各国的人才区别与优势在哪里。两位校友坦率地说，"工作的确难找，但人才更难找"。人才的能力是综合的能力，包括专业的、人际交往的以及团队合作的能力。陈少华认为，现在互联网很发达，学生们应该利用机会，多实践多尝试，锻炼自己的专业能力。学生们要主动、开放，多参加竞赛，既可以了解国内乃至国际的发展和水平，又可以了解社会对人才的能力的需要，认清自己的差距，挖掘可提升的空间。赵清华则将"学习"作为破解当代大学生竞争压力的密码。大学生要积极学习课堂以外的知识，而不是仅仅局限于课堂老师教授的内容。他回忆道，"'文革'刚结束，当时很多知识都是新的，老师也不会，于是大家只好自学"，他在工作中一直使用的 argo 编程和 basic 语言，就是利用大二暑假自学的。

赵清华作世界银行工作分享

盼未来，志高虑远，以赤子之志挥斥方遒

时代发展和全球化进程，使国际关系与发展更加错综复杂。在世界银行这类国际组织工作，不仅仅代表个人，更关系到国家，关系着国家的利益。陈少华希望学子们不要仅将目光局限于当下，踌躇于个人的得失，要看得到世界的发展与竞争，看得到国家与民族的利益。他们严肃地表示，国家的综合国力决定了国际组织本国国籍的工作人员比例，而这比例又会影响到国际组织规则的制定，影响国际关系中国家的发展利益。严峻的是，“我国在国际组织中的工作人员比例非常少”，陈少华以世界银行为例，“中国国籍的工作人员仅占约 1%”。这种严峻感，确实令我们窒息。因此，两位校友积极建议学子们，能志高虑远，能考虑与肩负国家和人民发展的责任，以赤子之心，挥洒自己的血汗；严格要求和努力提升自己，以寻求机会进入国际的舞台，进入国际组织中，一展才能，挥斥方遒，为国家和更多的人民谋利益、求发展。

陈少华非常珍惜与热爱自己的工作，她认为世界银行的工作，给了她能关心和帮助更多人的能力与机会，给了她能为祖国争取公平与发展的机会。她讲到，要做好国际组织的工作，一方面要充分地了解本国的国情，另一方面要以国际共识为交流前提，努力在国际环境中为本国争取话语权。陈少华在世界银行中主要负责世界贫困监测工作。她讲述了自己的一次经历。世界银行曾认为中国的发展总量已十分巨大，不再是贫困的国家，不能再享受世界银行的贫困政策。但她了解中国的国情，总量很大但人均不匀，贫困人口数量仍然很大，扶贫工作仍十分艰巨，因此，她想尽办法多方调研和调动数据，分析和总结，用真实可靠的数据说话，为国家保留住了利于发展的优惠政策，在国际关系中保证了公平。因此，陈少华和赵清华鼓励学子们树立远大的目标与信心，担负起时代使命，有赤子精神，并能实现自己的人生价值。他们真诚地说道，困难与挫折都是一时的，坚持到底就好。

如同 1977 年的厦大教授们渴望把自己一身的本事传授给学生们一般，陈少华和赵清华多么渴望把自己的经验和见解都分享给厦大的学子们。访谈中，他们没有谈论与炫耀自己骄人的成绩，而是始终聚焦在学生发展，学校建设甚至国家的未来。他们对于专业和事业的热爱，给我们带来了一股清流，荡涤心灵，振奋精神。“认真做事是根”，陈少华说。

（文 / 学生记者 镡旭璐；图 / 受访者提供）

吴国培：感恩母校，报效祖国

人物名片：

吴国培，1956 年生，经济学博士，研究员。1977 年考入厦门大学经济系计划统计专业本科。曾任中国人民银行参事，人民银行福州中心支行行长、国家外汇管理局福建省分局局长；福建省政府经济顾问，福建省政协常委、经济委副主任；厦门大学副教授；享受国务院特殊津贴的专家。他长期从事经济金融行政管理工作。他努力学习，勤奋工作，开拓创新，取得优秀业绩，科研成果颇丰，多次得到国家及福建省的表彰和奖励。

吴国培与厦大的结缘，始于 1977 年的高考。那个特殊年代，峰回路转的一场考试，就像春天里充满生机的一场雨，浇灌了他心里“自强不息，止于至善”的种子，并滋养它长成了参天大树。在采访交流的过程中，他多次提及母校的校训：早年的求学生涯，他深受校训精神熏陶；投身金融改革与管理事业后，他不忘校训，不忘报效祖国。校训是他数十年如一日持续学习、努力工作的不竭动力。

求索成才在厦大

1977 年的恢复高考，对那一代青年人来说，就是黑暗的隧道里出现的一道亮光，重新点燃了他们求知的渴望。吴国培顺利通过严格的考试选拔考入厦门大学，就读厦门大学经济系计统专业，成为恢复高考后的第一批大学生。经历过特殊年代，从一个在农村上山下乡的知青，到成为“天之骄子”，他深知机会来之不易，勤学苦读，手不释卷，求知若渴，博采众长。“我们在入学的第一天，就参观了学校的校园。学校'自强不息，止于至善'的校训给我留下了深刻的印象。这个校训鼓舞着我们厦大的学子努力学习，努力攀登科学高峰。”

厦大求学期间的吴国培

完成四年的本科学业后，他留校任教，历任助教、讲师和副教授，并继续攻读数量经济学硕士和经济学博士学位，在厦大转眼就是十余年。十多年的时光见证了他的努力与成长，见证着他从青涩走向成熟。光阴的故事里，青春恍如昨日。回忆这段时光，他用了三个“忘不了”来形容。

忘不了母校的辛勤栽培。“我所在的经济系，在当时已是享有盛誉并达到国内顶尖水平的知名学科。在老校长王亚南带领下，老师们治学严谨、勇攀高峰。在厦大，我们不仅学到更加科学和精深的专业知识，更树立了正确的世界观、人生观和价值观。这对那时的我们有着深远的影响，坚定了为国家、为人民努力工作的信念。”

忘不了母校的优良学风。“同学们在老师们的引领下都有着一样的信念，那就是发奋图强、成才报国。我们白天上课抢座位，晚上挑灯夜战，周末大多在图书馆阅览室度过。英语和数学是我们学习中遇到的最大问题。我和同学们每天 5 点多起床背单词，早饭后马上就到教室抢位子，接着继续到教室外背单词。每天晚上都要反复进行微积分、线性代数和概率论统计等的推导和计算，甚至熄灯了也要借助手电筒继续把它们弄懂。”母校的优良校风早已融入骨髓，成为吴国培学习、工作中的行事准则。

忘不了师长的谆谆教诲。“系里的老师们不仅自身学术水平高，对于教书育人，更是诲人不倦、兢兢业业。印象最深的，是当时已成为国内著名统计学和经济学大家的黄良文先生。他不慕名利、兢兢业业、诲人不倦、废寝忘食。白天他是我们学业上的引路人，用他睿智的思想、渊博的知识为我们开启了认识世界的另一扇大门；晚上他是我们生活路上的良师益友，我们时常登门请教，他都十分热情地接待，毫无保留地答疑解惑。师长们‘低调做人、勤奋做事’的个人作风、严谨的治学精神、严格的自我要求和正确的人生追求深深地影响着我们，为我们指明了前进的方向。”

厚积薄发在央行

1990—1991 年，经母校推荐与国家选拔，吴国培作为高级访问学者赴西欧鹿特丹大学等地，回国后被选调前往中国人民银行工作。20 世纪 90 年代初的中国，经济和金融业迎来了改革开放的大潮。金融机构大量增加，金融市场品种日渐丰富，交易更加活跃。进入人民银行后，“自强不息，止于至善”的校训精神依然鞭策着他不断砥砺前行、精益求精、勇于创新，为国家的金融事业、中央银行事业的发展而不懈奋斗。工作后不久，他就被任命为调查统计处处长，主要负责收集、汇总各项经济金融运行数据并加以分析，以供货币政策决策参考。尽管当时金融业已经有了很大的发展，但金融统计基础很薄弱，许多重要统计指标缺失，尤其是用于分析研究经济宏观调控和货币政策的我国货币供应量和物价指数体系指标很不完善，甚至空缺，而这些指标对分析研究宏观经济调控和货币政策有着至关重要的作用。因此，中国人民银行将此作为当时亟须研究和解决的重要课题。作为这一课题的主要参与者，吴国培参与了我国最早的货币供应量及批发物价指数等宏观经济指标的研究设计工作，填补了我国宏观数据指标缺失的空白。他回忆说："当时我们国家的金融统计还没有货币供应量指标。但这对我们进行宏观调控、做好货币政策的实施至关重要。物价指标也是中央银行货币政策的重要参考之一。当时我国只有消费品零售物价指标，但缺乏生产端的物价，物价指标并不完整，亟须完善以全面反映经济运行情况。我在人民银行总行领导的直接领导下，几个同事一起研究、设计这些指标。"虽然现在相关指标也随着经济社会发展的需要进行了必要的调整，但指标的基本框架仍沿用当年。

吴国培赴国外调研交流时的留影

改革创新在福建

回到福建工作后，他持续为我国金融改革开放和创新事业发力，主推福建省改革开放和金融创新事业。从那时起，他主持或主要参与了多项全省乃至全国重要的金融业改革开放和创新发展工作。

福建"八山一水一分田"，林地资源丰富，是我国森林覆盖率最高的省份。但长期以来，守着大片林业资源的广大林农却并不富裕，甚至十分拮据。为了促进福建省林业发展，支持林农致富，降低以林业为主的广大农村地区的贫困发生率，吴国培主持开展了福建省的林业金融创新工作。"福建省的林权改革是全国最早做的。全省的林业金融创新，应该也是全国最早的。"林业金融的创新，从想法到现实，从概念变为一套完善的制度化设计，他在其中花费了大量的时间精力。"从银行角度来说，林业资产如何变现、贷款风险如何控制是一个最大的痛点；而对于农民，他们担心会因自然灾害陷入资金困境，不敢贷款。这是一个两难问题。面对这其中的痛点和难点以及相关政策制度缺失的瓶颈，我们与省里的林业部门合作，逐一梳理解决其中的症结。从确权登记到推动林权流转，从银行放款再到森林保险，从抵押担保到畅通资产处置渠道，我们做了大量研究和制度完善。"以林权抵押贷款为代表的林业金融创新的出现，盘活了相关资产，有关地区经济增速显著提高，林农脱贫致富的速度明显加快，广大农民的家庭收入有了很大提高。林业金融创新取得重大成功，受到农民的普遍欢迎，得到国家和省领导的充分肯定，有关做法和经验被推荐向全国推广。

福建与台湾隔海相望，在对台交往工作中有着"五缘"优势，因此加快对台金融交流合作，是福建金融改革开放的需要，也是金融业本身发展的需要，更是祖国统一大业的需要。吴国培带领团队积极争取、努力工作，率先在全国引进了第一家台资银行，第一家台资证券公司、保险公司、基金公司，设立第一只海峡产业基金等，促成了两岸的金融业交流和合作。这是两岸交流合作方面又一个新的突破。追溯过往，尽管当时大势所趋、优势明显，但实际推动交流合作的过程中确确实实存在诸多困难。例如，在创办第一家台资合资银行时，他们就遇到了非常大的挑战。经过前期的积极沟通磋商，台湾富邦银行与厦门城市商业银行达成了合作意向，并进入具体实施阶段。但当时由于各方面原因，合作出现了重大障碍。为了力促这个合作交流项目的实现，他们在沟通协调和组织实施上花费了巨大的心力，各方协力运作，进行了一系列的沟通协调以及设计策划。最终商定，

由富邦银行借道其在香港的分行，由该分行完成出资合作以绕开有关障碍。

吴国培赴欧洲中央银行调研交流时的留影

设立自贸试验区，是我国全面深化改革与开放的重要步骤。在我国开展自贸试验区工作之际，吴国培担任了福建自贸区建设领导小组成员、金融工作组组长。他带领团队不辞辛苦、日夜加班，认真学习国内外自贸区理论和经验，深入开展各项调查研究，主持拟定福建自贸试验区总体方案中金融部分的相关内容，提出金融业准入、跨境人民币业务、外汇业务、对台金融和金融监管等五大方面三十五项具体创新举措与政策建议，并积极组织银行、证券、保险、基金等金融机构和金融监管部门加以实施。经过两年的努力，其中绝大多数试验项目顺利完成，在引进外资、支持企业“走出去”、便利对外贸易等方面取得了重要成果，形成了许多向全国复制推广的成功做法和经验。2015 年 4 月，李克强总理来闽检查调研自贸试验区工作情况时，对福建自贸试验区金融改革开放与创新工作所付出的努力与取得的成果给予充分肯定。

“自强不息，止于至善”，对于吴国培来说不仅是母校的校训，更是鞭策其栉风沐雨，砥砺前行的源源动力。在遇到困难和瓶颈时，是那刻入脑海、融入心灵的厦大人文情怀让他坚定信心、不畏艰难，坚持不断开拓前进，止于至善。在他的主持或主要参与下，林业金融创新、泉州金融改革试点、农村金融改革、自贸试验区金融、“新海丝路”金融和普惠金融等，都形成了金融改革开放与创新的福建做法、福建经验。

吴国培表示，他对母校、对老师心存感恩，也始终认为是厦大文化的精髓和人文情怀孕育了自己，使他终身受用，他要继续发扬厦大精神，按照‘自强不息，止于至善’的校训，为祖国为人民多做贡献。

原音回放：

“让厦大校训精神永远激励着我们为祖国、为人民做出更大贡献。”

（文 / 学生记者 林文、徐淑婷；图 / 受访者提供）

叶文振：为女性发展贡献男性力量

人物名片：

叶文振，厦门大学1977级经济系计划统计专业校友，1985年赴美留学，先后获得美国犹他大学社会学硕士和博士学位，1990年进入美国普林斯顿大学人口研究所从事人口学博士后研究。现为中国妇女研究会副会长，厦门大学兼职教授、博士生导师，享受国务院政府特殊津贴专家，兼任全国妇联厦门大学妇女/性别研究与培训基地学术委员会副主任、中国妇女研究会会刊《妇女研究论丛》编委和中国人民大学报刊复印资料《妇女研究》编委等职务。

饮水思源：忆往昔厦大青葱岁月

回忆起四十年前在厦大求学时的情景，第一个浮现在叶文振脑海的便是学校后山上的思源谷。他曾在一篇随笔里这样写道：“从当年的厦大水库，到南强学子向往的情人谷，再到学校官方改名的思源谷，这一汪碧水流动着我们的春华秋实，积聚着我们越发深重的对过往的依恋和对母校的眷念，同时也把情人谷变成我们心中最动人心怀的一支歌……”他说，当初在厦大念书时，同学们喝的是思源谷水库的水，所谓“饮水思源”，对母校感恩之情自那时起就深深地印刻在大家心中。现在每次重返母校，自己都会抽出时间到思源谷走一走，那种感觉很亲切，就好像回到母亲的怀抱，又好像被母校牵着手，回到作为学子在母校求学的时光。后来叶文振在厦大担任教授时，也喜欢把研究生们带到思源谷上课，树影斑驳、鸟鸣悦耳，大自然激发了学生们的创造性思维，师生互动也更加活跃。饮水思源，结草衔环，也正是这片感恩之心，随着岁月沉淀，成就了他的学术人生。

谈到厦大时光的有趣片段，在白城海边站海防哨的往事也令叶文振记忆犹新。那时候，两岸对峙，形势紧张，厦大学生亦学亦兵，要真枪实弹在夜里到海防前线站岗，这绝对是当年全国高校中独一无二的。上弦场隔着小马路就是海，大担、二担近在眼前。同学轮流在海防哨所站岗，站完岗后，还有“福利”，让叶文振印象最深刻的就是那两块馅饼，在那个物资匮乏的年代，平常不常买的馅饼，此时无比美味可口。一直到 1979 年元旦全国人大发出《告台湾同胞书》后，情况逐渐缓和，才取消了海防站岗，于是刀枪入库，马放南山。这段特殊年代的难忘经历，让叶文振从那时起就深刻地意识到，在台湾与大陆不统一的状态下，势必会造成大量的人员、资源和精力浪费，只有两岸统一才能达成双赢局面。中华民族就像思源谷中的水，永远无法切断，祖国是迟早会统一的。

厦门大学 1977 级计统专业团支部成员与班主任徐兰芳老师在一起（右二为叶文振）

叶文振常说，没有厦大的录取，就没有他的今天。从厦大毕业后，叶文振赴美留学，立志学成后返回厦门大学任教。回国后的叶文振在厦门大学人口研究所任职，厦大的前辈们很看重他的学术实力与发展潜力，为他提供了很多机会。这些点点滴滴，叶文振都清楚地记在心里，饮水思源，这是叶文振最朴实也是最真挚的情感。

专注女性学：世界的美好是因为有女性

叶文振在厦门大学修读经济专业，毕业后从事过关于人口方面的经济研究，最后将婚姻家庭与妇女发展、人口学、社会学、经济学的跨学科比较研究作为自己的专攻方向。对于这样的学科方向转变，还要从他的人生经历，特别是家庭背景说起。叶文振来自一个非常庞大的家庭，他的母亲一共生了十四个孩子，作为家中第十个孩子和第一个男孩，母亲抚育孩子的操劳艰辛，叶文振从小就铭记在心。怀着对母亲的感恩之心，叶文振把研究人口问题当作自己的职责，决心帮助国家解决好人口问题，自然而然地，大学毕业后就去了厦门大学人口研究所工作，成为人口所第一个专职研究人员。

当时正值中国人口学学科重建，研究人员多是具有经济学、政治经济学背景的专家学者，使得中国的人口学研究长期归类于经济学范畴。1984 年，联合国人口活动基金会给予中国资助，一方面帮助中国实施“计划生育”人口政策，另一方面帮助中国重建人口学学科，选拔一批年轻学者赴国外攻读人口学学位。得益于这个契机，叶文振被厦大公派赴美国留学。而当时美国的人口学学科归属于社会学，叶文振由此转向社会学领域研究。

在美国攻读博士学位期间，叶文振展开了关于中国妇女生育率的专题研究，他要找出母亲为什么要生那么多孩子的真实答案。在这个过程中，自然会涉及家庭婚姻、两性关系、家庭分工等问题，他又转向婚姻家庭与妇女社会地位等问题，展开了更进一步的深入调研。无论是哪方面的研究，统计学都为他提供了良好的技术支撑。回忆起这段学习与科研经历，叶文振特别强调，本科阶段所学的统计，是一个非常有用的思维方式和分析工具。只有夯实地基打好基础，未来才可能把统计这个工具灵活应用于各方面的研究。

在完成两次研究方向的转变之后，1996 年，福建省妇女理论研究会举行换届，时任厦门大学人口研究所所长林擎国教授推荐叶文振为新任常务理事，叶文振自此开始全身心地投入女性学研究，特别是在妇女地位、妇女发展以及婚姻与家庭等领域，一干便是整整二十四年，先后公开发表中英文学术论文一百八十多篇，出版专著、合著和编著十六部，十九项科研成果获得省部级奖励，其中论文《论生育文化与家庭制度的协调发展》获第十二届中国人口文化奖金奖，论文《中国妇女的社会地位及其影响因素》获第一届中国妇女研究优秀成果一等奖，论文《中国婚姻问题的经济学思考》获第二届中国人口科学优秀成果一等奖，教材《女性学导论》获福建省第七届社会科学优秀成果一等奖等。在叶文振的辛勤耕耘和推动下，厦门大学妇女研究的学术地位和社会影响力显著提升。2002 年，福建省妇联和厦门大学联合共建，成立了厦门大学福建女性发展研究中心；2006 年，全国妇联和中国妇女研究会联合授予厦门大学“全国妇联妇女 / 性别研究与培训基地”；2015 年，叶文振光荣当选为中国妇女研究会副会长，也是唯一一个男性会长。时光飞逝，岁月如梭，时至今日，叶文振还要感谢几任全国妇联主席、中国妇女研究会会长的鼓励和指导，让他在这个领域坚持下来，并且做出应有的成就与贡献。

2002 年，在“厦门大学福建女性发展研究中心”成立大会上

尽管在女性学领域深耕细作了近四分之一个世纪，叶文振仍然不忘初心。他强调："为什么热心于研究女性问题？主要就是感恩，感恩我的妈妈那么辛苦生育了我，我的大姐放弃学业把弟妹带大，还有所有的中国女性的奉献与伟大。我觉得世界的美好正是因为我们有女性的美好，之所以我们这个社会能进步，正是因为女性在不断进步。所以我们要整合各种社会力量，特别是男性的力量，通过全面落实男女平等基本国策和加快建设先进性别文化，对女性给予更多的尊重与关爱。"

情系南强：万水千山总是情

美国留学归来后，叶文振回到厦大工作。2005 年，因工作需要，叶文振调任位于福州的福建江夏学院担任领导职务，身份就这样从厦大教授转变成厦大校友。随着空间距离被拉开，他却发现自己对母校的思念和感恩变得愈发强烈。

参与校友工作是叶文振对母校的情感反馈之一。他发挥自己的学科优势，从理论上去思考校友事业的现实意义和发展规律，写下不少文字，并转化为开展校友工作的思路和做法。特别是在 2015 年接棒福州校友会会长后，他和福州校友一起，在全球近百个校友会当中，成立了唯一的"茉莉花开——女校友分会"，设立了"校友之家"、"两岸校友交流基地"、校友会艺术团、"榕城讲坛"和"茉莉沙龙"等重要活动平台，而且还建立起由十五个校友会分会、十二家校友俱乐部和三十个校友驿站组成的多层次广分布的校友工作组织架构。

2016 年，厦门大学九十五周年校庆前夕，身为福州校友会会长的叶文振萌生出"为母校策划一场全球校友专场文艺晚会"的想法。这一想法立刻得到了福州校友会广大校友的积极响应，大家有钱出钱，有力出力，汇聚对母校的思念和感恩，整合文艺智慧和才能，共同为母校奉献出一台完全由厦大人自编自导自演的校庆文艺晚会。在此之前，叶文振一直从事学术研究，从未近距离接触和策划过文艺表演活动，所以这次担任总监制一职也是一次全新的挑战。他和其他骨干校

友，在近半年的时间里，每天除了做好自己的本职工作，几乎把所有的业余时间都投入到演出准备工作之中。在叶文振的带领下，4 月 6 日晚，厦门大学建校史上第一次全部由校友组织编排、登台表演的全球校友专场文艺演出成功上演，获得台下师生的一致好评，在社会上也引起良好反响。时任校长朱崇实教授是这样评价这场晚会的：“今晚的演出也是对厦门大学教学成果、人才培养成果的检验，在舞台上，我充分地领略了厦大学子、厦大毕业生、厦大校友们的风采。我看到舞台上有一些校友，我曾经认识他们，熟悉他们，但没有想到，他们还有这么一招，真是了不得啊！我想，我确确实实希望，这样的一个相聚方式能够成为我们厦门大学的保留方式。”

厦门大学建校九十五周年全球校友专场文艺晚会成功献演后部分校友合影

回忆这段经历，叶文振表示，每当他对母校有所感恩，母校也会回馈给自己更多的收获。尽管“跨界”参与文艺晚会的组织工作遇到很多困难和挑战，但自己从中也得到了很多的锻炼，相关知识和能力也得到充分挖掘。

叶文振这样的感恩之情，是和校主陈嘉庚先生一脉相承的。陈嘉庚先生奉献自己所有的财产，兴学救国的壮举深深地打动着叶文振，在母校八十周年校庆时，他响应学校动员，捐款共建厦门大学嘉庚广场。叶文振捐了 5218 元。不为人知的是，218 是他在厦门大学念本科时位于芙蓉二的宿舍号，这是他与厦大的美好回忆之一。叶文振的名字至今还刻在芙蓉湖畔的那块石头上，是当年捐赠的纪念。

在福州工作期间，叶文振深刻地感受到厦门大学与福州之间历经百年的校地情缘。后来，他执笔撰写了《情系南方之强，花开福厦之滨——记厦门大学和福州市的校地情缘》这篇文章，并于 2020 年 2 月 26 日在《福州日报》上发表，其中叙述了福州地贤在厦门大学百年发展中所做出的独特贡献，体现了厦大学人北上榕城所发挥的服务市域发展的重大作用，也展现了新时代里厦门大学与福州市美美与共的合作新收获。字里行间，饱含他身为厦大人的自豪与光荣。

原音回放：

“一定记住，要常怀感恩之心，没有那些帮助我们的人，就没有我们的今天，所以你接受过别人对你的好，为什么不能把这个好给予更多的人，去感谢那些人？不懂感恩的人，不会拥有良好的人际关系，也不可能在新时代获得成功。”

（文 / 学生记者 刘怡；图 / 受访者提供）

孙勇奎：跨界不设限的“多面手”科学家

人物名片：

孙勇奎，1977 年考入厦门大学化学系本科电化学班；1982 年，在田昭武院士的指导下加入厦大研究生院；1983 年赴美国加州理工学院留学，获化学博士学位。他先后与团队两次获得美国总统绿色化学奖，2009 年获托马斯·爱迪生专利奖，2016 年当选为美国国家工程院院士。

时运造就　厦大情缘

1977 年 12 月，全国五百七十万考生走进久违的高考考场，而最终只有 27.3 万人成为时代的幸运儿——他们成为恢复高考后的第一届大学生，孙勇奎就是其中一员。1977 年夏天，高中毕业的孙勇奎并没有意识到，一个时代的拐点正在酝酿，一个能够继续学习和钻研的机会悄然来临。在国家正式公布了高考恢复的新闻后，孙勇奎的脑海里还没有“大学”的概念，也没有像现今这样完备的复习资料，好在学校组织了集体辅导，他立马找回学习状态，投入艰苦备考中。十二月的江西已是寒冬腊月，即使考试环境十分艰苦，他的手甚至长出了冻疮，但依然交出了一份改变命运的答卷。

孙勇奎坦言，填报志愿时，他并不敢奢望被厦大这样的名牌高校录取，于是填报了几所家乡本地的大学，但没想到最后他被厦门大学化学系录取。这种机缘巧合造就的厦大情缘，孙勇奎格外地珍惜。在厦大，相比于其他有过知青经历的同学来说，应届高中毕业高考的孙勇奎是宿舍里年龄较小的学生，但他勤奋学习，

刻苦钻研的劲头一点也不小。那个时候，每位厦大学子都怀揣着“知识改变命运”的人生理想和“读书为国为民”的使命感，格外地用功和勤学。在这样浓浓的求知氛围下，孙勇奎可是铆足了劲学习，躺在床上也要背英语，宿舍熄灯后也要到食堂去借光读书。在英文这块短板上，孙勇奎下了苦功夫，从大一入学时被分到了低等班，到大四时拿到全校的英语竞赛第一名，逆袭成功离不开他攻坚克难的追赶精神。

厦大求学时期老照片（后排右一为孙勇奎）

坚持来源于热爱。孙勇奎从小就对物理、数学、化学等兴趣浓厚。在物质条件匮乏的年代，他四处淘来价格不菲的三极管、电阻等小元件，将肥皂盒做成了小小的收音机。在高考恢复之前，教育并没有得到太多重视，孙勇奎感慨，如若不是对某一个学科有着深切的热爱，是很难坚持啃“自学”这块硬骨头的。也正是因着这份热爱，孙勇奎才在求学的道路上孜孜不倦、潜心笃志，一路高歌猛进，在药物研发上开创出了自己的一片天地，为人类健康事业做出了贡献。

如今，孙勇奎本科时所在的宿舍，包括他自己在内已经走出了三名院士——他的另外两名舍友田中群和孙世刚是中国科学院院士，这样的传奇佳话，离不开时运的造就和厦大的培育，但更离不开个人的拼搏。

逆流而上　越走越宽

从厦大毕业后，孙勇奎赴美求学，随后供职于世界五百强制药企业默沙东。在默沙东工作的二十二年，他既是奋战在新药研发实验室一线的科研工作者，也是走出实验室、推广新药商务拓展的“谈判家”，还建立了制药界领先的默沙东催化实验室，这对于从电化学起步的孙勇奎来说，也是一次不小的跨越尝试。出于对新药研发和绿色化学制药的诚挚热爱，以及看到催化室的工作成果能极大促进药物开发项目的发展，孙勇奎坦言自己对于这种挑战尝试“乐在其中”。从新药生产到合成工艺设计，从新药研发全链条参与管理到商谈引进，孙勇奎形容自己是“逆流而上，越走越宽”，每一次角色职责的跨越，都使他对新药研发这个产业链有了更加全面的认识。这样难得的机会并不是偶然的幸运降临，而是孙勇奎主动争取而来的，其中有些还经过了主动竞标和严格的内部审核，这种走出舒适圈的自我突破在别人看来可能是一个巨大的困难，但在孙勇奎看来，不易却乐在其中，这便是热爱的力量。

特殊的工作经历，让孙勇奎有了自己独到的工作思维。孙勇奎曾负责在大中华区为公司发现、评估和引进有潜力的分子资源，如果只会“闭门造车”，是办不成这件事的。“首先要建立广泛的人脉，结识业界的领军人物，同时也要了解国内外市场的需求和走势，风投资金的流向，等等”，孙勇奎表示“务虚”本质上也是为了办“实事”，这种高格局的眼光和思维，帮助孙勇奎将一个个与人类生命息息相关的药物研发项目落地落实，孙勇奎表示如果自己的工作成果对人们能有所贡献，就是十分令人自豪的事。

2016 年的新年第一天，孙勇奎正式从默沙东退休了，也正是在这天，他收到了自己当选为美国国家工程院院士的消息，这是美国工程科技界能获得的最高荣誉之一，是对在工程研究、实践或者教育领域做出杰出贡献的工程师及科学家的杰出表彰。而在这之前，孙勇奎还获得过英国化学工程师协会阿斯利康绿

色化学与工程优秀奖、美国总统绿色化学挑战奖、Merck 实验室最高奖“The Presidential Fellows Award”等。

2016 年 10 月，在华盛顿特区接受美国国家工程院院士证书

从默沙东退休之日，孙勇奎已功勋卓著，但他的科研生涯并未落幕，如他本人所言，在默沙东的日子，只是“人生的第一场”，接下来，还有“人生的第二场”。

志在千里　永无止境

退休后的孙勇奎，瞄准了国内生物医药领域的巨大前景，回国创办了原力生命科学有限公司。在他看来，在新药研发领域，国内的研究和实践还处于起步阶段，即使这意味着困难和挑战，孙勇奎依旧认为非常值得投入和探索。而孙勇奎创业的念头，早在退休之前就已经悄然萌生。当时他从广东中山的一家公司为默沙东引进了一个新的项目，总交易额大概两亿美元，这让他感受到了中国科技创新的氛围正呈大好之势。

早些年跨界工作的经验，为他创业打下了坚实的基础。凭借敏锐的判断力和决策能力，他关注到广东对生物医药产业的重视和政策扶持，以及广东优越的商务环境和创新环境，果断地将公司设立在深圳；凭借着多年来积攒下的人脉和商务经验，募集了一批优秀的药物研发科学家和商务拓展专家，组成了公司的核心团队。当然，创业并不是一件轻而易举的事情，孙勇奎坦言创业不再只要求自己专注于个人的工作，而是要全权打理公司的各项事务，“假如不尽快转换角色，仅仅以科学家的思维方式进行创业的话，可能路会比较难走”。成功垂爱勇于奋进之人。如今，原力生命科学在 2018 年获得了同为厦大 1977 级校友朱德贞率领的德屹资本的天使投资，又在 2019 年完成了 1.26 亿元 A 轮融资，在促进创新型抗肿瘤药物的研发和临床转化的科研道路上孜孜不倦地深耕，为我国生物医药创新发展和守护人类生命健康奋力践行，永不停歇。

孙勇奎认为，作为世界第二大经济体，中国在生物医药领域上的发展迅猛，研发水平已经跻身于世界前列。因此发展我国的药物研发创新能力不仅是为国人做贡献，更是为全人类做贡献，这既是一个大国应有的担当，更是守护“人类命运共同体”的使命。不管是谈到科研还是创业，孙勇奎口中都不离“为人类健康做奉献”这句话，这也是他在几十年如一日的科研道路中不懈求索的最大动力。

思故忆暖　心系母校

孙勇奎对于厦大求学的点滴回忆如数家珍。在他心目中，厦大一直是全国最美的大学，他喜爱现在各类教学科研设施发达、现代化气息浓厚的厦大，也喜爱当年条件艰苦，但学风浓郁的校园，尤其是母校风景如画的自然风光，那一走出校门便可见的金黄沙滩和高高的松树，是他直到现在都难忘的美妙画面。在校主陈嘉庚精神的感召下，孙勇奎也一直心系母校，他曾两次担任厦门大学美洲校友会理事长，积极筹办校友会活动、促进海外厦大人的沟通联络，他感慨厦大学子对母校的情谊之深厚，总能把天南地北的厦大人紧紧地联系在一起。孙勇奎认为，校友会的活动

不仅是对母校的一种支持，于他个人而言，更是一段安心又欢愉的时光。

厦大芙蓉一 216 宿舍“院士三剑客”（从左至右依次为中国科学院院士田中群、美国国家工程院院士孙勇奎、中国科学院院士孙世刚）

除了为校友会的建设尽心尽力，孙勇奎也经常回母校和学弟学妹们交流，在九十七周年校庆期间回母院化学化工学院为大家分享科研和创业的经历经验，他强调做自己感兴趣的真正热爱的事才更有可能将这件事做成事业，做到极致。春风化雨，润物无声，校主“感恩、责任、奉献”的精神铭记在每一个厦大学子的心间，孙勇奎也不例外。谈到百年厦大，孙勇奎真诚地希望母校繁荣发展、桃李芬芳。而他本人也希望能为校友会建设继续贡献自己的力量，希望从厦大走出的学子能够铭记校主的奉献精神，感恩母校，回馈母校。

原音回放：

“在那个时代，如果一个人肯吃自学的苦，那一定不是受什么外界的因素和压力，而是发自内心的热爱。”

（文 / 学生记者 张弘；指导老师 / 曹立新；图 / 受访者提供）

陈纯：顶天立地，学为民用

人物名片：

陈纯，浙江象山人，厦门大学1977级数学系校友，教授、博士生导师、中国工程院院士，曾任浙江大学计算机科学与技术学院院长、浙江大学软件学院院长，现为浙江大学信息学部主任，国家数码喷印工程技术研究中心首席科学家，国家新一代人工智能战略咨询委员会委员。

“就读厦大数学系让我有了非常好的数学基础”

陈纯出生于浙江象山石浦，以前这里是个偏僻的渔港古镇。1974年，高中毕业的陈纯插队落户在象山高塘海岛，条件十分艰苦。由于表现突出，1976年初夏，陈纯作为优秀知青代表出席浙江省首届上山下乡知识青年代表大会。第一次坐上了火车，他笑称，二十一岁才见到火车，好像才成人。在杭州的见闻打开了陈纯的眼界，也让他对走出小渔村有了追求。

1977年，高考制度得以恢复，陈纯成功考入了厦门大学。在当时，准大学生们对科学研究格外推崇，叶剑英同志的“科学有险阻，苦战能过关”，让包括陈纯在内的无数青年对数理化研究有着憧憬，加上陈纯自己又被陈景润刻苦攻克哥德巴赫猜想的故事所感动，便选择了数学系控制理论专业就读。

陈纯对当时的大学同学印象深刻，因为班级同学一共有二十六人，正好对应二十六个英文字母，所以班上每个人根据年龄排序都有个英文字母，“我是第十三位，好像是m”。在他的记忆中，同学们勤勉学习、发奋读书的刻苦钻研精神是现在年轻人难以想象的。当时建南大会堂在周末晚上六点半放电影，这对年轻人来说实在是难以拒绝的诱惑，但大家都舍不得花时间去看。谁要是去看了一次，回来都会自我批评意志不坚定，非常地愧疚。

陈纯爱看书的习惯在繁忙的大学学习生活也一直保持。读大学前，小镇石浦图书馆的书籍往往不成套，所以他对厦大文理兼具的图书馆特别喜欢，把文学类的书都看了个遍。他经常在下课后用理科的图书证去借文科类的书籍。在厦大学习的四年中，陈纯不仅补充了自身的数理化知识，提高了自己的文学积累，还接触到了当时最为尖端的计算机技术。

厦大图书馆的一本 *The Art of Computer Programming*（《计算机程序设计艺术》），改变了他的学术方向，作者高德纳（Donald Ervin Knuth）是世界著名计算机科学家、美国斯坦福大学计算机系教授，他因该书获得 1974 年的图灵奖。受其影响，陈纯对计算机产生了兴趣，厦大当年还未开设计算机专业，而他学习的数学系控制理论专业虽有涉及电子电路，但仍与计算机相差较多，受兴趣驱使的陈纯不断在图书馆中找寻相关的书籍。

在本科快要结束的最后一个学期，与同学们一样，陈纯也决定攻读研究生，并选择了计算机专业，他成功地被浙大计算机系录取，师从著名的人工智能专家何志均教授。陈纯说，厦大本科数学的系统性学习，让他有了一个非常好的数学基础，不但使他顺利跨专业考上浙江大学计算机专业并圆满地完成研究生阶段的学习，而且对后面留校任教的教学科研工作也有很大帮助。

陈纯近照

“只要你认真去做的话，总归是有可能解决的”

1984 年硕士毕业后，陈纯选择留校任教，并在浙大攻读在职博士。当时他的主要任务是完成国家经贸委和浙江省计委下达的“计算机丝绸花样设计、分色处理和制版自动化系统”的攻关项目。

当时，中国的纺织业是出口创汇的第一大产业，纺织印染厂多且规模大。但长期以来，花样设计和图案分色工艺落后，直接影响了主要靠来样、来料加工的中国丝绸及其纺织品在国际市场上的竞争力。该项目旨在开发一个集计算机系统、图像图形处理系统等于一体的全新装备。那时的计算机都非常简陋，国际上没有可供借鉴的软件和硬件系统，几乎所有的一切都要自己设计，从头开始，初出茅庐的陈纯压力之大可想而知。

在四年多时间里，他几乎每天骑自行车往返于浙大和杭州丝绸印染厂，经常通宵达旦地工作。“在那一千多个日日夜夜中，经常为项目取得的任何一点进展而兴奋，也经常为项目进展受挫而茫然……”陈纯的付出得到了回报，1989 年，纺织印花智能 CAD/CAM（计算机辅助设计 / 计算机辅助制造）项目完成，在体系结构、技术性能等方面都达到了当时国际领先水平，在人工智能技术及应用上也有较大的突破。后来该成果在全行业全面推广应用，创造了巨大的社会效益和经济效益。20 世纪 90 年代初期，陈纯因此荣获浙江省十大科技新星和第三届中国青年科技奖，并得到了杭州市的重奖。在随后的十来年，陈纯运用信息技术解决传统产业改造和提升中遇到的重大问题，在纺织装备上研制完成了“计算机丝绸印染花样设计分色处理及制版自动化系统”“纺织品数码喷印系统”“图像自适应数码精准印花系统”等系统，在高端大型纺织装备研制的原始创新上屡获突破。

近年来，陈纯率领团队主要对大数据、人工智能和区块链等技术和系统开展了重点研发，取得了一系列成果。其中社会上最有影响力的事是 2019 年 10 月 24 日，陈纯应邀为中共中央政治局第十八次集体学习就区块链做了讲解，并谈了意

见与建议。中共中央总书记习近平强调区块链技术的集成应用在新的技术革新和产业变革中起着重要作用，我们要把区块链作为核心技术自主创新的重要突破口，明确主攻方向，加大投入力度，着力攻克一批关键核心技术，加快推动区块链技术和产业创新发展。

陈纯在中央政治局学习会上专题解读区块链技术发展

当有记者问起数学和计算机的科研有什么区别时，陈纯笑谈，像陈景润的数学研究，数十年的工作最终必须通过成功证明猜想来体现，而计算机的系统研发只要每天踏实攻关，总是可以一点点地解决的。他也借此勉励自己的学生，最好的研究动力就是找到自己感兴趣的方向，他所进行的研究就都是他热爱的。兴趣所带来的持续推动力，就能够让学术研究不断地深入。

立业育人，为民所用

在陈纯的科研过程中，最重视的就是高水平研究与具体应用的结合，他说从事计算机领域的科研只有为社会所用，技术进步为市场所驱动，以此使得研究者不断地精益求精。这就使得陈纯的成就并不仅仅在于学术，而成功地将学术研究成果与改善现实结合，陈纯努力将科研成果运用于经济建设中，为实现软件强国而做出自己的一份贡献。

早在攻读博士学位期间，为CAD/CAM成果产业化而成立的杭州喜得宝电子工程公司，在当年就成了杭州高新区的明星企业。而自20世纪90年代初担任浙大软件研究所所长开始，他更加致力于组织团队进行大型软件系统的研究和开发，注重核心技术的积累。2001年，他代表浙大参与了浙大网新科技的创建，并担任董事长九年。在这个阶段，他结合学校和公司科研团队的力量，推动与美国道富公司进行大型金融软件系统开发的合作。

道富公司是全球最大的机构资产管理公司和投资服务提供商之一，一直在全球金融领域有着举足轻重的行业影响力。2001年，浙江大学道富技术中心成立，2002年，成立了浙大网新恒宇（恒天）公司，在大规模、高水平的软件外包出口方面取得了举世瞩目的成就。美国CIO杂志和央视《新闻联播》等媒体多次对此进行深度报道。多年来通过这个产学研平台，培养出了数千名能力极强的从事金融软件系统研发的国际化人才。

陈纯工作发言照

实现软件强国还需要有一大批真正掌握核心技术的软件公司，陈纯特别推崇斯坦福大学与硅谷的产学研结合模式，近几年来，在我国新一轮的创新创业浪潮中，陈纯率团队学习产学研相结合的硅谷模式，引入风险投资，帮助和支持年轻

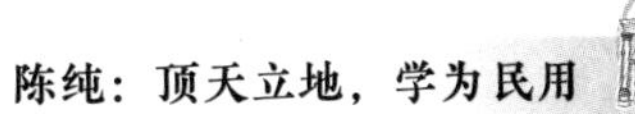

人陆续探索创立了三个技术驱动型的创业企业（浙江邦盛科技有限公司、杭州趣链科技有限公司和杭州谐云科技有限公司），分别在大数据实时智能处理、区块链、云计算等方面致力于开发自主可控的基础软件平台和系统，成果显著，应用在众多领域和行业，在数字经济建设中发挥了重要作用。

除此之外，作为一名教师，陈纯非常重视教育教学工作，一直坚持在教学工作第一线，先后担任了“计算理论”“计算机图像处理”“模式识别”“编译原理”课程的主讲，其中本科生课程“编译原理”的教学质量评价连续获得优秀。曾获国家教学成果二等奖、浙江省优秀教师等荣誉。在厦大读书的时候，陈纯深刻体会到老师上课的认真与知识的渊博对学生有巨大的影响，“所以尽管自己科研任务很重，但这么多年本科课程也一直在上。”

在厦门大学开设计算机系后，陈纯也多次与厦大进行合作，进行科研攻关。陈纯笑称对自己的身份有些迷糊，一开始自己是数学系的校友，后来控制理论又拆分到了别的学院，最近又和计算机系有比较密切地交集。“不管我是厦大数学系还是计算机系，我都是厦大人，对母校的感情还是很深的。”

陈纯在厦大读大四时，恰逢厦大六十周年校庆。他认为：“大学是按百年来算的，遇到困难，只要把时间窗口拉大，这些困难都会过去。”在世间纷扰的今天，要保持改革开放时的扎实精神，老师和学生们都要努力做好自己的工作，才能扛过世界变化带来的各种风险。

（文 / 学生记者 吴钧昊；指导老师 / 曹立新；图 / 受访者提供）

万建华：传奇转身看今朝，底色未改话浮沉

人物名片：

万建华，江西南昌人。1982年毕业于厦门大学经济学院财政金融专业，1985年毕业于中国人民银行金融研究所（现清华大学五道口金融学院），获货币银行学硕士学位。1992—1993年获得世界银行全额奖学金，公派赴澳大利亚国立大学就读，获经济学博士课程毕业证书和博士候选人资格。曾担任过中国人民银行资金管理司处长，招商银行总行常务副行长，同时兼任招商证券董事长、长城证券董事长，筹建银联后担任中国银联首任董事长、总裁，后调任上海国际集团总裁、国泰君安董事长、上海新金融研究院理事长。现任上海市互联网金融行业协会会长。

早春的午后，窗外天空一片蔚蓝，阳光暖暖地跳跃着，我们有幸结识了这位中国金融界的传奇人物——万建华。这位中国金融界享有盛誉的人物，无论是勾勒于纸上面对大众的形象乃至实际接触切身感受的印象，始终是一位注重逻辑、坦诚随和、谦逊低调、务实肯干的实干家。

万建华近照

菁菁厦大，梦开始的地方

1977年，恢复高考的喜讯传来，虽然仅有几个月仓促准备时间，小学没毕业、下乡近十年的万建华仍然决定一试，把握住时代的机遇。即便基础薄弱得甚至不知道有理数、识不全英文字母，万建华凭借其独特的读书方法，最终欣喜地迎来了厦门大学的录取通知书。这个看似平淡的人生注脚却折射了一个时代的机遇。谈到读书学习的诀窍，万建华笑言，“读书无非靠两个，记忆力和逻辑思维能力。由于高考准备时间只有几个月，要实现小学到高中的应考内容跨越，我创造了一套‘目录读书法’，关键在于抓住要点，学会归纳。一本书我看目录，目录是书的整个框架，目录的逻辑梳理清楚了，基本观点都有了。通俗地说就是抓住主要骨架和观念观点，用逻辑思维来处理问题”。抓住事情问题的本质和核心，才能游刃有余地应付所有由之衍生出来的问题，而不必费时费力去记忆每一个核心相同的问题。

忆及厦大的求学时代，万建华津津乐道，分享了那些挤在建南大会堂看电影的快乐周末，那些考卷上一气呵成的自圆其说，那些在学校图书馆广泛涉猎各种知识的充实时光。他说，厦大是自己专业的启蒙地，更是梦想起飞的摇篮。这片曾经属于自己的土地，会不断迎来带着梦想走来的后辈，所有的事业憧憬都会在这里孕育成长，沉淀出丰收的喜悦。即使离开，再回首，那些阳光灿烂的日子依然历历在目，那种扎根心底的归属感已经蔚然成荫。后来，远离母校的他，曾独自在月夜吟诵了一首思念母校的长诗，以慰母校深情。

谈起母校对个人的滋养润泽，万建华感触有三：一是校主陈嘉庚坚持办学的理念和无私奉献的精神，激励厦大学子不断追求更广阔的天空和更高层次的大爱。二是“自强不息，止于至善”的校训深深烙印在莘莘学子的心底，并始终伴随每个厦大学子的职业坚守与转变、人生路途与转折。三是厦大名师的言传身教潜移默化地影响着自己人生旅程中的立身处世之道。厦大的会计、财政、金融等专业在国内名列前茅，在这所“南方之强”潜心求学有许多近距离接触名师的机会。东南之隅安静良好的校园氛围沉淀了知识储备，丰富的图书馆藏书拓宽了眼界视野，这些都为万建华未来职场的展翅高飞、人生的大展宏图打下了坚实的基础。

创立传奇，金融乃不变初心

昔日“寻一条出路”的念头，开启了万建华在中国金融史上的传奇。招商银行、中国银联、国泰君安……这些金融“巨无霸”机构都曾留下万建华深深的烙印。万建华被媒体称为“金融组建整合家”，他的每一次新的事业尝试，都书写了中国金融业机构发展的独特精彩篇章。业内将其比为一位有远见卓识的船长，每每把握准航线的方向后一路乘风破浪，屡屡创造出一段段金融界佳话。

“我的职业生涯和一般人不太一样，我创办过很多企业，但都是为公家创业、为行业创业，这会得到来自主管机构的大力支持，当然也会有很多制约，但最不能有的就是私心。”在这位中国金融界的领军人物眼里，只有认认真真踏踏实实去做事才是最重要的，“无论是在哪里，我都是努力地去工作，务实地去做事。”

招行时期，万建华是招行“科技立行”战略的倡导者和主要践行者，20 世纪 90 年代初期，通过“总部迁址、增资和机构扩展全国”三步走率先打破了区域银行的限制，万建华加盟后的新一届经营班子，使一度隅于蛇口的招商银行从此开始起飞，并不断寻求突破。招行随后陆续推出了著名的集个人存款、资产于一体的“一卡通”业务，使招行达到国内银行业中科技、零售业务的领先地位。直到现在，招行的个金业务都还保持着行业领先的地位。

银联时期，面对维萨（VISA）占据国内外主要市场的竞争格局，作为创始人的万建华主张扛起民族品牌的大旗，确立市场化、国际化的基本定位，提出“中国人走到那里，银联卡用到哪里”的愿景。他带领银联实现了银行卡全国地市级以上城市联网通用、银行卡同城跨行交易成功率达 87% 以上、异地跨行交易成功率 80% 以上，这让中国银行卡真正实现全球刷卡畅通无阻。因此万建华被外界称

道为“银联之父”。

国泰君安时期，万建华提出“综合金融服务商”的战略目标，进一步增强经营班子活力和战斗力，率领老牌国企开启全面转型。短短几年时间，国泰君安各项核心业务重回行业龙头，多年上市路得偿所愿。他主张的将证券公司打造为“综合金融服务商”和“全能型投资银行”的转型战略，更是引领了国内证券行业的变革方向。

一次成功可能是偶然，或许有运气的牵引，而接连成功的方法论值得深究。万建华认为，公司是一个有生命的活体，要认真考虑如何让他活下去、让他健康成长、让他变得优秀卓越。要使创业目标不断成长壮大，有几个重要的地方值得把握。一要对创业企业有坚定的信念。很多创业团队仅仅有目标、有憧憬，但是对创业的艰辛思考不足。不能仅仅有创业冲动就盲目创业，应当对创业艰辛有充分的认识和准备。做好艰苦条件下的奋斗准备，筚路蓝缕，方得始终。二要战略清晰，要对目标做好充分的研究准备，做好团队组建、业务研究、财务支持、市场营销等各种论证之后才能真正有目的地实施。坚持正确的方向，做到心中有数，降低经营的盲目性，便能少走弯路，降低失败的概率。三要坚持主业聚焦。经过充分论证的企业经营，应当始终坚持开始设定的企业目标，杜绝摇摆不定、战略不清。抓好主业，让优秀的人去做最该做的事。只有坚持聚焦，企业方能守正出奇。四要坚持“责任、自强、团队、诚信、尊重、创新、敬业、合规”的核心价值观和“全力以赴，创新进取”的企业精神。万建华表示，一个企业要想取得成功，应该始终保持创业的激情，保持开放进取的精神，始终保持团结协作的团队精神，保持对市场机遇的敏锐性，不断提高把握机遇的能力。

未来正来，科技助力大爆炸

万建华 2013 年出版的《金融 e 时代》一书，被业界誉为金融科技和互联网金融的开山之作，囊获了几乎所有主流财经媒体评选的年度财经类图书大奖，并被出版界评为年度十佳图书。在《金融 e 时代》的前言里，万建华认为，“在以数字化生存的当今社会，发展速度一日千里的信息技术正在改变我们的思维方式、社会方式和行为方式，决定了人类社会的未来。对银行业而言，信息技术的发展已经并且继续以前所未有的广度和深度产生着影响。在信息技术推动下，全球商业银行正在经历一个激动人心的时代。”十六年前的这段话在今天依然适用，并且一直在被验证。

20 世纪 80 年代以来，中国金融经历了科技驱动的变革历程，当前这一变革历程仍在快速推进中。回顾中国金融的发展历程，两个因素是影响中国金融发展的基本力量，一是八九十年代的市场化改革，对中国金融体系起到巨大的变革作用；二是科技，并且如今科技的作用正日益加强。

万建华指出：“金融是本，科技是推动金融创新的基本力量，将把金融业提升到一个新的境界，金融将被重新定义。”金融科技企业正在营造新的金融生态，金融科技正在推动商业银行快速变革，推动普惠金融不断发展。古老而传统的金融行业正在经历一次技术带来的大变革，互联网金融、金融科技、大数据金融、人工智能金融、区块链金融等，都应当是未来金融发展的方向。

“金融到最后不再会区分传统金融和互联网金融，金融将发展到一个更高的境界、一个更高的形式，不再是以前那个金融，金融还是那个金融，不过已经不是我们以往熟悉的那个金融。”

致力于金融科技变革的万建华谆谆教导年轻一代：“如果说年轻人如何选择将来的发展，金融科技可以说是一个方向。”

回首岁月，传道与后生共勉

走过峥嵘岁月，万建华一直都情系母校发展，致力发扬传承精神。2018 年 5 月，第六届厦门大学全球校友会会长秘书长暨校友代表大会在上海召开，作为会议承办方，现任厦门大学上海校友会理事长的万建华高度关注、事必躬亲，全程紧锣

密鼓地指导筹备工作有条不紊地进行。“上海校友会将以最好的状态，为母校的百年华诞献上一份特别的贺礼。”

万建华在第六届厦门大学全球校友会会长秘书长暨校友代表大会上做主题发言

全心全意反哺母校的行动中，万建华尤其心系青年校友，主动担任上海校友会“MP 导师计划”的社会导师，为年轻校友答疑解惑，分享行业洞见和人生经验。对于青年后辈的学习成长，万建华分享了诚恳精辟的建议：

始终坚持独立思考。在万物互联的今天，碎片化成为常态。“信息技术的进步和沟通方式的改变，某种程度上也改变了我们，一方面要适应这种改变，另一方面还是应坚持独立思考。现在大热的金融科技和科技金融，大多数都是随波逐流、人云亦云。要透过这些看到本质，金融和技术有着共同的基因，二者相生相长，又会演化出两个不同的发展趋势。这些都是从我的点滴思考而来，有想法要找志同道合的朋友去积极地沟通，去勇敢地表达。年轻一代，更要抓住现在金融和科技转型的风口，用自己的独立思考面对日新月异的世界。”

“做正确的事，并正确地做事。”在谈到对青年职业发展的建议时，万建华引用了现代管理学之父彼得·德鲁克的一句话：“Do right things, do things right。”第一个做正确的事指的是战略正确，第二个正确地做事侧重执行。所谓南辕北辙，在你的事情选得不对的时候，你执行它执行得越正确，你就离你的目标越远。你必须是做正确的事，并且正确地去做，才能有效地达到你的目标。“做好一件事，除了激情与想法，还需要踏踏实实、专注认真地去实践与执行。不要去想为什么成不了，要反问自己有没有认真专注去投入。正确的事，专注认真地去做总会有成果。”

原音回放：

“每个人内心都有理想，某一天他碰着了，就会被唤醒、激活。”

（文 / 钱丹、郑文婕、吴伟娜；图 / 受访者提供）

谢维和：学以为己，倾心教育数十载

人物名片：

谢维和，厦门大学1978级哲学系校友。清华大学文科资深教授、博士生导师。原清华大学副校长、现任清华大学校务委员会副主任、教育研究院院长，主要研究方向为教育学原理、教育社会学、高等教育和青少年研究等。先后在国内外高水平研究期刊发表学术论文百余篇、出版学术著作十余本、翻译学术著作若干本，以及提交研究报告若干份。

厦大时光，获益甚广

谈及少年时代的厦大求学经历，谢维和感慨："那段时光对我的影响很大，我至今都很感谢厦大。"1977年，由于"文化大革命"的冲击而中断了十年的中国高考制度得以恢复。出于对知识的渴望，谢维和参加了1978年高考，能在刚恢复高考就考入厦大，他觉得十分幸运："虽然我当时第一志愿报考的是北师大，但在厦大哲学系的学习生涯却让我受益匪浅。"在厦门大学四年的学习生涯，让谢维和在日后工作中能够清楚地分析问题，精准地把握问题关键，概括和提炼观点，用哲学思维理解教育问题，助力他在教育事业中走得更远。

回想起自己的学习生涯，谢维和有颇多感悟。好的"体魄"是高效率学习的首要保障，他非常重视身体素质的提升，"当年也是体育骨干"，打篮球一直是他的一大爱好。尽管热爱运动、喜欢打球，但一到时间，谢维和一定准时返回宿舍洗澡、吃饭，充分保证学习时间，这种"自律"精神，也是他在采访中反复强调的一点。除了通过自律保障学习的时间，谢维和也强调对待学业保持“主动”态度的重要性。在他看来，只想着靠老师讲授习得知识，是学不好的，一定要主动学习，多读书，课内书要读，课外书也要读，“大学四年，总得把中外经典名著多看一些吧”。当时的大学条件比较艰苦，令谢维和记忆犹新的是，那时候厦大并未通自来水，所以每个同学都专门储备一个桶，自己去井边打水。在这种物质条件艰苦的环境下，谢维和仍然坚守本心、克服困难，保持着旺盛的求知欲，每天和同学们一起，下课就去图书馆、教室读书自习，主动地学习新的知识。手不释卷、埋头苦读、自律自强，最后让谢维和在学术界有所建树。

“成绩当然很重要，但还有更重要的东西”，谈起自己的学习经验，谢维和有独特的感想。大一、大二时，谢维和非常执着于分数，“就是那种不拿前几名就浑身难受的感觉”，但大三时，谢维和开始广泛地选修各类课程，长时间在图书馆里阅读，不断拓宽知识面，发掘新领域，这为他后来的成就打下了坚实基础。

矢志不移，扎根教育

从事教育事业一直是谢维和的心头之“痒”，不“挠”到就辗转难眠，于是当机会来临时，他毫不犹豫地踏入了这块领域。“对我来说，很早就有一种当教师的意愿”，谢维和曾在文章中写道：“我人生的第一位老师是我的母亲刘懋燮。她对我的教育和影响，她的言传身教，对我的人生取向是决定性的。”此后，教育梦想的种子在他心中生根发芽。而让这棵幼苗茁壮成长的，是他学习生涯中的几位良师，他说：“厦大哲学系张澄清教授带着我们从古希腊赫拉克利特的小河，走到了19世纪德国康德散步的小径。”“就在她的课堂上，我已经憧憬了我未来在大学课堂上的形象。”良师的榜样力量，让他感受到当教师的幸福之所在，也更坚定了他教书育人的愿望，并不断激励他前行。

而这种种的经历，也塑造了谢维和的教育理念，“认识和了解人性，乃是教育最根本的基础”，他也将其称为“发现、认识和把握生命之核心”。现代社会要求

谢维和做学术报告

各领域知识专业化与细化，这种要求使得各领域知识隔离开来，也就是俗称的“隔行如隔山”，这种隔离进一步导致了知识与生命的隔离、习惯与智慧的对立，后果就是知识与人的异化。谢维和所强调的“把握生命的核心”，要求冲破这种隔离与对立，把知识融入人的生命，进而成就人的本性，走向生命的核心。这种教育理念也影响了谢维和参与教育改革的各项工作。

教育改革，任重而道远。经历了国家的改革与发展，面对当今社会对教育提出的种种挑战与要求，谢维和更感到责任在肩，“坦率地说，感觉压力也是很大的”，怎么样能够创新，如何在继承中华优秀传统文化的基础上实现创造性转化、创新性发展，“我们的教育理论与教育实践的要求相比，还是有差距，如何形成中国特色教育理论，确实是一个很大的挑战”。

总之，在谢维和眼中，教师应与学生一同探索，帮学生拨开生命的迷雾，引导学生走向属于自己的“生命的核心”。

治学育人，一体两面

谢维和在教育领域孜孜不倦地研究、思考、读书，发表文章字数百万，但他心中仍感到不安与惶恐，“其中有多少经得起历史的检验？是否对得起数以万计的学生？”这让他感慨道：“做教育真难呀！”一面是治学，一面是育人，谢维和都不断自我反思，可见他对自己的要求十分严格。

谢维和撰写著作十余本，更有论文数百篇，可谓著作等身，但他从未感到满足，仍然在教育领域笔耕不辍，精益求精，为中国的教育改革添砖加瓦。

谢维和近照

论及当代大学生教育，谢维和非常看重价值观的培养。“立德树人的实践，是非常符合教育规律的一种要求，也是教育本身的内在要求。”在当代社会各种诱惑越来越多的背景下，如何选择一个既符合国家、社会发展趋势又符合自身特点的道路，比怎么做好更加重要。谢维和以研究生选题为例，“毕业论文选题选成了，论文就完成一半了”。

何为正确的价值观？“时势造英雄”，谢维和说：“时势就是时代的趋势和规律，大学生必须努力去把握这种规律，认识人类社会的发展趋势，明白做什么才是能够成功的，否则就只能着眼于眼前的蝇头小利，很难做出大的有价值的事情。”

谢维和能发掘自己生命的核心，无疑受到了正确价值观的引导，“我非常清楚地记得，在我孩童时代，母亲就以不同的方式多次告诫我，相比于社会中对权力和金钱的崇拜，教师是人世间真正受到人们发自内心尊重的职业”。可见谢维和从小便受正确价值观的熏陶，正是由于这种影响，他认为小学阶段，很重要的一点是打好基础，“要对世界有正确的认知”，这无疑是和知识同等重要的事情。

正确的价值观引领做人，丰富的知识助力治学，治学与做人不可割裂。“一种高品质的教育，正是在于它充分地展示和高扬了国家的民族性和人的本性”，这便是谢维和对教育的认识与体会。

原音回放：

“厦门大学被称为‘南方之强’，同学们要继续发扬。相信你们都可以做得很好，比我们这一代做得更好。”

（文 / 学生记者 郭琛恺；指导老师 / 周钧庭；图 / 受访者提供）

刘宏：游走东西的学术旅人

人物名片：

刘宏，福建永安人，厦门大学1978级历史系校友，现为新加坡南洋理工大学人文与社会科学院院长、陈嘉庚讲席教授、国务院侨办专家咨询委员；*Journal of Chinese Overseas* 主编、《华人研究国际学报》共同主编；《公共外交季刊》学术编辑。曾任新加坡国立大学文学与社会科学院助理院长、英国曼彻斯特大学东亚系讲座教授、中国研究中心主任及孔子学院院长。已出版中、英、印尼文专著十二部及发表八十多篇国际学术论文。

梦启厦大，书写理想篇章

“1978年对我而言，不仅具有符号的意义，也是自己人生最重要的转折点和出发点，影响了我的整个人生道路。”刘宏1962年出生于福建永安，1978年如愿考入全国重点大学——厦门大学。十年动荡，让这批学生格外珍惜大学校园的学习机会。

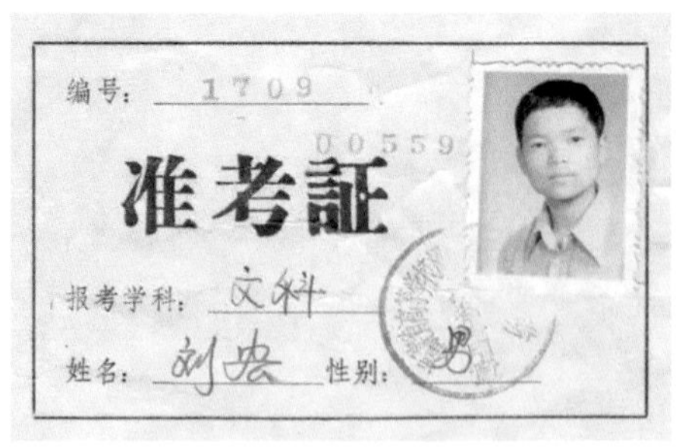
编号：1709
00559
准考証
报考学科：文科
姓名：刘宏 性别：男

刘宏1978年高考准考证

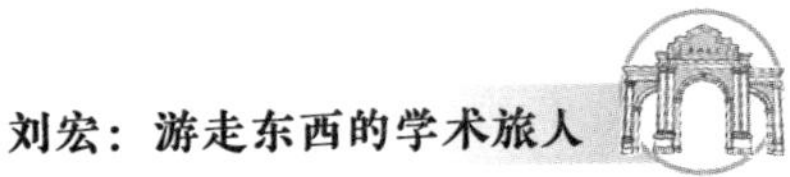

谈起刘宏选择厦大的原因，我们仿佛可以看到一个自由、浪漫的少年身影："我在中学期间几乎每年暑假都会坐十个小时的慢车，到厦门的舅舅家去住几个星期，对阳光、沙滩和火车向往不已。"

同刘宏一起入学的大多是有过上山下乡或工作经历的知青才干，无论是学问修养还是社会阅历，都远高于当时的应届高中毕业生，于是刘宏下定决心向他们学习。"黑夜给了我黑色的眼睛，我却用它寻找光明。"在那个特殊的时代，不同年龄、不同背景的人相聚厦大，为一个共同的目标努力，强烈的求知欲望和纯粹的理想信念凝聚成"一代人"的独家记忆：在图书馆畅读文学小说、在建南大会堂欣赏话剧电影、在私底下传抄尚未公开出版的舒婷的诗……

1978级历史系同学合影（左三为刘宏）

正如舒婷在诗中写的那样："但是，我站起来了，站在广阔的地平线上……再没有人，没有任何手段，能把我重新推下去……"那是饱经苦难的一代人，那是永远屹立在历史拐点的一代人。"作为一个历史学者，我深知个人的作用深刻地受制于他们所处的时代。如果我们那一代人不是生逢其时，获得高考这样一个最重要的平等的社会流动机会，个人就算再有才干也没有施展的空间和土壤。"

特殊的时代背景造就了坚定不移的理想追求，刘宏的学术道路在这个承前启后的年代启航。厦门大学的地理优势以及学校与海外华人的不解渊源、东南亚研究领域的深厚底蕴，为他以后的研究奠定了坚实的基础。

跨界中西，游走学术海洋

1982 年大学毕业后，刘宏选择继续在厦门大学攻读硕士研究生，主修现代东南亚历史和政治。硕士三年间，他师从厦大的陈碧笙教授、黄焕宗教授以及复旦大学的姚楠先生，这为他日后的学术研究奠定了一定的知识基础。“我硕士论文的题目是《独立后印尼的军人政权》，当时需要去外地搜集资料。于是我 1984 年第一次到广州的暨南大学和中山大学，还去了北京，从那个时候我对国内的东南亚研究有了更深入的了解。”

1985 年硕士毕业后，刘宏留在厦门大学历史系任教。然而，两年后一个远赴荷兰进修的机会，彻底改变了他的学术命运。1987 年年底，刘宏作为访问学者，被选拔到荷兰阿姆斯特丹大学人类学-社会学中心进修。“我在那里学到了很多，但也意识到未来要做东南亚研究，语言、文化的坎一定要过，因此我觉得有必要去攻读博士学位。同时，那段经历也让我感觉到要做研究，光有中国或者东南亚的窗口是远远不够的，还应该加上西方的窗口和视野。”

1989 年，在美国俄亥俄州大学印尼现代史研究专家腓特烈教授的支持下，刘宏前往美国攻读博士学位。在五年的博士学习期间，刘宏不仅掌握了英文、荷兰文及印尼文，而且还深入接触到了西方社会科学的各种前沿理论，为自己以后的学术道路打下了坚实的理论基础和语言功底。

1995 年年底，在获得博士学位后，刘宏赴新加坡国立大学任职，从事中国-东南亚关系和海外华人的研究和教学工作，并由此开始了对海外华人研究的探索历程。2006 年，经过严格的选拔和面试，刘宏在全球六十多位候选人中胜出，成为英国曼彻斯特大学中国研究中心首位主任暨东亚研究讲座教授，并担任曼彻斯特大学孔子学院的创院院长。“英国的工作经历为我提供了一个远距离观察亚洲的视角，也让我了解到西方社会是如何看待亚洲。”

刘宏工作照

正当刘宏准备在英国进一步发展时，来自南洋的召唤再次改变了他的人生轨迹。2010 年 9 月，刘宏再次回到母亲的出生地新加坡，加入南洋理工大学人文与社会科学院，并于次年担任院长。除了个人事业的追求和南洋理工大学广阔的发展前景外，刘宏也想让年幼的女儿接受双语教育。辗转回到新加坡，刘宏既有了西方广阔的宏观视野和理念，也能近距离、全面而感性地观察和了解当代东南亚和国际移民等研究对象。

总之，刘宏的学术道路和探索轨迹是在跨越东西方的世界中进行的。中西方的教育方式和文化熏陶，使他能够站在宏观和微观、中心和边缘的多个角度来审视这两种截然不同的学术传统和研究范式。这种丰富的经历为他日后多元而开放的学术视野和治学理念奠定了坚实的基础。

心念母校，彰显华侨担当

毕业后，刘宏一直与厦大保持着密切的联系，几乎每年都会回到厦大讲学。

2018年10月，由厦大牵头成立“21世纪海上丝绸之路大学联盟”，刘宏支持厦大博士生到新加坡南洋理工大学访学，并优先考虑来自厦大的老师研修高等教育管理专业。在各大国际会议和交流中，刘宏积极向世界介绍厦大，不断提高厦门大学的国际声誉。

正如刘宏所说，衡量一所大学的标准，很重要的一点就是它与校友的联系。在厦大百年历史中，在校主陈嘉庚先生毁家兴学精神的感染下，校友们始终与母校同呼吸、共命运，以独特的优势为母校添砖加瓦：或慷慨无私倾囊相助，或以“同行者”的姿态和厦大老师一起研讨学术、创办学科，或站在大洋彼岸加强校际联系、促进学生交换……

近年来，刘宏说他明显感受到厦大的进步，不仅在硬件上，而且也在软件上。人文社科等传统学科依旧领先，医学等新兴学科也在蓬勃发展。在百年历史节点上，刘宏期望母校办得越来越好，不仅在国际学界的排名越来越好，在国家社会经济发展中也发挥更大作用，特别是在人才培养创新和科技创新等方面发挥更大的推动作用。

原音回放：

“在厦门大学就读四年本科，最重要的就是学有所成。学习专业知识，掌握沟通、分析和写作之类的必备技能，它们对未来事业的发展有很大的帮助。”

（文 / 学生记者 李俊一；指导老师 / 周钧庭；图 / 受访者提供）

傅志东：志存高远，无问西东

人物名片：

傅志东，厦门大学1978级化学系本科生、1985级化学系硕士研究生。他热爱母校，甘于奉献。在美国二十多年，先后担任厦门大学美洲校友会理事、理事长、教育基金会主任、董事会董事，现任美洲校友会董事长。他关心祖国和家乡的建设，担任福建省和厦门市的海外工作顾问。他热心传播中华文化，是多个海外中文教育机构的奠基人。他热心公益，担任多个华人社团的领导，在当地华人和厦大校友群体中有很高声望。

凤凰花开，恩师引进化学路

1978年，正是高考恢复的第二年，百废待兴，事物皆如初开的凤凰花。十七岁的傅志东从上山下乡插队落户的农村参加高考。他听取了长辈的建议，在高考志愿栏上郑重地填写了“厦门大学化学系”，并以优异的成绩被录取。在最好的青春年华，徜徉在美丽的凤凰花下，比起同年入学的其他同学，他无疑是幸运的一个。

在傅志东眼里，四十几年前厦大的教学教育理念已然十分先进。1978年，教育部首次提出有条件的学校可以试行学分制，学分制是以学分为计算学生学习分量的高等教育管理制度，学生学完规定的学分数，方能取得毕业证书，包括厦门大学在内的少数重点大学率先开始实行。傅志东回忆道：“我学的是电化学，老师们都非常优秀，化学系在1978年时就采用了‘学分制’这一先进的教育理念，我

现在都还记得老系主任顾学民先生向我们介绍‘学分制’时谈到要扩大学生知识面的场景。”

回忆起当时化学系的本科教学，傅志东对两个特点记忆犹新：一是重视科学研究能力的培养，重视动手能力；二是重视学科之间的知识交叉学习，重视引导学生扩大知识面。傅志东表示，化学系科研氛围很浓，经常开设各种科学报告和学术讨论，老师们鼓励大家尽量去听，即使听不太懂也没关系。到了大四最后一个学期，每位同学大家都有机会完成一个科研课题，需要从开题报告、制定研究方案到论文总结，完整地经历一次科研过程。“记得大四最重要的一门课是‘电化学研究方法’，那门课涉及的知识面很广，包括电子学、光电物理、微积分、数值计算等方面内容。课本是田昭武教授编写的，还是油印本，教材反映了当时电化学学科的前沿知识。最重要的是那门课贯穿的科学研究方法具有普遍性意义，能很好地培养学生的科学思维，让学生受益终生。”傅志东回想起大学时期的课堂，仍然历历在目。

本科毕业工作了三年后，傅志东于 1985 年考取了厦大原校长林祖赓教授和原校长田昭武教授的硕士研究生。林祖赓教授是著名的物理化学家，国内最早的一批博士生导师。在他的印象里，林老师学识渊博，视野开阔，有很强的洞察力，善于启发学生思考，鼓励学生去试验摸索，经常会通过一些成功的例子开阔学生思路，是一个对工作、对学生都很负责的人。傅志东还记得，当时林老师还承担了许多行政工作，但纵使公务繁忙，也依然雷打不动地坚持每天都去实验室，这份对学术科研严谨务实的态度，深深影响了傅志东。

硕士毕业以后，傅志东留校进入固体表面物理化学国家重点实验室工作。那时实验室刚刚开始建设。他一边承担很多行政工作，一边继续做科研课题，同时兼任电化学专业本科班的班主任，并指导毕业生研究课题。谈到那段工作经历，他说，“我有幸在田昭武先生、林祖赓老师、万惠霖老师的领导下工作，见证了厦大第一个国家重点实验室的建设过程。那段时间紧张而充实，老师们给予我很大的信任。我还有幸两次参加国家计委在清华大学的管理工作培训，得到诸多锻炼。”

后来，傅志东赴美国学习深造、工作，一直关心母校的动态和发展。傅志东道："别人在厦大的学习时光是四年，我在母校的时间要更长。母校给我的影响是一辈子的，早已在我的人生打上不可磨灭的烙印。"

在厦门大学固体表面物理化学国家重点实验室工作的照片（从左到右分别为：孙世刚教授、傅志东、田昭武教授、林祖赓教授）

扎根北美，万里情牵鹭江水

1992年，国家出台了"支持留学，鼓励回国，来去自由"的留学工作方针。国外先进的科技条件吸引了诸多科研人员。次年，傅志东夫妇决定"走出舒适圈、去国外看一看"，选择赴美国深造。初入美国，昼夜背驰，异乡求学，不仅面临着人生地不熟的处境，还要克服语言的难关。靠着母校培养的扎实专业基础和研究能力，他在四年半内完成了霍华德大学工学院的计算机专业硕士课程和化学系博士课程，完成了一项美国国家标准局的新材料课题研究。1997年夏，他被高露洁公司的研究发展部聘用为研究员，后来进入EMC（易安信）咨询公司，先后在摩根银行、考克斯传媒、时代华纳等大企业从事技术咨询工作。

1994年，在华盛顿的一个华人集会上，傅志东偶然结识了厦大1949届化学系毕业、在美国国家卫生研究院工作的力伯珍学长。力伯珍学长是厦大美洲校友会理事，经他引荐，傅志东参加了美洲校友会华盛顿年会的筹备工作，从此和美洲校友会的工作结下了不解之缘。

美洲校友会部分历任理事长合影（右一为傅志东）

厦门大学美洲校友会1984年在美国成立。发起者是一批抗战年代曾在长汀校园求学，后来到美国、加拿大定居的前辈校友。20世纪90年代是美洲校友会蓬勃发展的时期。校友会人数增加很多。老一辈很重视吸收年轻一代参与校友会的工作。1998年，傅志东当选为校友会理事，开始参与校友会的组织工作。认真负责的傅志东很快得到前辈们的肯定。2000年，校友会新老交替，老一辈校友全部退出了校友会工作的第一线，傅志东当选为美洲校友会理事长，成为从前辈手中接过这副重担的第一位年轻一代校友。

谈及当初接班的心路历程，傅志东说："2000年理事会选举后，对于是否接过理事长的重担，内心经过了相当一番的挣扎。首先是感到责任很大。美洲校友

 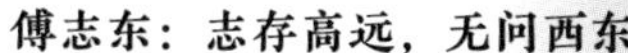 

会在吴厚沂、葛文勋、庄昭顺、李联欢等前辈学长的领导下，在海内外校友中很有影响。校友会不仅联系北美校友，还因为台湾、香港、东南亚等地的校友与北美来往比较多，美洲校友会在一定程度上发挥着联系全球各地厦大校友的作用。其次是困难不少。美国加拿大校友居住很分散，新当选的九位理事分布在两个国家的九个地区，彼此大都未曾谋面。当时我刚换工作不久，新的工作岗位经常需要出差。长子刚读初中，次子年仅两岁。星期六要带孩子上中文学校，星期天还在一家朋友开的电脑职业培训学校兼课，而校友会的日常事务相当繁重，所以我一开始婉拒了理事长提名，后来在老一辈学长的鼓励和理事们的支持下，才咬牙接下了担子。”

两年任期内，美洲校友会为八十周年校庆成功组织了系列活动。傅志东亲自兼任《美洲校友通讯》主编，从学习编辑排版技术做起，在任内共编辑出版了六期校友通讯和一期增刊。校友通讯的电子版也开始发行，电子通讯网络和网上会员数据库也建立起来。两年任期结束后，傅志东进入董事会。他协助葛文勋董事长与理事会保持日常的联系沟通，帮助理事会做好每两年一度的换届工作，同时积极为校友会发掘各地的人才，动员更多热心校友为校友会服务。2009 年，创办美洲校友会的那批前辈学长全部辞去了校友会的董事和名誉职务，傅志东从德高望重的葛文勋学长手中接任美洲校友会董事长。在长期为校友会服务的过程中，也遇到过各种困难和挑战，但傅志东丝毫没有懈怠，他说：“前辈学长为校友会的发展打下了很好的基础。继续把校友会的工作做好，是我们的责任和义务，不能辜负前辈们的信任和嘱托。”

过去二十年来，傅志东团结一批校友会热心骨干，积极推动校友会的工作转型，推动各地建立健全校友会组织，校友会的工作有了很大的发展。美洲校友会理事会由 2000 年的九位理事，逐步地扩大到了二十位理事，负责联系加拿大温哥华和美国各地共十几个地区的校友会或分会。校友会同时还管理三个教育基金会，帮助母校接受和管理慈善捐赠资产。在美国求学、工作、生活的厦大人，因此也更容易找到精神家园。同时，傅志东还推动校友会的组织架构和活动开展更加规范化，每两年定期举办一次“美洲校友会双年会”，规范理事会的换届选举等。

爱也无疆，明月何曾是两乡

在美国学习工作和生活的几十年中，傅志东辗转华盛顿、新泽西、亚特兰大等地区。在紧张的学习和工作之余，他热心公益事业，参与多个非营利性公益机构，无私奉献，不求回报，在当地华人和厦大校友群体中都有着很高的声望。

在华盛顿，他曾担任所在学校的亚洲学生联合会执委和中国学生学者联谊会主席，担任过华盛顿福建同乡会秘书长。在新泽西，他曾参与创办华夏中文学校的一个分校，并担任副校长。在亚特兰大，他曾担任美国东南部最大的中国文化教育机构——亚特兰大现代中文学校的总校教务长和总校长，该校是中国国务院侨办公布的第一批海外华文示范学校，有一千多名学生、四个分校和七十多位教师。

他是美东南福建同乡会的主要创办人之一，并担任同乡会的总顾问和执行副会长。在他和同乡会其他领导的齐心协力努力下，福建同乡会在短短几年内就发展成当地最有影响的华人社团之一，在团结凝聚福建乡亲，维护同胞权益，扩大华人在美国主流社会的影响方面发挥着重要作用。2010 年以来，他还担任福建省和厦门市的海外工作顾问，为家乡的建设尽一分力量。2020 年新冠疫情暴发后，他不辞辛劳，牺牲很多个人时间，为美东南福建同乡会和美洲校友会多方采购急缺的救灾物资，设法运回国内，捐赠给急需的医院。在美国疫情日趋严重时，他又设法帮助福建同乡会从国内采购口罩，捐赠给纽约地区和亚特兰大的医院。此外，疫情期间，他还到当地提供救济食品的慈善机构做义工，并购买、捐赠食品给慈善机构。无论毕业多久，校友傅志东都始终牢记陈嘉庚精神，用行动书写着“自强不息，止于至善”的厦大校训。

傅志东曾经历过厦门大学六十周年、七十周年、八十周年、九十周年四次校庆大会。如今厦门大学百年校庆即将到来，他满是憧憬：“祝福母校！在高度全球化、交流愈频繁的如今，这是一个很好的契机，母校总结一百年来的办学经验，

也站在更高的位置规划未来。”

傅志东近照

原音回放：

“一流大学的使命是为社会培养领袖人物。希望学弟学妹不辱使命，多一些人成为社会各个领域的领袖。要做到这一点，要有一个慈悲的心怀，要有一个开阔的视野，还要注重培养沟通和表达的能力。”

（文 / 学生记者 郑漫漫；图 / 受访者提供）

叶思宇：燃料电池产业化的践行者

人物名片：

叶思宇，厦门大学1978级化学系校友，1988年获得电化学专业博士学位。毕业后赴德国杜伊斯堡大学和加拿大魁北克大学做博士后深造，2000年受邀加入加拿大巴拉德动力系统公司。因在抗反极催化剂研发和其他领域的杰出贡献，2002年被破格提拔为巴拉德公司首席科学家。是国际公认燃料电池电催化和膜电极的领军人物，在电化学尤其是燃料电池方面具有三十余年研发和产业化经验，为燃料电池的发展做出了重大贡献。2018年当选加拿大国家工程院院士。

选择厦大，结缘电化学专业

从中学开始，叶思宇就十分喜欢数学，由于1978年高考时，化学成绩优于数学，他转向选择了化学，入读厦门大学化学系。大学期间，喜欢理科的他尽可能在化学领域选择与数学、物理相近的领域，最终确定了电化学专业。

在第七届化学的创新与发展论坛暨田昭武院士九十华诞庆祝活动中做大会报告

谈到厦大，叶思宇印象最深刻的是田昭武院士和钱人元院士两位恩师对他的深远影响。在电化学的第一门课上，时任厦门大学校长、中国电化学的开拓者田昭武讲到边缘学科和交叉学科的发展趋势，让叶思宇认识到物理化学本身就是交叉学科，电化学更是如此。在田院士的建议下，叶思宇努力钻研有机化学和高分子化学的相关知识，一直坚持在交叉学科和边缘学科间努力。这就有了未来一切的开始。

回首往事，叶思宇仍旧清晰记得攻读博士期间，田院士虽因校长职务工作繁忙却仍不忘教学和科研，坚持每天到实验室。老师的言传身教，造就了叶思宇的治学精神。“选择什么并不一定是最重要的，重要的是选择完了就要好好学，并坚持下去。”

一次偶然的机会，在专家组对厦门大学一个重点实验室进行评审时，叶思宇结识了中国高分子和物理化学的泰斗钱人元院士。钱院士得知叶思宇的博士论文以导电高分子为课题后，欣然接受了田院士的建议，同意共同指导叶思宇的博士生课题研究。钱院士虽因工作原因远在北京，但仍旧十分关注其课题研究。为攻克远距离沟通问题，除了频繁的书信交流，在论文筹备过程中，叶思宇也曾远赴北京，在中科院化学研究所花了一个多月的时间和钱院士探讨课题选定、研究内容和研究方法等具体问题。

叶思宇经常向两位导师汇报研究的进展情况，并提出自己发现的问题和解决问题的思路。在某种意义上，虽然二位院士没有太多的时间和精力去关注叶思宇课题的实际具体操作，但也恰好培养了他独立从事科学研究的能力。在博士论文筹备临近尾声之时，叶思宇处于即将匆匆赶往海外继续深造的紧张衔接期。田院士告诉他，科学研究是永远没有止境的，提出问题这件事本身就有很大的进步，能够独立提出新问题，就充分证明博士的学术研究水平。简单的一句话，影响了叶思宇后来在培养学生和带领团队时的态度，让他特别注重培养学生及团队的独立科研能力、发现问题能力和解决问题能力。提及导师的教导，叶思宇很是激动，“因为学习研究是一辈子的事情，不学会独立从事科学研究就是还没有真正掌握从事科学研究的要素”，这正是两位导师传授给叶思宇独立钻研的核心能力。

留洋海外，致力于燃料电池研究

1988 年获得厦门大学电化学专业博士学位后，叶思宇远赴德国杜伊斯堡大学和加拿大魁北克大学深造。在杜伊斯堡大学，叶思宇体验到截然不同的教学方式。不同于国内偏向基础理论研究，有着丰富化工和材料研究以及产业化工作背景的导师 Fritz Beck 教授指导叶思宇如何将研究应用到产业中，“怎么把一个科研的成果向产业转化，不管是对社会还是对未来都一定会有非常重要的作用”。在德国导师指导下，他更关注课题选择、选题意义，以及产业化可能性。在加拿大魁北克大学求学期间，叶思宇协助导师 Daniel Belanger 参与了不少硕士生和博士生的指导工作，培养了自己传授知识和管理团队的能力。在国外留学的两段经历，促使叶思宇将燃料电池研究和产业化作为自己的努力方向。

2000 年，叶思宇受邀加入加拿大巴拉德动力系统公司，致力于燃料电池研发和生产，因其在抗反极催化剂研发和其他领域的杰出贡献，2002 年被破格提拔为巴拉德公司首席科学家。在叶思宇的带领下，巴拉德公司开发出世界最高水平的燃料电池催化剂，他直接领导了燃料电池核心组件膜电极的生产工艺过程开发，使巴拉德公司成为世界上极少数几个能大规模工业化生产膜电极的先进企业。叶思宇关于燃料电池电堆冷启动和耐久性技术的发明，从根本上推动了整个燃料电池产业的商业化进程。

作为燃料电池电催化和膜电极的领军人物，叶思宇深深认识到这项研究对人类未来发展的重要意义。一方面，人类面临着因全球气候变暖而迫在眉睫的环保问题，需要更加干净清洁的出行方式，燃料电池和锂电池而代表的新能源的推广应用，对人类社会的发展具有重大的现实意义。另一方面，燃料电池使用氢为燃料，特别是在氢能结合太阳能和风能的情况下，是取之不尽用之不竭的新能源，因此燃料电池的研发、推广和应用有着无限广阔的前景。燃料电池从纯粹的科学原理

到实现工业化生产已经有几十年的历史，已被广泛运用在航天、军用等方面，产生了巨大的经济价值和社会效益。如何进一步降低燃料电池的总体生产成本，是这个领域所面临的主要问题。

关于降低成本，从叶思宇多年的企业工作和国际合作经验来看，不仅仅是用廉价的东西作为替代品，而是通过材料和设计的革新以及过程的优化等科学技术发展来实现。只有这样，电池的性能和寿命才能在成本降低的基础上不被削弱，甚至能不断升级。这也正是叶思宇在燃料电池研究中所面临的一个巨大且需不断克服的挑战。

辛勤的汗水和付出，三十余年的积累和创新，叶思宇为燃料电池的发展做出了卓越贡献。2018 年，他当选为加拿大工程院院士。

2018 年，叶思宇当选为加拿大工程院院士

回国创业，助推燃料电池产学研结合

谈到燃料电池的发展，叶思宇总会提及膜电极，强调膜电极发挥的核心作用。膜电极作为燃料电池的“芯片”，燃料电池里面所有的电化学反应、气体和水的传输以及质子—电子传导主要都是在膜电极上所进行的，因此其材料的选择和优化以及本身的设计和生产都极为重要。纵观全球，目前膜电极的研发和生产优势主要集中在国外，大量专利和技术只有少数几家公司掌握，国际上真正能够进行膜电极商业化的公司并不多。而国内，例如燃料电池汽车所需的膜电极，很大程度上依赖国外进口，在技术和产业自主化上存在着明显的短板。近年来，很多国家已经对氢能和燃料电池的发展进行了规划和布局，我国也面临着新能源发展的契机。为此，叶思宇选择带领团队回国创业，致力于国产膜电极的自主产业化，为国家的新能源发展探索独立自主的创新道路。

2017 年，鸿基创能科技有限公司在广州落户。创办伊始，叶思宇就指出不仅要自主研发生产出膜电极，坚持膜电极的迭代更新，而且要加强产学研结合，打造一个完整的、自主的燃料电池产业链，培养更多的专业人才，保障国产膜电极的不断发展。

叶思宇（左四）参加鸿基创能膜电极项目竣工及 HyKey 1.0 产品发布会

在回国创业过程中，叶思宇感受到国家对燃料电池这样的高新技术及产业的倾斜和扶持，也发现国内存在着从科研到产业化断层、业界和学界连接不够紧密的问题。而燃料电池恰好是一个跨学科多领域的系统，需要材料科学和工程、电化学、热力学、机械和能量传输过程等多学科的知识系统组织。任何一个个人或公司都很难把燃料电池产业链的各个方面完全搭建好，因此需要加强企业和大学的密切合作，这也是叶思宇回国后不断努力的重要目标。

“国内有一个更好的平台”，叶思宇认为，中国燃料电池发展还有很多路要走，还有很多领域需要研究，中国的科研和产业化需要更加紧密结合起来。2018 年，将工作重心逐渐转移回国内后，叶思宇便积极参与到产学研搭桥引路的工作中，担任了华南理工大学、南方科技大学和中国科学院广州能源所的兼职教授和研究员，以及西南交通大学的荣誉教授，参与了多次学术报告会和产业高峰会，在广州成立了粤港湾大湾区（黄埔）氢能研发中心及院士工作站，一直在为国内燃料电池产学研结合贡献自己的力量。

提及母校，叶思宇认为，厦大化学系在科学研究特别是基础研究方面十分出色，他也希望母校化学系未来不光在科学技术研究方面领先，更能够在研究和生产结合的产业化领域达到国际领先水平。目前，叶思宇正在与厦大化学化工学院探讨进一步合作的可能性，希望通过联合申报国家项目的机会，组建起能代表国内最高水平的科研团队，进一步推动厦门大学在燃料电池方面的研发，“这也算我回报母校的一种方式吧”。

原音回放：

“研究是一辈子的事情，学会独立从事科学研究才能更好掌握从事科学研究的要素。”

（文 / 学生记者 殷菁雯；指导老师 / 曹立新；图 / 受访者提供）

何平：勇逐科学梦的厦大人

人物名片：

何平，1984年毕业于厦门大学计算机科学系控制理论专业，现任中国电子科技集团公司第十研究所副总工程师、研究员，中国电子质量管理协会常务理事。工作三十多年来，参与了我国航天、航空十多个重点型号工程的研制和开发，从编写软件起步，担任过产品设计师，科研课题负责人，曾担任载人航天等多个型号任务中重点项目的总设计师，航空多个型号任务中重点项目的总质量师；获得省部级以上科技技术进步奖六项，其他科技技术进步奖十余项。1992年获得机械电子工业部授予的“部级优秀科技青年”称号；1995年，被电子工业部和国家人事部联合授予“全国电子工业系统先进工作者”称号；2004年，因在载人航天工程做出突出贡献，被信息产业部授予“个人一等功”；2007年荣获信息产业部电子信息行业质量管理活动优秀推进者称号，四川国防科技工业质量管理活动优秀推进者称号。

圆梦厦大

1978年，徐迟的报告文学《哥德巴赫猜想》激励了一代人的科学梦想。从小喜欢数学的何平，当看到这篇报告文学时，被陈景润的故事所感动，并对厦门大学数学系充满了向往。1980年填报高考志愿时，父母希望他就近读书，但他瞒着父母毅然在第一志愿填报了厦门大学数学系，并最终圆梦厦大，进入厦门大学数学系控制理论专业学习。1982年，学校成立计算机科学系，他所在的控制理论专

业被转入计算机科学系。

回忆大学四年的学习，何平认为对他以后工作产生重要影响的主要有两个方面：一是前两年在数学系对数学基础的学习，奠定了扎实的理论基础，使以后的计算机知识、电子信息知识的学习变得容易，同时，数学系老师体现出的科学、严谨的教学态度和作风，以及对学生的严格要求，培养了他的思维严谨性，这使得他在日后的工作中，考虑问题全面、严谨、细致，思路清楚；二是转入计算机科学系后，适时增加了许多计算机基础知识的学习，特别是大四实习进入“机床自动控制改进”课题组，使他在之后工作中能够快速独立承担设计任务。该课题利用 Z80 单板机实现机床的自动控制，虽然在此课题中，他只编写了部分软件，但通过该课题的实习，他对 Z80 单板机以及在自动控制领域的应用有了初步认识。

走进国防

1984 年，从厦门大学计算机科学系控制理论专业毕业后，何平分配到电子工业部第十研究所（以下简称“十所”）。在此之前，他对该所一无所知，但三天的入所教育，他被深深震撼：该所是新中国成立后创建的第一个综合性电子技术研究所，属于国家一类科研事业单位，曾创造了我国电子工业的无数个第一，参与了我国许许多多国防重点工程的建设，是我国“两弹一星”工程的主要完成单位。听所领导介绍“十所”的发展历程和辉煌成就，听老一辈科技工作者谈为国防奉献的故事，再看到陈列室里那一座座奖杯，还有无数的奖牌、锦旗，他当时就觉得能走进这个集体，成为其中的一员是那样的自豪和骄傲，勉励自己一定要珍惜这次机会，同时，想到以后的工作将与国家的荣耀联系在一起，又深感责任重大。

“十所”是国防重点科研单位，承担了许多科研课题和国防重点工程任务，有一流的科研环境和科研条件，有许多经验丰富的老一辈科研工作者，因此，能分配到该所的年轻人是非常幸运。对新入所的每位大学生，都会指定一位指导老师，负责在第一年的实习期内，指导其学习所从事研究领域应具备的知识，熟习科研流程。实习期后，再跟随指导老师进入课题研究或承担部分设计和开发任务，直到能够独立承担课题研究或设计任务。

何平近照

快速成长

20 世纪 80 年代中期，计算机技术快速发展，在各个行业广泛应用，作为高科技单位，该所承担的国防科研项目也开始采用计算机技术开展设计。1985 年，何平所在研究室承担的项目中，有一项利用 Z80 单板机进行信号采样、存储、处理并送 CRT（阴极射线显像管）显示的设计，他主动请缨，对室主任说："我会用 Z80 单板机，在学校实习时做过类似课题。"由于当时计算机，特别是软件设计是新技术，老一辈科研工作者也是边学习边设计，因此，他抓住这次机会，在实习期未满的情况下，就独立承担了该项目的软件设计工作。但真正开始设计工作后，他才知道在学校时所认知的 Z80 单板机的知识远远不够，在随后的几个月内，他除吃饭、睡觉的时间外，其余时间都在学习、研究 Z80CPU、存储器、A/D、显示驱动电路的工作原理，星期天去省、市图书馆以及四川大学、电子科大图书馆收集 Z80 单板机应用方面的论文。通过四个月的努力，他第一次独立完成的软件设计就得到了室领导和项目组其他人员的高度赞扬。随后几年，他又承担了多项计算机应用课题的设计和开发任务，从 Z80 单板机到 IBM PC 微机的应用，从软件设计到计算机应用系统的设计，均能按用户要求圆满完成。1988 年，工作仅 4 年的何平就成为所里最年轻的专业组组长。

80 年代末，我国航天事业走向国际市场，与美、澳两国签订了用“长二捆”火箭发射澳星的合同。按合同要求，新型的捆绑式的“长二捆”运载火箭必须在 18 个月内完成研制，并成功发射一颗模拟卫星。“十所”承担了该火箭五大系统之一的外测安全系统的研制任务，何平作为主要参与者，负责了“长二捆外测安全系统靶场动态模拟综合测试分系统”的研制。通过十八个月的奋战，“长二捆”运载火箭成功将模拟卫星送入预定轨道，创造了国际上商业发射卫星的奇迹。在这个项目中，他设计的“长二捆外测安全系统靶场动态模拟综合测试软件”，改变了我国箭上产品由人工进行分散测试的落后状态，开创了箭上产品自动测试动态模拟新方向，该系统在 1991 年荣获机械电子工业部科技进步一等奖。

进入 90 年代，何平的工作更加繁重，同时参与了多项航天重点工程和国防装备的研制，所承担的任务已不局限在计算机应用系统的设计，而开始涉及测控、通信、导航等领域相关系统、设备的设计，从主管设计师逐步成长为课题负责人，重点项目总体主任设计师、副总设计师、总设计师。在不断研制新项目的同时，已完成研制的项目仍然要负责保驾护航。从 1990 年到 1995 年，他参与了十多次卫星发射任务，见证了中国航天事业的一次次奇迹，也坚定了为国防奋斗终生的信念。

有付出就有回报。那段时间，也是何平取得成果最多的时段，除获得多项科技技术进步奖外,1992 年获得机械电子工业部授予的“部级优秀科技青年”称号；1995 年，被电子工业部和国家人事部联合授予“全国电子工业系统先进工作者”称号。

再创辉煌

1996年，“十所”承担了载人航天工程运载火箭外测安全系统的任务，何平被任命为总设计师，该系统的主要任务：一是在发射载人飞船期间，实时完成对运载火箭的跟踪测量，二是出现异常情况时，接收地面指挥系统指令，启动逃逸系统，确保宇航员安全。该系统除需采用许多新技术外，其高可靠性和高安全性是设计的难点。电子产品的高可靠性和高安全性的关键是元器件，而我国元器件基础薄弱，较难满足高可靠性的要求。为解决元器件的瓶颈问题，何平亲自带队，走访了近十家配套关键元器件的厂家，明确载人航天的高要求，探讨薄弱环节及措施，制定验证方案，确保万无一失。

由于要求高、难度大，当所有满足高可靠要求的元器件完成齐套时，已是1999年春节前，为不影响工程进度，交付用户的时间不能变，因此，要完成系统的装配、调试、试验等工作只有短短的三个月时间，他和他的管理团队制定了按小时排的周密计划，并层层发动，任务落实到人，同时，每天都深入现场，及时解决出现的问题，使各项工作均按“计划网络图”严密进行。他与他近二百人的研制生产团队，放弃了春节休息，奋战三个月，确保按时将该系统交付。1999年11月20日，“神舟一号”飞船发射成功，他所负责研制的系统圆满完成任务。

2003年10月15日，“神舟五号”飞船发射成功，实现了中国的飞天梦想。在此期间，他负责研制的系统，提供了几十套设备，从交付用户开始，就未出现任何质量问题，实现了零故障目标，圆满完成了任务。由于在载人航天工程做出突出贡献，他在2000年被破格评聘为研究员，2004年又被信息产业部授予“个人一等功”。

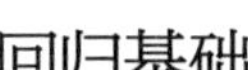

回归基础

2006年，何平被任命为副总工程师兼质量管理处处长，工作重心从研制开发转向质量管理。当时，武器装备贴近实战的使用，凸显质量问题，特别是电子信息装备，由于更新换代快，技术成熟度不高，在使用中暴露了不少质量问题。何平，伴随中国航天经历了走出国门创造奇迹，也经历了90年代中期连续发射失利陷入低谷，再到90年代后期质量整顿，摆脱困境，再创辉煌的历程，对“产品质量就是生命，就是战斗力”有深刻的体会，并对处理质量问题和预防质量问题有丰富的经验。

他按照制定的“系统学习、总结经验、积极推动、提升质量”的策略，开始了质量管理之路。首先是系统学习质量管理的理论知识、世界通行的先进质量管理理念和方法，熟悉和了解各行业的质量管理要求，结合航天质量管理规范和自己在工作中总结的具体方法，积极在全所、电子行业，甚至在国防工业系统推广使用，以提升产品质量。2007年，他荣获信息产业部电子信息行业质量管理活动优秀推进者称号、四川国防科技工业质量管理活动优秀推进者称号。

近几年，何平注重人才培养工作，将三十多年的工作经验进行总结，编写了《技术状态管理应用指南》《型号项目质量管理》《配套产品质量管理》《质量问题处理方法与技巧》等教材，每年在全所、电子行业举办讲座，为青年学子圆科学梦而做出自己的贡献。

原音回放：

“机会总是留给有准备的人，要珍惜大学的美好时光，不断充实自己，夯实基础，才能实现自己的梦想。”

高龙：云岭之南办学人

人物名片：

高龙，福建平潭人，厦门大学化学系1980级校友，现任福建岚华教育集团董事长、云南祥华教育集团董事长、厦门大学云南校友会会长。多年来他一直从事教育工作，从全国计算机等级考试考点主考、高校教学点负责人到民办中学董事长，身份虽不断在变，办学初心却始终如一。

厦大，培养严谨作风

“1980”这个数字对于高龙而言是特殊的，每次提起都会荡起一层层记忆的涟漪。那时高考刚恢复不久，大学生录取比例相较于现在还很低，考上大学是一件困难的事情，自我约束和艰苦奋斗不可或缺，自然也是一件令人难忘的事情，高龙关于高考的记忆便定格在收到录取通知书后家人的笑声中。走进厦园，不仅仅是走进一座大学，更是走进一个新的人生阶段，大学生活是人生最美好的经历，值得珍惜和回忆。

大学四年除了赋予高龙丰富的专业知识，还教会他严谨的处事态度，对高龙而言，厦大严格的制度、规范的纪律对他有着深远的影响。生活作息时间规律，当时学校要求早上五点半跑操，如果在规定时间内有人缺席，辅导员就会到位督查。晚上十点半熄灯，十分钟后辅导员便会挨个敲打传出说话声的宿舍窗户，之后如果仍然有人不遵守规定，便会被罚出去跑步。学习科研一丝不苟，那个年代厦大上大课的教室一般有三个教职人员负责，前面一位讲师负责教学，后面两位助教则负责点名。除此以外，助教还会坐在违反课堂纪律的同学旁边，不进行任何言语上的批评，而是用肢体语言告诉他什么是正确的学习态度。晚自习同样有老师负责点名，如果有同学缺席，老师会亲自去图书馆或者宿舍找缺席的同学。做完化学实验之后，让每位同学都要按照实验辅导老师的要求撰写实验报告，老师在下次实验课时逐一检查，通过的同学进教室，没有通过的老师会认真批改，修改通过以后再让学生进去，在这种严谨的学术氛围下，所有同学都养成了将实验报告写得清清楚楚、符合要求的科研习惯。高龙说道，有一次自己忘记关实验室的窗户，老师专门来到宿舍提醒，这看起来似乎只是一件微不足道的事情，没有必要较真，但如果老师自己将窗户关上，下次学生可能还会忘记，经此一事，他确确实实体会到了厦大严谨的作风，也为他未来的办学模式埋下了种子。

高龙（左五）受聘“厦门大学‘奋进新百年、共筑新伟业’行动计划”行动大使

平潭，积淀办学能力

平潭，是中国第五大海岛，也是高龙的家乡，大学毕业后的他先在福州市电子工业局工作了两年，后又回到了这里。1988 年，毕业四年后，一个偶然的机会，高龙再次与厦大结缘。一位海洋系的教授因“真鲷配合饵饲料中胶粘剂研究”课

题找到他，他的无机化学的专业背景以及对平潭、对海岛的熟悉，与课题完美契合。课题在天时地利人和的情况下荣获福建省科技进步三等奖，福州市科技进步二等奖。高龙说，正是这种学校、老师、学生三者间的蓄力合作，源源不断地为他的发展提供生机与动力。

1994 年 10 月，高龙组队代表平潭县参加福建省团委、福建省计算机学会联合举办的福建省青少年计算机应用技术竞赛，并荣获全省团体第一名，同年加入福建省计算机学会。他开始了在计算机方面的教育工作，1996 年 1 月到 2006 年 1 月，任全国计算机等级考试 3805 考点主考兼系统管理员，十年里培训并通过考试学员超七千人。在担任主考的同时，高龙 1998 年到 2002 年还兼任福州大学、福建师范大学和福建农林大学三所高校成人教育学院的平潭教学点负责人，其间参加三所高校成人教育学院学习并通过考试领到三所高校学校本科毕业证书的学员超过三千人。在高龙看来，90 年代末期正是求学热、文凭热发力时期，一方面教育部对中学教师文凭做出要求，初中老师必须拿到大专文凭才能上岗，高中老师则必须拿到本科文凭才能上岗，教育系统存在较大需求量，另一方面平潭县农业部门、林业部门一些专业技术人员文凭是中专，也存在晋升需求。当时的环境是初中最优秀的孩子毕业去读中专，他们对于知识的渴望是强烈的，高龙很高兴应运而生的教学点能够满足他们的愿望。

2003 年，是高龙人生的一个转折点，在先前负责大学教学点的工作经历基础上，他受当时平潭育英中学的股东邀请加盟育英中学，担任董事长一职。彼时的育英中学只是一所办学六年、濒临倒闭、只有五百多名学生的民办中学，在高龙的带领下，育英中学三年内在校生人数由五百多人增加到两千多人，2006 年，育英中学中、高考成绩在平潭县十一所完全中学中位列第三，实实在在证明了自己的实力，证明了育英中学的实力，也为后来远赴千里之外的云南办学奠定了基础。高龙深有感触，无论是基础教育还是高等教育，无论是全日制教育还是成人高考，都一样是教育。

云南，践行嘉庚精神

祥云县位于云南省大理白族自治州，与平潭相隔两千多公里，地理的距离带来的是气候和人们生活方式与交往方式的差异。在祥云县创办一所民办中学无疑是一个巨大的挑战，然而高龙却认为祥华中学的创立既是一个巧合也是一个必然。2006 年，他的一个在云南大理祥云县做房地产的高中同学接到了祥云县人民政府的要求，要组建一所民办学校，这位同学立刻想到了高龙，希望他过去办学，于是一所学校在祥云县落地、生根、发芽、成长、开花。高龙相信，政府的态度决定民办学校的发展程度，祥云县政府为改变初中升高中比例低的困境，对民间办学给予大力支持，其中三个优惠政策影响最大，一是按照政府征地价给民办学校的土地定价，二是政府予以适当财政补贴，三是派遣公办学校的教师去祥华中学支教，给予祥华中学任职的教师编制支持，因此，祥华中学可谓是在深思熟虑中诞生的。

2007 年，祥华中学建成，高龙开始施展他的教育抱负，祥华中学实行封闭式的严格教学管理模式，为民办中学制定这样一种管理模式，是因为高龙始终谨记厦大“自强不息，止于至善”的校训。“自强不息”出自《周易》“天行健君子以自强不息”，他对自强不息的解读是所有人对学习的奋斗、对人生的追求要像日月一样周而复始地运转，直至生命最后一刻，化为天上流星；“止于至善”是在为自己的目标奋斗的同时将内心世界回归到人刚出生的时候，只有毫无杂念才能坚持不懈、至真至善。高龙在一届又一届的学生中传递着厦大的教育理念，学生学会战胜自己超越自己，静心、用心、专心，将来走向大学、走向社会受益无穷，成为祖国所需要的栋梁之材，就是他办学的初衷。

2010 年，祥华中学第一届应届生成绩斐然，初中部在滇西七个州市中考成绩名列第一，高中部在云南省民办高中一本上线率位居第一。首次成功的尝试让高龙决定成立祥华教育集团，后又创办两所民办学校，三所学校在校生共一万多人，

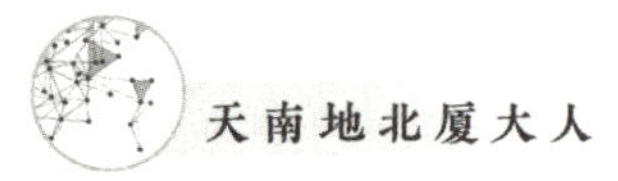

二十余名学子被清华、北大录取，秉承嘉庚精神的祥华成为云岭大地上亮丽的名片。

感恩，用善回馈社会

高龙坚持，企业发展到一定程度必须要回馈社会，而回馈社会最有效的方式就是让优秀的人才得到好的培养，向着硕士、博士继续深造，以实现自己的目标，接力回馈家乡、回报社会，形成一个良性的循环。办学十三年来，祥云祥华中学每年免收二百个品学兼优贫困生三年学费，共免收两千六百个品学兼优的贫困生三年学费，金额达七千八百万元；奖励品学兼优的贫困生累计超过一千二百人，平均每人两万元，奖励贫困生金额达两千四百万元以上；同时对考取清华、北大的学生每人给予创业基金支持三十万元，支持金额合计三百六十万元。免收学费，奖励贫困生和支持考取清华、北大学生创业基金累计超过一亿元人民币。他强调，金钱不应该成为学生们止步不前的阻碍，对学生的帮助、激励将会一直持续下去，虽然目前能力有限，只能针对成绩优秀的家庭经济困难学生，但是未来会竭尽所能辐射到更多的学生。

高龙（后排左二）参加厦门大学化学化工学院祥华奖学金颁发仪式

毕业三十余年，高龙并没有忘记母校对他一点一滴的照顾与培养。他感慨道，每当自己的事业取得一些小小进步，他第一个想到的就是母校。2018 年，高龙捐助三百万元设立包含奖教金、奖学金和助学金项目在内的“祥华奖励金”。其中“祥华助学金”每学年资助家庭困难、自立自强的本科生及研究生九名，每人两千元人民币。每学年新生入学时，还不限名额地定向资助云南籍家庭困难本科生、研究生。厦门大学百年华诞之际，高龙又捐赠六百万元，支持母校建设发展。高龙强调，他对母校的回馈是微乎其微的，只是尽量做到自己能做到的，尽一份绵薄之力。

一片赤子心，拳拳感恩情。提及嘉庚精神时高龙是谦卑的，三十多个春秋没有擦去他对母校的记忆，每每回忆起厦园的光影，他总会忍不住带出一点笑意，带出一点谢意。天下熙熙皆为利来，天下攘攘皆为利往，他对于金钱的态度却是平淡的，依旧保持着早先从事教育工作时的心态，亦会永远保持下去，追随嘉庚先生的脚步做一个赤忱的办学人。

原音回放：

“衷心祝愿厦大在新时代越办越好，希望学弟学妹们坚守校训，将‘自强不息，止于至善’的校训带到祖国 960 万平方公里的每一个角落，让母校为我们自豪。”

（文 / 学生记者 李彤；图 / 受访者提供）

洪明辉：用激光燃烧的激情点亮光电工程变革

人物名片：

洪明辉，厦门大学1981级物理系本科、1985级半导体物理和器件专业方向硕士，毕业后留校任教，后赴新加坡深造留学，2000年获新加坡国立大学博士学位，先后任职于新加坡科技局和新加坡国立大学。新加坡工程院院士，新加坡国立大学教授、博士生导师、光科学与工程中心主任，美国光学学会会士、国际光学工程学会会士，国际光子和激光工程学会会士和副主席，新加坡工程师学会会士和副主席，是激光光学领域的著名学者和领军人物。

他是“自强不息，止于至善”校训的践行者和守护者，秉持笃实好学、磨砥刻厉、诲人不倦的师者风范，面对日新月异的世界，他不忘初心，经常对学生说：“科研的价值通常需要很长时间的检验，作为一名科学家，最重要的是保持一颗纯粹的初心，拥有持续的敏锐、好奇和热情，不断地探索，不断地思考，踏踏实实地做出成果，为人类发展做出贡献。”

二十年磨一剑，成就光学传奇

列夫·托尔斯泰曾说，天才的十分之一是灵感，十分之九是血汗。1983年，洪明辉还是厦大物理系一名大二学生，那时候他刚开始学习光学课程，因为光学研究领域内容艰深，外加当时光学实验实践的条件并不丰富，因此学习总感觉有些吃力，进步相对缓慢。但是，不服输的他，怀着对光学世界的强烈好奇，决心

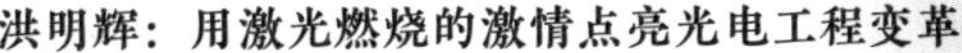

一定要学好这门内容，从此奋发图强、孜孜不倦地钻研，也因此与“光”结下了此生所爱的不解情缘。

科学的跨越式进步源自人类对自身极限的一次次超越，突破光学衍射极限就是人类挑战不可能的代表性成就。作为一项重要的科学尝试，“光学微球”概念的提出，打破了光学技术中衍射极限的桎梏，颠覆了传统光学器件对光的调制能力，提供了一种全新的构建微纳光学系统的思路。这一发现，正是源于洪明辉及其团队在 2000 年所从事的激光清洗研究。当时他们尝试用激光来清洗硅片上的一些圆形附着物，而在实验过程中，他们惊奇地发现这些圆形附着物下面竟然产生了很多纳米尺度的小孔，孔的尺寸最小可以突破一百纳米。对于这种特异现象，洪明辉和同事们围绕其物理机制展开了深入的研究调查，终于挖掘出了颠覆性的微球光学技术，并通过一系列研究证明这些小孔的产生源于圆形附着物对于光的聚焦效应，这种聚焦效应可以轻易地突破经典的衍射极限理论所限制的尺度，就像在密不透风的极限理论上开了一扇天窗，穿射进来的阳光照亮了新方向。

二十年来，洪明辉执着地朝着这个方向瞭望满天星斗，智慧的光芒里涌出了对新兴技术的无尽灵感和畅想。2014 年，洪明辉领导的团队获得竞争十分激烈的新加坡国家研究基金会五百万新币的研究经费支持，推动纳米微球相关工作的全面开展，并着手原型机的开发工作，项目在 2016 年验收时获得专家组高度评价，并有意予以持续重点支持，进一步巩固和树立新加坡在这一研究领域的世界领先地位。此时，作为学者的洪明辉没有满足于理论研究的突破与成就，而是渴望对自己的又一次超越。他认为，科学家在以原创探索性研究为基石的同时，更需要开拓促进社会与经济发展的应用型高科技产品。2017 年，洪明辉以相关专利为技术核心，从新加坡国立大学孵化成立新加坡光技术公司并担任董事局主席，组建了一支由实验室科研人员和职业经理人共同组成的管理和技术研发团队，公司研发的技术产品立刻吸引了知名光学元件制造商、日本上市公司西格玛光机株式会社的密切关注，双方合力开发，陆续将革命性技术推向市场，如 2020 年年初在美国西部光电展中正式展出的光学显微镜 OptoNano 200 机型，出厂检测指标为一百三十七纳米，颠覆了对传统光学显微镜认知，这类高档机型将为支撑生命科学、医学甚至针对目前全球面临的突发性公共卫生疾病的微纳检测提供有力的直接观察手段。

洪明辉作为海外特邀代表，受邀回国出席庆祝中华人民共和国成立七十周年大会

谈到未来的研究计划和发展目标，洪明辉表示，希望自己的工作能真正实现“顶天立地”。“顶天”就是克服世界难题，用光学手段看到十纳米，就意味着人类能够更加清晰地看到 DNA，从而为 DNA 改造的技术研发提供技术支撑，为包括治疗癌症在内的难题提供了科学解决的新方向；“立地”就是解决产业化问题，埋头做研究的同时，也要了解社会经济以及在工业和民生上的实际需求，不断开发新技术，与资本、企业等联手为社会发展提供有变革性价值的新产品，推动产业革命，形成光学产业的示范效应，持续推动新技术的应用，真正服务于社会民生福祉。

家国情怀，做工程科技国际合作交流的使者

悠悠游子情，拳拳报国心。虽然身居南洋，洪明辉始终感恩祖国和母校的栽培，坚持以“知无央、爱无疆”的科学无国界的宽广情怀拥抱人类命运共同体的科学进步，近年来一直致力于推动中国和新加坡两国光电技术研发、产业快速发展和

影响力提升，主动推动中新两国的科技交流，并且作为纽带牵动了国内各单位的优势互补与合作。以与中国科学院光电技术研究所（以下简称“光电所”）的合作为例，一方面，洪明辉积极响应《中华人民共和国和希腊共和国关于加强全面战略伙伴关系的联合声明》，主动牵线协调希腊研究技术基金会电子结构与激光研究所，促进其与光电所共建中希联合实验室，展开科研技术合作；另一方面，洪明辉还积极推动光电所与国际光学工程学会共同负责的国际先进光学制造与检测学术会议迈向新的国际化水平，吸引了来自全球科研机构、高等院校以及科技公司的近千名代表参会交流，促成了海外青年学者分论坛的举办。此外，为了帮助祖国和母校扩大学术影响力，洪明辉还牵头推动了第十二届亚太近场光学国际会议由厦门大学主办。该会议每两年举办一次，聚集世界各地的纳米光学领域的顶尖科学家和青年研究人员，讨论前沿新思路、研究新方法，推动国际近场光学的研究与应用发展，为近场光学基础理论、工业应用以及多学科结合与发展提供了重要参考价值的学术成果。

洪明辉组织学术会议工作照

为了响应“把论文写在祖国大地上”的号召，洪明辉早在2016年便与光电所所长、中国工程院院士罗先刚教授共同策划创刊于1974年的老牌期刊《光电工程》改版工作，以期推动学术期刊品质朝国际化标准接轨，同时满足国内工程应用的交流需求。在此基础上，洪明辉进一步提出创办一本完全自主的英文国际期刊的目标，经过国家新闻出版总署答辩审批，2018年，《光电进展(Opto-Electronic Advances，OEA)》英文刊正式出版。他受邀担任执行主编，主持光电期刊群的布局和战略发展，建设了一支由来自十四个国家和地区、平均H因子超过四十的三十位优秀学者组成的顶级编委团队，以国际化标准来建设，积极扩展海外的宣传渠道，广泛开展合作，提高国际影响力。回忆起创刊历程，洪明辉笑着说：“申报期刊答辩时国家总署一位司长问我：‘你在国外，办一个新刊吃力又不讨好，为什么要做这么一件事？’我当时回答说，这是一种情怀，我在国内受的教育，国家和老师倾注心血培养我们，为我们打下基础，让我们有机会到国外了解国际规则和标准，因此我们碰到机会就要不假思索和义无反顾地感恩回馈。祖国的科研事业在蓬勃发展，作为海外华侨，我感到振奋，展望未来，我觉得自己可以在中新两国的科研体系交流做一些工作，比如学术期刊建设等方面。强大的科研体系，能够从根本和制度层面广泛促进专业技术人员的成长。”洪明辉希望，通过自己的点滴努力，能够让国内外优秀研究成果的知识产权合理地留在祖国大地，让国内的专业技术人员健康成长，并积极走向世界影响力的舞台。

厦园情结，最美好的爱情、亲情、恩情

一个成功男人的背后，总有一个默默支持他的女人。洪明辉感慨地提到，母校不仅在学业和职业上给予了他坚实的培养，也为他的美满爱情的开花结果灌浇甘露。青年时代的洪明辉对知识的渴求就如海绵对水分的吸收一样，常常沉浸于图书馆，这才与妻子邂逅并许下了相守一生的承诺。洪明辉动情地说：“感恩这份缘分，能到厦门大学学习和工作，并且收获了今生挚爱。我不仅是厦大的孩子，

还是厦大的女婿，与厦大的这份羁绊久久不能忘怀。”有了爱情强大的力量，洪明辉在“光”的道路上带着“爱拼才会赢”的闽南精神愈闯愈勇，远赴南洋的艰辛，在有远见的贤妻支持下，才能够潜心励志将开创性的研究做精做深，洪明辉常常感恩妻子无条件的支持，正是由于她的辛苦付出，才有洪明辉现在六口之家的幸福美满。

2018 年 9 月，洪明辉院士应邀在厦门大学新生开学典礼上发言

每当回忆起在母校从本科到研究生八年的教育，洪明辉总是充满了感恩之情，正是母校给予的多年培育，为他今后的职业生涯打下了坚实的基础，母校领导也曾多次到访新加坡参观他主持的世界顶级激光实验室，对他的工作和贡献给予了高度肯定。滴水之恩当涌泉相报，如今，洪明辉在新加坡国立大学所领导的研究中心已经成为厦大师生的海外人才培养和人才引进基地，从访问学者、博士后，到博士生、硕士生，因材施教，呕心沥血，近五年来已先后为母校培养和引荐了各层次、各方面人才十余名，接待来访师生百余人次。此外，洪明辉还曾在繁重的科研工作之余，主动请缨担任厦门大学新加坡校友会秘书长，在服务校友的同时，希望用自己的实际行动将感恩的种子播种在新生代厦大人的心里。

回首来时路，洪明辉时常感慨，对比当年自己求学、工作时的条件，厦门大学早已今非昔比，相信母校以这样的速度发展下去，一定会在世界一流大学的道路上稳步向前。对于校友助力母校百年伟业和争创一流新征程，洪明辉感慨，大学和校友是一个相辅相成的体系，大学培养人才，人才反哺大学。大学孕育的文化内涵滋养了校友事业发展，而校友进步发展，尤其是其能否在社会发展中发挥关键作用，也在很大程度影响着母校在各领域、各层次、各地区的知名度和影响力。作为一所百年名校，厦门大学桃李遍天下，希望厦大人能够勇挑重任，在母校的发展过程中承担更大责任、发挥更大作用。

原音回放：

“世界正面临着百年未有的大变局，是机遇或是挑战值得我们厦大人深刻思索。相信母校的教育一定能顺应历史的潮流，引领时代的风潮，继续弘扬嘉庚文化，不断培养出栋梁之材，续写南强辉煌。”

（文 / 周锐、朱宇超、陈潋微、朱奕；图 / 受访者提供）

王春生：从厦大走出的“深海探秘勇士”

人物名片：

王春生，厦门大学1981级海洋系校友，现任自然资源部第二海洋研究所研究员，自然资源部海洋生态系统动力学重点实验室副主任。曾参加我国三十多个航次调查，八次担任首席科学家，十一次搭乘“蛟龙号”载人潜水器探秘海底，是我国首位乘“蛟龙号”在太平洋深海下潜且下潜次数最多的科学家。

远赴厦大求学，打牢理论基础

1964年，王春生出生在浙江黄岩一个普通的农民家庭里。黄岩地处东海之滨，王春生从小便在海边长大，儿时的他喜欢去海边抓弹涂鱼和小螃蟹，出海看渔民撒下大网打鱼。久而久之，他对大海的感情与日俱增，对地理知识尤其是海洋知识产生了浓厚兴趣，他从小便立志，如果能考上大学，就选择海洋类专业。

在1981年高考填报志愿时，他毫不犹豫地将厦门大学海洋生物专业填为第一志愿。“当时高中班主任认为我适合数学研究，建议我报考厦大数学系，向陈景润学习。但我考虑了一下，还是选了海洋系，我就对这个感兴趣。”由此，王春生一步步向他的“海洋梦”靠近。

四年求学期间，王春生利用厦门大学地处海边的有利条件，刻苦钻研海洋生态知识，他常常带着学习中的问题去接近大海、观察大海，从中寻找答案。图书馆和实验室是他最爱去的地方，他坚持看书学习、撰写实验报告，在宿舍也一直学到熄灯。

由于家乡距离学校过于遥远，为避免旅途劳顿，王春生有两年春节没回家。大一寒假，他受邀到同学张俊强的老家莆田过年，在那里，他不仅受到热情的款待，也感受到了中原文化与闽越习俗在此交汇、融合，形成的独具特色、多姿多彩的春节民俗；大三除夕夜，学校组织留校的同学们一同聚餐、观看春节联欢晚会，元宵节班主任陈金堤老师又邀请王春生到他家做客。在校同学、师生间的深厚情谊令他终生难忘。

“在厦大的四年是我一生中最重要的四年，”王春生在回首本科学习生涯时动情地说道，“一方面系统学习了海洋相关专业课程，为我从事海洋生物研究打下了坚实的理论基础；另一方面，也是我人生观形成的最重要阶段，厦大的良好学风培养了我严谨的工作作风，令我受益终生。”

扎根学术科研，重视团队建设

本科毕业后，王春生以优异的成绩进入原国家海洋局第二海洋研究所（现自然资源部第二海洋研究所）工作。在大批知名海洋学者的引导下，王春生开始深入接触海洋生态，参与多项科研实践，“海洋梦”逐渐开花结果。

三十多年来，他先后主持了国家“863”计划和“973”计划课题、国家大洋专项、我国近海海洋调查与评价专项、全球变化与海气相互作用专项等国家和省部级项目二十多项，发表论文一百七十余篇，出版专著两本，编著一本，授权发明专利九项，发现海洋生物三个新属，五十多个新种，主编《海洋生物调查技术规程》一部，获“海洋工程科学技术奖”一等奖一项，海洋创新成果奖一等奖和二等奖各一项，国家海洋局海洋科学技术一等奖一项，科技进步二等奖一项。王春生在海洋生态科研方面取得了可喜成绩。此外，王春生还多次参与我国向国际海底管理局申请矿区的答辩工作，为我国顺利申请到国际海底区域两块多金属结核矿区和一块富钴结壳矿区发挥了重要作用。

王春生（右二）在“向阳红”科考船上向团队人员介绍海底采集的标本

王春生还非常重视科研团队建设。“海洋调查与科研必须要开展团队协作，不仅需要不同专业团队之间的合作，也需要团队内部的分工与协作，最大限度发挥团队成员的积极性，人尽其才，才尽其用。”

在王春生的团队里，不仅有不同专业背景的科研人员，还有技术保障人员。一方面，团队中的每位科研人员都能找到各自的兴趣点和主要研究方向，各显其能；另一方面，目前很多专业的取样设备需科研人员自己动手设计，这可以发挥年轻人思维活跃的特点，激发他们的创新热情。

立足科考实践，深入海洋探秘

三十多年来，王春生始终坚守在海洋科研工作一线，在漫长且频繁的海上科考历程中，坚持经受体力辛劳和精神孤独的双重考验，其中不乏重重困难和意外状况。

2005年，我国首次大洋环球科考，王春生出任前半程首席科学家，在船上连续工作一百五十二天，这也是他出海时间最长的一次，其间历经设备故障、蔬菜短缺和靠港补给等难题。

由于高强度作业，两台岩芯取样钻机先后出现故障，而此时船上的备品备件也已告罄。王春生立刻组织科考队员现场抢修，把其中一台钻机的逆变器拆下来装到另一台上。由于耐压筒笨重、钻机空间狭小、工具难以施展，他们只能依靠肩挑身扛完成拆装；而后新问题接踵而至，由于两台钻机设计细节各不相同，重新组装后钻机仍无法正常启动。

此时，“大洋一号”船与祖国相隔万里，时差等问题妨碍了沟通的及时性。于是大家白天抓紧抢修，晚上与国内软件工程师进行远程会商，修改设备水下控制系统软件。经过三天三夜的不懈努力，终于使钻机恢复了工作。

“海上工作有其特殊性，经常会遇到气象多变和调查设备故障，这样的突发情况，在大洋科考中会经常遇到。因为在大洋中漂泊的船就像一个孤岛，一旦遇到突发情况只能依靠全体科考队员和船员们自己动手，尽最快的速度解决，否则，轻者耽误宝贵的时间，重则有安全风险。”王春生深有感触地说道。

2013年8月10日，王春生成为首位在太平洋深海随“蛟龙号”下潜的科学家，“最大的感受是随着技术的进步，我们对世界的认识会越接近于真实”。

王春生进入“蛟龙号”

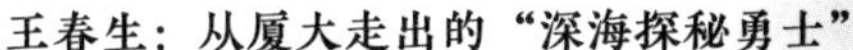

在此之前，王春生也曾七次到过这片海域调查，只不过以前看的是海底录像或生物样品，而这次是乘潜水器实时观测。“当我第一眼看到海底的时候，就被奇妙的海底世界震撼了！”谈起首次下潜，王春生仍记忆犹新。“三只几乎透明的海参同时映入眼帘，最多时一个视野里能看到六只，可根据以往视像资料估算出来的生物丰度约为四十五平方米一个。由此可见，近底观察与看录像的效果相差很大，不仅仅是生物数量上的差别，在巨型底栖生物种类方面也有很大的不同。”

这次下潜不仅获取了大量深海生物样品和视频资料，也更新了对深海生物多样性及分布特点的认识，进一步提升了我国在国际海底区域相关规定制订的话语权。此后，王春生又十次搭乘“蛟龙号”进行下潜，成为我国搭乘“蛟龙号”下潜次数最多的科学家。

科普海洋知识，见证科技进步

科研工作外，王春生还先后受浙江在线科学会客厅、中央电视台走近科学等多方邀请，参与录制科普栏目、举办科普讲座。对于九三学社中央宣讲团成员的他来说，不仅肩负着传播民主与科学思想的责任，也面临着更加迫切的海洋科普形势：“21世纪是海洋世纪，但我国长期以来农牧意识强、海洋意识弱，绝大多数公众不知道我国的海域面积是多少。这就需要通过更多的海洋科普活动提高公众，尤其是中小学生们的海洋意识，激发他们学习海洋的兴趣。”

自20世纪八九十年代伊始，王春生便投身于国家海洋事业领域的科研与科考工作，可以说见证了我国海洋事业的一步步前进，对此他也深有感触。

从厦大海洋学科来看，最初海洋系仅有海洋生物、海洋化学和海洋水生三个专业，一艘几十吨的小船以及两次出海实习的机会；但近年来，厦大形成了完整的海洋学科体系，而且建成了一流的国家级科研平台——“近海海洋环境科学国家重点实验室”和中国首艘具备洁净采样、操作、分析能力的“嘉庚号”远洋科考船。

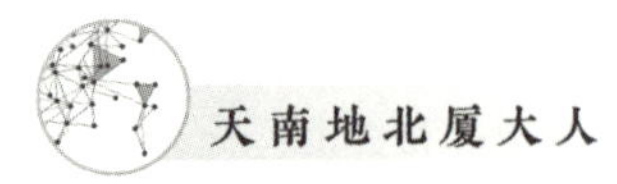

上升到国家层面，从开始深海调查装备几乎完全依赖进口，到如今自主研发深海科考的专业设备，如水下自治机器人、水下滑翔机、无人遥控机器人和载人潜水器，形成了具有自主知识产权的深海调查装备，近年还建造了一系列远洋科学考察船，使我国成为少数几个能够达到世界所有深度海洋进行科学考察的国家。

王春生（中）做客央视新闻直播间

与此同时，王春生还指出，我国在海洋传感器等核心部件研发和制造能力、高端人才培养方面与发达国家还有明显差距，这也是今后努力的方向。“我坚信随着两个百年目标的实现，我国的海洋事业也将进入世界先进行列。”

“深海有太多未知的奥秘有待探索。”执着于海洋科研的王春生，将继续秉承着厦门大学“自强不息，止于至善”的精神，始终不渝地探索下去。

原音回放：

“希望厦大能牵头组织一些海洋领域的国际大型科学计划和国家重大科技计划，为我国海洋事业培养更多人才，为实现中华民族伟大复兴的中国梦做出更大的贡献。”

（文 / 学生记者 戴云；图 / 受访者提供）

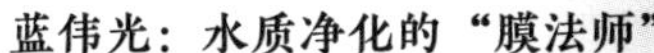

蓝伟光：水质净化的“膜法师”

人物名片：

蓝伟光，新加坡三达国际集团创始人。1985 年毕业于厦门大学化学系，1995 年在新加坡国立大学取得博士学位。新加坡国立大学化学系兼职教授、厦门大学水科技与政策研究中心首席科学家、中国膜工业协会副理事长、新加坡–中国科学技术交流促进协会常务副会长、亚太水规划协会副会长、厦门大学新加坡校友会会长、厦门市知识产权协会会长、福建省新侨人才会共同会长、福建省侨商投资协会名誉会长、厦门市侨商投资协会常务副会长、厦门市荣誉市民等。2004 年被《亚洲周刊》评选为“亚洲杰出华人青年企业家”。2005 年被国务院侨办授予“专业人士杰出创业奖”，被中国技术市场协会授予“金桥奖”。

他与水同行，用大半生的时间研究水的循环与利用，关注中国的饮用水安全与健康。他把最早应用于工业领域的膜技术，创造性地融入纳米材料，发明了全球首个“先进无机陶瓷复合纳滤芯”，并应用到民生净水领域，造福万家。他站在世界水处理之巅，却以科普水知识、唤醒水意识、呼唤水政策为己任。怀揣这份赤诚之心，蓝伟光在科学、自强、公益的道路上一往无前，一晃已近四十年。

知无央，科学精神常相伴

科学精神的灵魂是“实事求是、求真务实”。出身于福建武平农村的蓝伟光有着农民般的质朴，回忆起少年时代，让蓝伟光印象深刻的是，每当农时开始喷洒农药，田里就会出现死鱼，极少吃肉的小伙伴们会捡死鱼回家解馋，而他的母亲不仅不许自家的孩子去捡这种被农药毒死的鱼开荤，而且对农药给水造成的污染也经常会表现出忧虑和不安。“鱼都能毒死，田里的水流入溪河，这水还能喝吗？”这样的问题在蓝伟光的心里扎了根，他决定好好去求索。

蓝伟光回忆，1978 年，改革开放的第一年，他还是一个懵懵懂懂的初中生，并不明白恢复高考的含义，只知道一旦考上，就能跳出“农门”，国家有稳定的粮食供应，不用在农村经历青黄不接、到处借粮度饥荒的痛苦了。抱着这个信念，他勤奋学习。1981 年，蓝伟光如愿以偿，以全省高考化学第二名的优异成绩进入厦门大学化学系，怀揣厦门大学的录取通知书，从闽西的大山奔向东海之滨，开始了他的嘉庚缘。

在化学系的求学之路上，“知无央”的科学精神深深地印刻在蓝伟光的脑海中，正是在这样的科学精神指引下，蓝伟光创新性地发明了“三达纳滤芯”，成为水质净化的“膜法师”，将身边的雨水、污水、废水变成人类生产生活所需要的洁净水。这一路上，陪伴他前行的是“知无央”的科学精神。

蓝伟光（后排右三）参加 2019 年厦门大学化学化工学院“三达奖学金”颁奖大会

回首往事，蓝伟光最感恩的是中国催化学科的主要奠基人蔡启瑞院士。1991 年，蔡启瑞院士亲自把他介绍给时任新加坡国立大学副校长的化学家黄兴华教授。

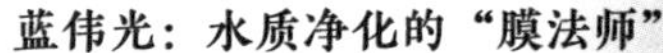

正是得益于蔡先生的推荐，他才能获得新加坡国立大学的全额奖学金赞助，留学梦方得以实现。忆及蔡先生，蓝伟光还提起这样一则往事，“1999年，先生已是八十五岁高龄，当时我在厦大组织了一场‘膜科技与厦门经济可持续发展研讨会’，记得是在厦大克立楼报告厅，先生亲自撰写演讲稿并登台演讲，时长达二十多分钟，感动了每一个参会者，赢得了在场所有人的赞誉。”

勇担当，自强精神铭记心

“自强不息”语出《易经》，蓝伟光是自强不息的践行者。20世纪80年代末期，下海经商的大潮在中国大陆兴起，蓝伟光放弃了稳定的大学教师工作，承包了老家武平县城一家濒临倒闭的面包厂，从此走上了经商之路。但由于缺乏经验，面包厂很快便出现了资金不足、员工流失等诸多问题，勉强维持了半年后，蓝伟光人生的第一次创业以面包厂的倒闭宣告失败。这一次失败几乎让他一无所有，对他造成了巨大的打击。但他很快便收拾心情，总结失败的原因，从面包厂的破产中认识到，“做生意光有敢于打拼的胆识是远远不够的，一定要有专业的本领和专注的精神”。君子自强，定当有自强的本领，蓝伟光深谙此理，自此次失败后，他所开创的每一项事业，都与自身专业紧密相连。也正是因为此次失败，他决心去新加坡国立大学攻读博士学位，为自己充电，以期在化学科研领域深造并有所突破。

“有志者事竟成”，仅仅两年多的时间，蓝伟光便拿到了博士学位，并在国际著名的分析化学与生物化学杂志上发表了十四篇论文，远远超出了一般博士的论文发表量，成为当时新加坡国立大学博士生中发表科研论文最多的拔尖人才。然而，也许是骨子里带有的闽商基因，也许是内化于心的“自强精神”，本可以在科研道路上一展拳脚的蓝伟光再次放弃了一条平坦的道路，选择了“二次”创业。吸取第一次的教训，博士毕业后，他本着学习的心态，到新加坡一家知名的水处理公司工作，出任该公司驻中国区的首席代表，并与国内许多制药、染料企业建

立了良好的合作关系。随着专业技术的日臻成熟和客户量的增长，蓝伟光决定利用专业所学，专门从事膜应用技术研发。

蓝伟光讲解把污水净化成新生水的工艺流程

“绿水青山就是金山银山”，蓝伟光长期致力于水质的提升，通过开发与应用先进的膜技术，让民众喝上好水，是他最大的愿望。二十多年前，国内以农夫山泉为首的“山泉水”和以娃哈哈为首的“纯净水”形成了两大饮用水阵营，“山泉水”质疑“纯净水”过滤得太干净，把一些有益矿物质都滤没了；“纯净水”对“山泉水”未过滤干净存疑，认为虽然保住了矿物质，但化学微污染也留下来了，饮用水安全没保障。基于这样的考虑，蓝伟光创新发明了“保留有益矿物质、去除化学微污染、不产废水不用电”的三达纳滤芯，取代目前流行的反渗透膜净化饮用水的方法。这种方法不仅不会浪费水、保留矿物质、水质呈弱碱性、制水过程不用电，还能把化学微污染一并剔除，能克服反渗透纯净水的缺点。蓝伟光把三达纳滤芯所净化的水称为真净水，以示其与反渗透纯净水的区别。他表示，真净水与市场上随处可见的纯净水虽然只有一字之差，内涵却大有不同，真净水含有矿物质、水质呈弱碱性，有利于人体健康，选择真净水百利而无一弊。蓝伟光认为，随着公众对健康的重视与水知识的了解，真净水一定会越来越有市场，发展前景极为广阔。

蓝伟光荣获 2017 年中国净水年度人物称号

从事水科研多年的蓝伟光发现，世界上其实不缺水处理的技术，缺少的是水循环的意识与水利用的政策，于是，他将提高公民的水意识视为己任，力争将所拥有的技术广泛推广，造福一方。1996 年，蓝伟光创办了厦门三达膜科技有限公司，开发膜软件、研制膜材料、生产膜组件、制造膜设备、集成膜系统、致力膜应用，并应邀回到母校厦门大学任教，先后倡议母校成立了厦门大学膜技术应用与推广中心及厦门大学水科技与政策研究中心，前者着眼于为母校培养应用型科技人才，后者则为国家有关部门提供与水相关的政策建议，供领导决策参考。

爱无疆，嘉庚精神化于形

“鹭江深且长，充吾爱于无疆。”功成名就的蓝伟光始终铭记校主陈嘉庚先生的办学精神，他曾说过，作为在新加坡的厦大人，更能体会校主陈嘉庚先生当年创业的艰辛与办学的艰难。当年在新加坡，比陈嘉庚富裕的商贾与企业家大有人在，唯有嘉庚先生最关注祖国的命运，倾资兴学、爱乡报国，宁可卖大厦，也要办厦大。因此，狮城厦大人深受嘉庚精神的感染，感恩精神特别厚重。厦门大学新加坡校友会 1941 年成立，走过了近八十年的历史，蓝伟光是第六任会长，2007 年接任至今，他所做的每件事，都体现了感恩母校与回馈社会的情怀。

蓝伟光曾说，新加坡校友会里的校友分为两类，一类是中国改革开放、新中建交后到新加坡读书或是直接工作的，另一类则是先到西方国家留学工作多年后才辗转到新加坡落户的。不论是哪一类，他们都有一个共同的特点，那就是传承了一段特殊的历史。作为历史的传承人，蓝伟光致力于加强校友会各方面的“能见度”，希望能够紧密联系起在新加坡的新老校友。新加坡校友会每年定期举办两次聚会，一次喜迎校庆，一次欢度中秋佳节。为了让校友们能够更好地感受到当年的校园氛围，蓝伟光还特意从厦门空运“状元饼”到新加坡，让身处异国他乡的厦大人在远方团聚，重温在母校学习工作时的点点滴滴。同时，他也希望校友会能够扮演更多重要的角色，成为联系新加坡与母校、与祖国的纽带，一方面让更多的人了解厦大、选择厦大；另一方面也希望能为中新两国的人才交流做出贡献。

2001 年，蓝伟光携胞弟蓝春光、蓝新光为纪念先父蓝启林先生，于 2001 年 7 月捐资一百一十万元本金创立“武平县蓝启林慈善教育基金会”。后经蓝氏兄弟多次捐款，教育基金会的本金规模已达一千零十万元。2006 年，“武平县蓝启林慈善教育基金会”由省民政厅批准登记注册，成为龙岩市首家非公募慈善教育基金会。回忆起创立基金会的初衷，蓝伟光表示，当时一则有关“武平一对孪生兄妹同时考上大学，却因为筹不到足够的学费，母亲只能忍痛叫这对儿女通过抓阄的方式让其中一人放弃上大学”的报道触动了他，他当即决定捐出一笔钱，设立一个基金资助武平的贫困学子，并立下宏愿，希望武平一中不会有任何学子因为家庭贫困而上不起大学。基金之所以以其父命名，是因为他的父亲蓝启林就是武平一中 20 世纪 50 年代的一个辍学生。蓝伟光说，“用父亲的名字不仅满足了自己的愿景也纪念了父亲”。如今，蓝启林基金会已经发放奖助学金及其他善款两千多万元，先后资助了四千多名师生。其中，厦门大学化学化工学院有一百多名学生受益。

蓝伟光身体力行，几十年如一日地影响着儿子蓝祎虹。和父亲类似，蓝祎虹告别遍地是金的华尔街，选择回到故土，以自己的方式延续父亲的梦想。出乎意料的是，在父亲影响下，蓝祎虹回国后便开启了净水公益，通过义卖父亲公司的净水技术和设备帮助贫困地区的孩子们。岁月轮回到相似的节点，蓝祎虹子承父业，对新模式的探索他仍旧勤奋、心态平和，一如父亲当年。

原音回放：

“有益的尝试不会止步，在水世界的奥秘里，我永远是一个初学者。”

（文 / 学生记者 陈惠莹，部分资料来源于中新网、搜狐网及微信公众号“科技人物观”“蓝伟光博士”）

潘克厚：海洋与厦大，都是我的人生印记

人物名片：

潘克厚，厦门大学1981级海洋系本科、1985级海洋系硕士。中国海洋大学水产学院教授、博导，研究方向为藻类生物学与生物工程、海洋生态学。曾主持包括国家自然基金委项目、国家重点基础研究发展计划（973）、支撑计划等国家课题五项、国家海洋局可再生能源专项经费支持项目一项；现主持“十三五”国家重点研发专项课题、国家自然基金委项目各一项。先后发表六十余篇文章，其中三十余篇在《藻类学期刊》《应用藻类学期刊》等藻类界顶级期刊和SCI期刊发表。

追梦海洋，扎根厦大的初步探索

潘克厚的家乡是青岛，从小在海边长大，探索大海便成了他的梦想。高考填志愿时，他出于这份兴趣和喜爱选择了海洋生物专业。当时，全国仅有三所院校开设海洋生物专业，分别是山东海洋学院 、杭州大学和厦门大学。尽管山东海洋学院就在家乡青岛，学科优势也很强，但是对于敢想敢闯的少年来说，早在1946年便诞生了中国第一个海洋学系的厦门大学，更是自己追求梦想的方向。1981年凤凰花开时节，潘克厚来到厦门大学，成为海洋学系的一名学生。

学习中遇到困难是不可避免的，但也正是这些困难磨炼了潘克厚不怕吃苦、坚持不懈的品质。出海实践和海上作业是海洋系学生必不可少的学习经历，现在的厦大已有“嘉庚号”这样的顶尖科考船，但20世纪80年代的厦大海洋学系，只有一艘不足十吨、只能在近海航行的实习船。潘克厚印象最为深刻的是1984

厦门大学 1981 级海洋系本科班合影

年 11 月，他搭乘一艘由货船改造的科考船在福建海岸带调查实习。对生活在沿海地带的人而言，台风已是司空见惯，但在海上遇到台风仍然是十分危险的事情，而当时两批实习的同学都遇到台风。第一批十四位同学遭遇台风袭击，科考船因天线雷达全被风浪毁坏而只能由船长凭经验驾驶，幸好在泉州抢滩成功，才使全船人员得救。潘克厚所在的第二实习队在泉州登上修复的科考船，到湄洲湾又遇到台风，因无法补给，船上的水限量供应，每人每天只能用一茶缸水满足所有的日常需要；全船仅剩的一筐面干和一麻袋大米根本无法满足正常需求，无奈之下，总指挥与船长决定，每次饭前都将船开到湾口，让大家在巨浪颠簸下晕得一塌糊涂，根本吃不下任何东西，直到台风过去，靠岸补给后，大家才吃上饱饭。现在想起来，这次出海实习仍然是一次珍贵的回忆，惊险万分，却又回味无穷。

醉心海洋，自强不息的科研进击之路

在 20 世纪 80 年代，本科生已是天之骄子，选择攻读硕士研究生的人并不多。但对潘克厚而言，“读完研究生才回来”是他在上大学之前对父母的承诺。因此，在身边的同学们纷纷准备走上工作岗位的大四，他选择了考研。

在选择考研学校时，他也有过犹豫，想过是否要回到家乡的山东海洋学院或海洋所。但是，校主陈嘉庚精神的感召和本科四年老师们的悉心教导，让他对厦大的感情越来越深厚，最终他还是选择继续考取本校研究生。回忆起海洋学系的老师们，潘克厚如数家珍：循循善诱、娓娓道来的普通生物学付素宝老师、鱼类学江素菲老师、普通生理学郑微云和柴敏娟老师、动物生理学郑美丽老师、底栖生物学周时强老师、浮游生物学李少菁老师，等等，激情澎湃、大开大合的细胞学刘正宗老师、污染生态学陈金堤老师、海洋生态学沈国英老师、海洋学付子琅老师……

张其永副教授当时虽然没有讲授本科生课程，但他主攻的鱼类生态学研究方向对潘克厚有特别的吸引力，他下定决心报考张老师的硕士生。然而，这个决定却并没有那么容易实现，那一年张老师只有两个硕士招生名额，其中一个已经给了班里保送同学，而班里成绩很好的几位同学和不少校外同学都想报考张老师的硕士生，竞争异常激烈。潘克厚坚定信念、奋发图强、孜孜不倦地备考，最终以第一名的成绩成为张其永老师的硕士生。

做实验是海洋系研究生的日常，潘克厚记忆最为深刻的就是读研究生期间做大弹涂鱼繁殖和生态学实验的经历。当时海洋系主体在映雪一号楼，而张其永老师的实验室在工学馆平房，进行鱼类繁殖和实验生态学研究的条件不是很好。但是抱着没有条件创造条件也要干好的决心，张其永等课题组老师就带领同学们进行实验室建设，从实验室设计，到科研设备和器材选型都是边学边干，有些实验设备甚至是自己设计、自己加工完成的。从养鱼池建设、饵料生物培养、亲鱼催产、鱼卵孵化、到仔稚幼鱼养殖，甚至是空调室装修，从头到尾都是导师张其永先生带领助手和同学们亲自动手完成的。张其永教授自强不息、踏实工作的形象，成为潘克厚一生的楷模。

在潘克厚眼中，研究生期间的收获与本科有很大不同，本科更多的是接受知识，形成主动学习和思考的能力和习惯；研究生则要自己去思考问题、去创造相关条件、去把事情做好，对个人的主动性要求更高。还记得那时候科研实验需要

低温环境，潘克厚就去图书馆查阅相关资料，研究别人是如何营造这种环境，然后自己设计了一套冷却系统，再找工厂加工，就这样把一套设备完整制造出来。

研究生期间老师们的授课方式和内容也有所不同。那时候研究生课程相对较少，老师们多是以专题形式给大家授课，这给潘克厚留下很深的印象。比如，讲授鱼类生理课的何大仁教授，会邀请选课的同学们到家里上课，他给出一本外语教材，让每一个人负责一章，并以这章为基础去查资料，然后进行综述、分享与展示，何大仁教授则就分享内容进行点评和探讨。研讨式的上课方式对同学们的自学能力提出了更高的要求，收获也更大；而课间喝的工夫茶、吃的美味点心，则让远离家乡的学子们体会到家的温馨。丘书院教授开设的鱼类专题讲座则是另外一种风格，他会分类介绍不同学者的研究内容，指出对该学科研究具有创新性和指导性的部分，提出仍需优化和调整的不足之处，让大家醍醐灌顶、茅塞顿开。

通过这样自由、有趣却不失严肃的学术训练，潘克厚的创新意识和科研能力都得到了很大提升，这为他今后的科研之路奠定了坚实基础。

专注科研，为建设海洋强国提供科技支撑

1988 年在母校获得硕士学位后，潘克厚走上了教学岗位，成为青岛海洋大学的一名老师。后来，他又获得了中国海洋大学博士学位，继续在海大任教，专攻海洋生物的研究，主要方向为微藻生物学与生物工程与海洋生态学。

“海洋事业关系民族生存发展状态，关系国家兴衰安危。”自党的十八大以来，习近平总书记高度重视海洋事业发展。建设海洋强国，潘克厚也在贡献自己的一份力量，他目前的主攻方向之一是海洋微藻育种和养殖研究。截至目前，全球每年的微藻产量不到两万吨，但学界普遍认为，微藻将来会像陆地的小麦和水稻一样量产，不仅为人类提供丰富的蛋白脂、脂肪和糖等，也可提供燃油、氢能等生物质能。因此，潘克厚和他的团队自 1996 开始就专注于微藻良种选育、养殖和高值化利用的理论和技术研究，主持了我国微藻方面的第一个 973 前期预研课题、

第一个国家支撑计划课题、第一个 973 计划课题，承担了多个国家 863 计划课题和自然基金项目，取得了不菲的科研成果。

2004 年，潘克厚在韩国海洋开发研究院做学术访问

同时，潘克厚还是 2015 年开始运行的青岛海洋科学与技术试点国家实验室的学术委员会秘书长和主任委员会成员。作为曾经的国家实验室筹建办公室主任，潘克厚表示，国家实验室的筹建历经波折，如果没有老一辈海洋科技工作者的矢志不移，没有驻青岛海洋科教单位的凝心聚力，没有国家和省市的鼎力支持，根本无法克服筹建过程遇到的各种困难。目前，海洋试点国家实验室已经成为体现国家意志、代表国家水平、为海洋强国战略提供科技支撑的战略科技力量。

心系母校，连接两校共促学科发展

厦大和海大一个在南、一个在北，虽然看似天各一方，但两所高校有着很多共同点，有着相似的海洋文化，也有着深厚的历史渊源。

作为这样两所渊源悠长高校的共同校友，潘克厚对母校怀着笃深的情感。潘克厚认为，厦门大学的海洋环境科学、海洋生物有很强的特色和优势，海洋物理也很有特点，在遥感方面特别突出；而中国海洋大学的学科更全，包括了很多新

兴学科，如海洋工程、海洋技术、海洋信息等。因此两校在学科方面具有良好的合作互补前景，共同发展、协同创新的空间很大。因此，潘克厚把继承校际传统，弘扬母校精神，促进两校交流合作，视作自己的分内事，并且积极付诸行动。

人员交流上，潘克厚不仅积极参加母校组织的各种活动，加强与母校老师的学术交流合作，还与母校的戴民汉院士、焦念志院士、王克坚院长、黄邦钦院长及很多教授经常深度交流，热情推动两校之间的人员交流和科研合作。在编撰国家海洋科技中长期发展规划时，戴民汉院士与中国海洋大学吴立新院士共同负责科学前沿问题，两位院士深度交流、密切合作，绘制出海洋科学的中长期蓝图。同时，潘克厚积极推动厦大“嘉庚号”加入青岛海洋科学与技术试点国家实验室深远海科考船队，既可以在船舶运行上为厦大提供一定的资金支持，又可以提高国家海洋科考的同步观测调查能力。

2013 年 4 月 20 日，厦门大学青岛校友会换届大会合影（前排左五为潘克厚）

除了在学科发展上回馈母校外，潘克厚积极投身校友工作回报母校。2004 年，潘克厚便和诸多热心的校友一起肩负起创建厦门大学青岛校友会的重担。十六年来，青岛校友会积极联络青岛及周边地区的厦大人，通过组织中秋博饼、校友讲坛等系列活动，把分散的校友们汇聚起来，让大家互相交流、彼此帮助，通过集体的力量促进个体发展，让厦大人在黄海之滨拥有自己的精神家园。潘克厚说，校友会能促进校友们成长壮大、感恩回报母校，是非常重要且富有意义的一项工作。

原音回放：

“在厦大学习生活的这七年时光，好像是我人生中的印记，从生活习惯到事业发展都深刻地影响了我。”

（文 / 朱怡；指导老师 / 曹立新；图 / 受访者提供）

宋斌：传承非物质文化遗产，用民族文化精准扶贫

人物名片：

宋斌，四川泸州人，厦门大学1982级中文系校友，毕业后进入人民日报社工作，后投身商海，曾任信远控股集团总裁兼中商股份总裁，现任四川那达文化投资有限公司董事长。

从在人民日报社工作到下海经商，三十多年间，宋斌的职业有所转变但初心始终未改，在机缘巧合和时代趋势的碰撞下，他偶然遇到郎卡杰画派唐卡这一古老艺术，并为自己选择了一个方向：在四川藏区传承非物质文化遗产，用民族文化精准扶贫。

回忆大学生活，感怀岁月美好

时间回到1982年，年仅十七岁的宋斌刚刚参加完高考，和大多数没出过远门的少年一样，年轻懵懂的宋斌憧憬着“外面的世界”。彼时厦门经济特区设立已近两年，年轻的城市正朝气蓬勃地向前发展，“远方”“大海”“特区”这些新鲜的字眼对宋斌来说充满吸引力，于是宋斌决定报考厦门大学，并最终以第一志愿考入自己喜爱的中文系。在那个年代，考上一所重点大学绝非易事，而宋斌作为百里挑一的天之骄子进入了厦门大学，拉开了人生的序幕。

在大学期间，宋斌勤奋学习、成绩优异，还担任了班长，并在大二时积极入党。平日的校园生活忙碌又平常，但也发生过一些让人时隔多年仍记忆深刻的事情。回忆起大学时让自己难忘的事，宋斌讲述了一件小趣事："那时候同学们来自四面八方，大家经济都不富裕，理发多数是自己解决，我和一个同学买了工具互相练手，给班上的男同学理发，曾经不小心剪破了一位同学的耳朵。"一件过往的简单小事拉近了回忆和现实的距离，离开母校多年的宋斌仍然深深怀念着曾经的大学生活。

大学时期的宋斌

当谈起自身所学的专业和大学生的就业问题时，宋斌分享了自己的看法和经验。在他看来，人文专业提供的是一种综合素质和能力培养，学生毕业后除了走上科研和教学岗位，更多地还需要保持开放心态对自己进行职业规划和选择，对自身有尽量客观的认知，对社会环境和外在状况有充分的了解，如此才能水到渠成。

宋斌总结道，自己在大学阶段最大的收获是母校让自己获得了一个人生出发的高起点。宋斌说，在厦大求学时，在校主陈嘉庚先生、文豪鲁迅先生及历代先贤和师长留给厦大的人文关怀、家国情怀的影响下，自己的价值观和人生观被熏染出关注社会、报效国家的底色，而这个由学校和专业赋予的独特思想底色，成为他人生后续发展中的独特优势。回忆的点点滴滴串成一条波澜的岁月长河，映出宋斌四年的大学时光。

勇于自我挑战，邂逅古老艺术

1986 年，宋斌本科毕业，和一批同样风华正茂的大学生一起进入人民日报社，被分配到群众工作部工作。1993 年，宋斌选择离开体制、下海经商，除去一些外在因素的推动，宋斌表示当时做出这样的职业选择更多是因为自身内在的一种勇于接受挑战的个性，选择经商也是想换一个不那么有确定性、充满挑战的职业和状态。而宋斌至今也在一直挑战自己。宋斌喜欢在藏区自驾游，是多年的“驴友”，而其中的一次自驾游让他关注到了一座名叫炉霍的小县城，也邂逅了郎卡杰唐卡这一非物质文化遗产。在这之后他做出一个决定：在四川藏区传承非物质文化遗产，用民族文化精准扶贫。

炉霍，位于四川省甘孜藏族自治州境内，这里是郎卡杰的故乡。郎卡杰是举世闻名的唐卡画师，“郎卡杰”不是他的真名，因为他画笔下的天空可以根据施色分出七层，并把天地在画面里连接得和谐完美，所以人们尊他为“郎卡杰”，意为“饰天尊者”或“天空装饰者”。也因为郎卡杰画师的绘画技艺达到出神入化、登峰造极的境界，所以他被誉为“神变画师”。“神变画师”郎卡杰开创的画风，集众家之长，兼具汉藏和西方绘画的审美与技法，技艺精细绝妙，在整个藏区独具特色，并被后来的炉霍画师们传承。其嫡传弟子进一步继承和吸收了郎卡杰的绘画风格，独领风骚四百多年，至今已经传至第九代，是藏区传承至今从未中断的唐卡画派。2008 年，郎卡杰唐卡被列入四川省级非物质文化遗产；同时，文化部还授予炉霍“中国民间艺术之乡——唐卡之乡”称号。截至目前，郎卡杰唐卡画派有省级非遗传承人四名，州级传承人十四名，县级传承人七名。

在这次偶然的接触中，宋斌看到了郎卡杰唐卡表现出来的那些流淌在古老里的美好，也看到了郎卡杰唐卡作为非物质文化遗产却濒临消亡的困境，更看到了炉霍县是国家“三区三州”深度贫困县和四川省四十五个深度贫困县之一。他想要尽量去保护这个古老的艺术，让这些美好的东西能够融入现代生活，并以此改

善偏僻地区贫困人民的生活环境，他希望通过努力让古老的文化传承经过我们这代人的手继续传承下去，让中华文明的火种生生不息。宋斌说：“我和我的公司有这种使命感。”

心怀使命担当，助力精准扶贫

炉霍县是深度贫困县，是脱贫攻坚的主战场，宋斌想为打赢这场攻坚战做点儿什么。

2017年，宋斌投资的四川那达文化投资公司，与四川省藏文学校、炉霍县教育体育局、炉霍唐卡协会共同协商，探索建立了“校企合作”“校地合作”的办学新路子，办起了四川省炉霍唐卡艺术学校，开设了炉霍唐卡实训班，解决农牧民子女升学与就业困难，努力实现“学会一技、就业一人、脱贫一户”的目标；学员在培训基地的学费、书籍费、住宿费等全免，学成后可选择在四川那达文化投资有限公司旗下子公司郎卡杰唐卡文化有限公司从事唐卡绘画工作，公司按照学生手艺的等级来发工资；唐卡实训班所招录的学员将按照国家中等职业学校的有关规定，纳入四川省藏文学校在校生学籍管理系统，享受各项教育优惠政策，符合毕业条件的实训学员将被颁发中等职业学校毕业证书。到目前为止，唐卡实训班已经招收了近百名学生，其中大部分学生来自贫困家庭。而四川那达文化投资有限公司也因此被四川省表彰为“四川省对口帮扶先进集体”。

2019年，宋斌在“南强西进，川海交融”座谈会上发言

宋斌表示，炉霍县，不仅是深度贫困县，也是红军长征路上建立过政权的革命老区，但他感觉到当地与内地改革开放几十年的社会和经济发展是脱节的，缺乏内生性的发展机制，所以他希望通过自己的努力，借助藏区独特的文化和自然风光，通过文旅和研学融合、非物质文化遗产传承保护，尝试在当地建立起一种就业和自我发展生态。

尽管一切工作都在往好的方向发展，但宋斌始终保持谦虚、谨慎和冷静，他表示公司现在还属于初创期，目前都在布局，在四川设立的文化投资相关公司是作为社会企业来开办的，情怀大于商业，争取不赔钱、让社会效益最大化是公司的最大追求。宋斌认为公司目前取得的一些成绩还谈不上“成就”二字，只是在做的一种尝试。他清楚这次的尝试最终失败的概率比成功更大，但他还是不断克服现实的困难和阻碍，步步维艰，努力寻找盈利模式，希望现有的唐卡文化产业能够离开外在输血，形成闭环达到正向循环。

源于一次自驾游，开始于一次冒险，最终促成的不仅是推动唐卡实训班的开办，甘孜州郎卡杰唐卡文化有限公司和郎卡杰艺术酒店等与郎卡杰唐卡相关的公司也在之后接连启幕。宋斌表示开办唐卡实训班是炉霍县职业教育的第一步，之后，炉霍县民族手工艺培训基地还将陆续开设裁缝、铜器制作等地方特色技能培训班，为民族民间传统文化、技艺的继承发展以及助力打赢脱贫攻坚战贡献力量。

原音回放：

“毕业多年，厦大依然是我的心灵家园。维系校友联系的是我们共同经历的人生阶段，是最美的校园，是时不时传来的校园建设和各学科成就的佳音。期待学弟学妹们传承厦大的基因，续写厦大的辉煌。”

（文 / 学生记者 刘佩佩；指导老师 / 周钧庭；图 / 受访者提供）

李强胜：确守初衷谱华章　学道育心着深意

人物名片：

李强胜，厦门大学1982级中文系校友，创建了江苏有润科技文化产业发展集团，先后涉及房地产管理和开发、艺术品投资、文化交流、教育培训等产业。2018年创办南京泰晤士学校，这是南京市第一所十五年一贯制IB（国际中学毕业会考）体系国际化学校。

结缘厦大，感怀师恩

提起初到厦大的印象，李强胜仍记忆犹新。从家乡去厦大报到，他第一次坐火车，绿皮火车颠簸三十六个小时，人虽疲惫但兴奋的心情却是难忘的。初到厦大，映入眼帘的是火红的凤凰花，挺拔高大的棕榈树，富含热带风情的龙眼树、杧果树……丰富的植物，繁多的树种，迥异于江南的南国风光令他感到新鲜又欣喜。至今，他仍然记得潮湿温柔的海风那独特腥味，脚踩在沙滩上沙子那细腻燥滑的感觉；南普陀古朴悠扬的钟声萦绕耳畔；芙蓉湖畔的一口古井，承担了记忆中厦门炎炎夏日里所有的清凉。他颇有感触地回忆着厦大独有的优美环境，那熟悉的如画景致大概就是厦大赋予莘莘学子的独特密码，引起学子们的共鸣，衔接起代代厦大人。

厦大的学习生活中，很多经历给李强胜留下了深刻的记忆。其一是厦大的自由学风，注重培养学生的学术能力，同时也十分重视让学生更全面多元地发展。其二是艰苦的生活条件，为节省电影票钱，他们宿舍的同学只能坐到前三排“蹭”

看免费电影。回忆起这些，颇有苦中作乐的意味，也恰恰因为这种艰苦磨炼，使得学子们能够在面对生活的风雨时更加坚强。

李强胜还提到了一次特别的体验。丁玲、马烽、冯骥才等作家来厦大座谈交流，他与马烽交流了《刘胡兰传》《吕梁英雄传》和丁玲交流了《太阳照在桑干河上》等的读后感，这种近距离的交谈使他受益匪浅。这些优秀的文学前辈犹如一根根标杆，印刻在他的心中，时时激励着他努力前行。

在厦大求学时遇到的恩师们，让李强胜十分怀念。其中对他影响最大的老师是他的毕业论文指导老师林选民先生，当时林老师是中文系最老的讲师，但不知何故不愿意去评教授。林老师曾告诉李强胜："毕业论文是创作，要跳出《聊斋》做《聊斋》。"这句话至今一直影响着他，指导他做每件事都要反思一下，跳出事情本身去审视这件事，或许就能够获得新的思路、新的感悟。令李强胜印象最深刻的是叶宝奎老师，他依然记得叶老师是中等身材，慈眉善目，人也非常善良。他说，"后来我知道善良这一特质是人性中最光辉的"。恩师们的言传身教给了他人生启发，也点燃了他前行路上的一盏明灯。

厚积薄发，谱写华章

李强胜大学毕业后，先被分配到南京的区级政府机关单位工作，从事房地产管理和开发工作，一干就是十八年，虽然这与他自己所学的中文专业相距甚远，但是通过这份工作，他接触到了社会各个层面，有机关干部，有基层群众，还有生活困难的城市拆迁户，等等，与不同群体的交流互动让他对于社会民生、百姓需求、城市建设等有了更为深刻的认识。后来机关下属的事业单位改制，他毅然放弃公务员身份，带领团队投身商海，经历和见识了房地产、艺术品投资、教育等行业的风云变幻，参加工作至今三十多年来的工作经历，使他有幸见证了南京经济建设和城市建设的全过程。丰富的人生阅历和深厚积淀，为他在企业的战略布局、适时转型上奠定了坚实的基础。

2011 年，李强胜在英国创办了英国亚伦国际艺术投资管理有限公司、英国常青藤拍卖有限公司，在英国的工作中，他陆续接触了剑桥大学、伦敦大学学院（UCL）、英国圣马丁艺术学院、英国皇家艺术学院等世界优秀的教育资源，这也成为他在企业战略转型选择教育领域的契机。他也发现，国外大学的招生标准和要求与中国的高考要求差异很大，中国的学生完成中等教育后想进入这些世界顶级的高等院校，往往需要付出数倍的努力去克服语言、思维方式、学习模式等各种困难，于是他便萌生在南京设立一所实施双语教学的国际化学校的念头。

李强胜（前排左四）与英国高等院校专家学者交流

随后几年，李强胜开始针对当前国际教育和国内教育的差异进行深入调研和认真思考，他参观访问了英国的一些私立贵族学校，看到了中西方基础教育差异。最近几年，家长想让孩子接受国际化教育的需求日益增长，低龄孩子出国游学和参加夏令营的人数剧增。李强胜决定整合国内外的教育资源，创办一所崇尚民族文化，适应国际形势发展，符合先进教育理念，实施全人教育，培养学生成为勤学多思、崇德尚善、守正笃实、知行合一的未来人才，帮助孩子们成为终身学习

者的国际化学校，这也成为李强胜事业上新的发展目标。

创办学校的过程中也遇到许多困难和挑战，然而厦大的经历和熏陶帮助李强胜勤于思考、心怀善意、勇于担当。李强胜坦言："厦大的经历教我学会善良和担当，校主的事迹一直勉励着自己，创办泰晤士学校是一种机缘，各方面的资源积累也使得我有条件创办这样的国际化学校。"2018 年，在克服各种挫折和障碍后，南京泰晤士学校在栖霞区委区政府的大力支持下作为南京市的民生工程，经教育主管部门批准，于当年九月正式开学。

李强胜始终秉持初衷、抓住机遇，使他在瞬息万变的时代洪流中敢于谱写教育的新华章。

坚定初衷，展望未来

李强胜坦言，中国传统的教育模式，注重记忆以及解题技巧培训，反而不能最大程度激发学生们主动学习和勤于思考思辨的能力。因此，泰晤士学校针对当今的教育现状进行了大胆的改革创新，泰晤士学校在全面落实国家九年义务教育课程方案和课程标准的基础上，实施以核心素养为导向的全人教育，通过研究型、项目化、合作式的学习模式，加强对学生学习技能的培养，创建鼓励个性化发展的学习社区，树立诚信、关爱、协作、坚韧、创新、多元的核心价值观。

李强胜作为泰晤士学校的创办人，他创办学校的宗旨是：培养一批有全球视野和民族情怀的社会精英。他对学校教务管理委员会的要求是：办一所使学生肢体健康、心地善良、灵魂开放的学校。学校要致力于培养和帮助学生发展核心素养、开启潜能，成为终身学习者和有责任心的公民，这也是李强胜的教育理念。

不只是李强胜的教育理念，还有他注入其中的教育理想——立足"世界中的中国"、贯穿课程中的"中国主线"，强调民族身份认同和传统文化的教育。一方面，可以使得中国学生成为传播中华文化的使者；另一方面，通过对中国语言、历史、文化的深入学习，也有利于激发国际学生对中华文化的热爱。

为切实实现教育理想，基于对中国传统文化的传承和对世界先进科技的需求，2019年5月，李强胜在南京市栖霞区东部创建了南京泰晤士教育营地，距离学校二十八公里，占地面积近三百亩。营地充分利用区域内自然环境，旨在打造一个设施齐全、课程丰富的多功能体验式社会共享教育营地，补充学校教育和家庭教育之外具有社会属性的教育。李强胜不忘发展教育事业的初衷，着重培养青少年的综合发展能力，将传统文化和现代科技充分融合，依托整合国内外教育资源，创新性自主研发了系列课程和活动。这些课程不但为学生搭建了一个不可多得的户外学习实践平台，也拓展延伸了国际课程和学生跨学科探究的第二课堂。李强胜说，“营造一个尊重、信任、理解、宽容、共享、合作的文化氛围，综合培养青少年在21世纪经济全球化与社会多元化的背景下共处、共赢所需的意识与能力，有助于他们成长为具有独立思辨精神、发散创新能力和开放国际视野的终身学习者”。

李强胜感叹于厦大的变化：在办学规模越来越大的同时，专业覆盖面也越来越广、越来越全。他希望自己在厦大精神的鼓舞和熏陶下，不忘初衷，追逐教育理想，也企望南京泰晤士学校不仅规模不断扩张，而且能取得来自社会各界的广泛赞誉，尽早实现李强胜的教育理想。办学的成功经历，是李强胜数十年来的厚积薄发，是他对改变传统教育理念的坚守，更是一个特立独行的厦大人对厦大校主精神的传承、对厦大自由开放学风的践行。

原音回放：

“希望年轻的厦大人能够在厦大学风的熏陶下真正地学会善良、勇于担当和独立思考；在面临工作上的选择时，从自身的能力和所处的社会环境出发去考虑，脚踏实地，不好高骛远。”

（文 / 学生记者 杨茂珩；指导老师 / 周钧庭；图 / 受访者提供）

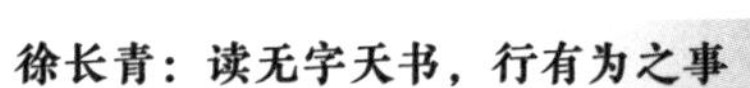

徐长青：读无字天书，行有为之事

人物名片：

徐长青，1988年毕业于厦门大学考古专业，毕业后在江西省文物考古研究所从事考古发掘和文物保护工作。历任考古研究室主任、副所长，现任江西省文物考古研究所所长、研究员，《南方文物》主编。省政府津贴专家，省百千万人才，省中青年文化名家。国家文物局重点文物保护工程评审专家，省文化高级专业技术资格评审专家。

初识厦大

对徐长青来说，报考厦门大学考古专业完全是一个巧合。“因为我自小在农村长大，对外面的很多事情都不了解，在报考大学的时候，也不知怎么选，只是想做点单纯的学问，校长大笔一挥，帮我报了厦门大学考古专业。”然而一到学校，徐长青就傻眼了：这才知道厦大考古专业是属于历史系的（后改为人类学系），而自己高考的所有科目中，历史得分最低。还好后来发现，虽然基础有些薄弱，但考古更需要优秀的实践能力和操作能力，因此历史知识的薄弱并没有构成学习考古的一个重要障碍。徐长青本科班主任吴诗池这样评价他：“他是班长，在学生中动手能力很强。”

和其他专业不同的是，考古专业的学生在完成理论课程学习后，需要去农村进行半年的田野考古实践，因而动手能力在考古中格外重要。检验动手能力的基本办法就是挖探方。挖探方不是简单地挖土，而是需要用自己的专业知识挖好土：

墓葬怎么找边、墓葬分布情况怎么样、探方地层堆积反映了古代什么样的遗存，这不但需要有较为扎实的生活常识，还要有良好的空间思维和逻辑思维能力。当时的很多同学，连锄头都不会拿，挖掘对他们来说是一件苦差事。而出身农村的徐长青对泥土有一种天然的亲切感，探方总是挖得整整齐齐，地层判断得很精准。一天的工作结束后，徐长青还要对当天发现进行及时记录，并且形成原始的文字资料、图片资料，之后还要形成一个科学规范的考古报告——判断地层的成因情况，推测历史人类生产生活活动等，为了画好一幅地层图，徐长青经常加夜班到天亮。

虽然很辛苦，但在田野考古实践的过程中，也会发生很多有趣的事情。在工间休息时，徐长青和班里几个身强力壮的同学经常和当地农民进行挖土比赛，别有一番趣味。此外，在农村最大的乐趣就是和老乡比喝酒。“一天工作结束后，老乡会邀请我们到他们家里喝酒。那时候农村还没通电，一到晚上村子黑灯瞎火的，我们就穿着套鞋，拿着手电筒，小孩子们见到城里的大学生来了，欢声雀跃地围着我们，一行人热热闹闹走到老乡家里，老乡就拿出珍藏的自家陈酿一起喝酒聊天，一天的劳苦也就随之飘散。”

考古岁月

本科毕业后，徐长青没有立即投身考古事业，而是准备到江西广播电视台当记者。这时，班主任吴老师的一番话点醒了他：“吴老师跟我说去电视台不如去

徐长青在考古挖局现场

考古所，做考古以后可以成为受人尊敬的考古专家，而且是越老越吃香呢！这也是支撑我在考古行当坚持下去的动力之一。”于是，徐长青放弃了进电视台的机会，报考江西考古所，坚定地投入了考古事业中，一干就是二十八年。

回顾二十多年的考古生涯，徐长青印象最深刻的一次考古经历是 1989 年参加的新干大洋洲遗址发掘。新干大洋洲遗址位于江西省新干县大洋洲乡一带，当年九月大洋洲乡组织了数千民工维修赣江大堤，在取土的过程中发现了该遗址。当时，徐长青和江西考古所的同事正在附近一个墓葬进行考古发掘，“那天早上天还没亮，县领导就跑到我们工地上说大洋洲发现青铜器了，我们一听立马就赶过去了”。由于大洋洲文物刚发现时遭到了村民哄抢，公安局同志连夜收缴，徐长青一行人先看到的便是收缴上来的文物。“我一看还真是青铜器，这个我太熟悉了。”徐长青毕业论文和青铜器有关，所以对商代青铜器造型特点很熟悉。看到青铜器后，徐长青意识到这个墓葬的重要性，立即马不停蹄赶到现场，“我看到沙丘上分布了很多残破青铜器和残片，心里特别激动，心想‘天哪！我看到什么东西了！’”。原来，长期以来，历史学界和考古学界认为，在中原拥有高度发达的商周青铜文明的时候，整个南方地区尚处于“荒蛮腹地”的原始社会状态，而新干大洋洲大量青铜器的发现，证明了早在三千多年前，赣鄱地区就有着较为发达的青铜文明，

徐长青工作照

有着一个与中原殷商王朝政权并存发展的青铜王国，这一发现将改写南方的历史，甚至将改写中华民族的历史！徐长青和同事们立马投入现场的发掘，“当时设备简陋，甚至连照相机都没有，我就给发掘现场画图标记”。由于当时的保护措施有限，许多第一手资料没能及时获得，以至于学界对此众说纷纭，其遗址的真实性问题一直受到质疑。加之宣传不到位，让新干大洋洲遗址没有得到应有的关注和地位。提及此事，徐长青唏嘘不已：新干大洋洲本应是江西考古目前为止无法逾越的高峰，却最终因为资料提取科学性不足而成了一件憾事。

基于此，在海昏侯墓的发掘过程中，政府调集了全国各方面专家，多学科介入，使得文物保护面貌有了根本性的变化。此时身为江西考古所所长的徐长青，担任项目总指挥和总负责人，主持南昌海昏侯墓以及侯国都城遗址发掘与遗产保护。“技术问题和具体工作由专家组和项目领队负责，我作为总指挥，主要对项目规划设计、项目进度、保护过程、研究过程、宣传过程进行全盘考虑。”新干大洋洲遗址的教训给徐长青带来的震动太强烈，因而在主持海昏侯墓发掘中，徐长青对墓葬及文物的保护和宣传更加谨慎和投入，“新干大洋洲遗址、曹操墓等教训太惨痛，在刚发现海昏侯墓时，我们没有声张，在确定墓主真实身份后才进行宣传，避免了负面效应”。海昏侯墓出土文物在发掘期间进行展示，在全国也是很鲜见的例子，但徐长青认为这是必需的，“刚开始我们也是如履薄冰，文物离开原来的水土后会有很多改变，但是文物展示作为公众需求的一部分，我们决定坚持下来，当然，我们一定是把文物安全放在第一位考虑的”。虽然如此，在展览中仍不免受到质疑，徐长青表示，在这个过程中，“考古工作者会听到很多杂音和非议。在发掘过程中，要学会和媒体及公众打交道，获取他们的支持，并不断改进我们的工作”。

闲话日常

“在所有专业中，考古是最长寿的专业之一——我们呼吸农村天然的空气，

吃着田里新鲜的蔬菜，经常和村里大队书记一起喝半天的劣质啤酒，一起讨论工钱。”徐长青笑言道。这看似调侃的话恰恰反映了考古工作的常态。

与荧屏中神秘刺激的考古探险不同，现实中，考古的日常是略有些枯燥的。经常是日复一日的挖掘、记录、整理，远离城市，消遣活动也很少。徐长青回忆说：“我参加工作那会儿，工作条件很差，没有厕所，也没手机、电视机，工作外消遣活动也很少。现在条件好多了，但是常年要待在工地上，生活也相对单调些。”风吹日晒、寒冬酷暑，每天都要进行田野工作，因此考古工作者经常风尘仆仆：“我们那时候流行一个说法：考古专业的人远看像要饭的，近看像抓蛇的。”——考古现场多在乡间，很多地方是不通车的泥巴路，走路时大多穿球鞋，踩到泥巴灰不溜秋的，一身斑斑点点的泥点，背着装满工具鼓囊囊的蛇皮袋，远远望去像讨饭的。有时为了判断地形，考古工作者拿着棍子在地层敲敲打打，像在抓蛇。提及此，徐长青还说到一个趣事：“有一次考古过程中有一个领队，他要去招民工，当时高速公路也在招民工，结果我们队长去的时候被人家项目办当民工去征用了，他说他是来招人的根本没人信——哪个招人的‘领导’脏兮兮的一身泥巴？”考古之辛劳可见一斑。

除了日常工作外，考古工作者还要经常跟村民打交道，解决用工、用地、劳务纠纷等问题。考古要求体力量比较小，但很耗时间，一般要耗费七八个小时。有时候雇佣的务工人员会偷懒，和考古工作者产生摩擦：“天气热的时候，有的老乡借口休息一下照看家里的老人小孩，结果一下午都没回来，就很耽误我们的工作。”

出于工作需要，徐长青经常出差，在工地一待就是大半年，只有过年才有时间回去。“有一次我回家，刚要推开家门，儿子堵住门不让我进，问我，‘爸爸你什么时候走’。因为我常年不在家，一回来待不了几天就又要回工地了。”这也让徐长青对家庭心怀歉疚，因而他一回到家里就很勤快，积极做家务事，更是烧得一手好菜。现在交通便利，回家方便很多，每逢假期徐长青就争取多回家看看。

在这个过程中，虽然有这些不尽如人意的地方，但在徐长青看来，考古仍然是一件有无穷趣味的，值得自己坚持不懈去上下求索的事业。“考古就像是看无字天书，每天不断去挖掘，每天都有新鲜资料、新鲜的东西。”正是对考古的热情和浓厚的兴趣，让他坚持下去，并不断前进，取得了丰硕的成果。

余心所向

毕业后，徐长青对母校念念不忘。2006 年，厦大向他发出回校任教的邀请，徐长青非常激动，马上办理了离职申请，本以为很快就能回到母校怀抱，然而由于原单位不肯放人，直到 2008 年该政策截止之时，档案问题仍迟迟解决不了，回校之事只好作罢，就这样，徐长青在毕业二十年之际与母校擦肩而过。回校任教之事未竟，厦大情结始终未泯。怀着这样一份心情，在儿子高考填志愿的时候，徐长青让孩子填报了厦门大学，也成为厦大的一分子。

四年的厦大生涯，对于徐长青来说，不是结束，而是一种开始。虽远在江西，徐长青仍然非常关注厦大学子动态。江西考古所是厦大传统友好单位，每年都有一批厦大毕业生来这里实习，他自己更是带了不下十届毕业生。

值厦大九十五周年校庆之际，面对母校邀请，虽然考古任务繁重，徐长青仍抽身前来，为母校学子办“走近海昏侯”讲座，并参与人文学院举办的东南考古研讨会，为母校考古学科发展积极建言。今年，徐长青被聘为厦大的兼职教授，也算弥补了当年未能回母校任教的遗憾。

徐长青在学术讲座上发言

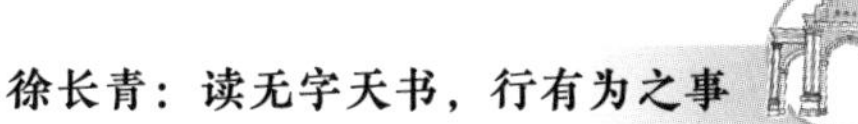

时隔多年，再次回到厦大，徐长青对母校的热爱依然不减，他坦言："厦大对我的影响是终生的。无论何时，只要母校需要，我都会倾力帮助，对母校的学科建设，和其他各方面的支持，自己都是责无旁贷的。"

考古这本"无字天书"，徐长青将用毕生的精力将它"读"下去，与厦大的缘分，亦将长久地持续下去。在今后的岁月中，厦大学子将在五湖四海，再续辉煌，天之涯，海之角，都将遍布厦大人的脚印，为社会建设贡献自己的力量。

原音回放：

"考古专业的同学不要丢失成为考古学家的梦，困难是有，但前景也很美好，无论处于何种境遇，都要怀着积极乐观的态度面对人生。"

（文 / 学生记者 应山红、陈桂芬；图 / 受访者提供）

曾通：讲信修睦逐创业之梦，倾力为公扬嘉庚精神

人物名片：

曾通，福建厦门人。1984年考入厦门大学会计系，先后投资经营厦门唯美制衣有限公司、厦门昕艺程教育科技有限公司、深圳生命元生物工程有限公司等公司。多年来热心参与捐资助学、扶贫助困等社会公益活动，先后为中国宋庆龄基金会、2008年四川汶川大地震、厦门公益事业、厦门教育事业、厦门海沧的医疗卫生事业等捐款，并荣获“2016年厦门经济十大风云人物”和2017年福建省“最美资助人”评选活动冠军。

厦大，梦开始的地方

1984年，中国恢复高考没多久，一群带着憧憬和梦想的孩子考进了厦门大学，

大学时期的曾通

曾通成为这一批孩子中的一个：高分考入厦门大学会计系。这种机遇被他这样诠释："厦大，梦开始的地方。我们非常幸运，在对未来生活充满想象、对国家和民族充满抱负热情的年龄，进入厦门大学开始我们的大学生活。"可以说，他人生的底色正是厦大给予的：讲信修睦，倾力为公。

在曾通眼中，厦大是兼容并蓄，散发着人文关怀的。"大学教育，应秉承独立之精神、自由之思想的学术态度和价值取向，为国家和民族培养人格完整之人。在厦大的四年是自我提升和自我修养的四年，我很多的思维习惯和思考模式都是在那时候养成。"在厦大会计系度过的四载春秋是曾通记忆中"纯粹、自由"的四年——严谨治学的老师和汗牛充栋的藏书提供了学习的大好机会，白衣飘飘充满理想、浪漫和才思的 80 年代大学校园生活是青葱岁月最美丽的开篇。"厦大四年转瞬即逝，回首看去，一切就像昨天。现在我耳边还常能响起我们新生刚入学第一周时，校园广播里播放的《爸爸的草鞋》这首歌。厦大是我生活中的一部分。"

做唯美产品，过唯美人生

在厦大，他曾是芙蓉湖畔抱着吉他弹唱校园民谣的文艺青年；毕业时，他放弃稳定而多金的政府岗位转入企业工作；毕业后，他筚路蓝缕、备尝艰辛，创办了一家女性内衣工厂，被欧洲客商誉为"最了解女人的男人"。凭借自己的努力、勤奋、踏实与不懈，曾通一步一个脚印地走出了一条成功的创业之路。谈及成功的关键，他说道，拥有一颗自由的心，坚定创业之路，就够了。

1988 年，曾通从厦大会计系毕业后分配进入中国纺织部直属单位——厦门海山实业公司，从事会计一职，一做就是四年，而在这四年朝九晚五的工作中，他结识了台湾一家内衣公司的老板。一切都是命运的安排，恰巧这家内衣公司筹备移师大陆，于是曾通果断辞去了国企稳定的工作，跳出体制，与这家台湾内衣公司一起成立合资公司。由于借鉴了台湾的技术和管理，合资公司发展得顺风顺水，之后通过改制成为独资公司。

1993年，曾通创立唯美制衣有限公司，公司专门生产高档女性内衣，是专业的出口贸易型企业。公司初创时期只有数十名员工，年轻没有经验，“创业遇到的困难数不胜数、难以想象，只能用强大的意志力去克服、坚持”。创业不易，守业更难，在守业之路上，曾通秉承“客户至上，质量第一”的经营原则，追求唯美，崇尚一流，积极引进国内外先进的生产技术，不断提高企业内部潜力，建立起一套完善的科学管理体系，为今后更好地发展打下了坚实的基础。

曾通（右一）在生产车间检查工作

在行业内，曾通是一名资深老兵，也是一棵常青树。他说，在这个行业这么久，也担任了厦门市纺织服装同业商会副会长、监事长等职务，这些年来只看到跑路的、关门的，没有新进的会员。而唯美能得到客户一如既往的信赖，在大环境萧条之中逆市上扬，只有唯一答案：把“唯美”做到实至名归。的确，在几乎可以放手的企业管理团队之下，曾通仍然坚持每天到厂，他说，不是来当监工，“我最关心的就是产品质量和客人反映，如果出现问题，我一定要严格对待，绝不漏网，只有有诚信，企业才有生命”。

在唯美制衣工厂的样品室里，紧凑地陈列着上百套内衣样品。其负责经理笑说，这些样品每隔两个月左右就要全部换新，生产种类太多，客户的需求太大，目前的样品展示量已经大大超出了负荷，人在里面都转不过身，每天都要接待好

几拨客户，一批批地来，挑得满头是汗。很累，却很有成就感。曾通说，这个行业在困难的时期对企业也是最好的机会，接下来通过优胜劣汰的洗牌，优质企业的春天已经来临。只要质量上去，订单就会跟上来。唯美的产值能达到年均五六亿元，在这个细分领域是相当不容易的。

曾通很感恩唯美有一支积极自律、凝聚力很强的团队。2016 年，“莫兰蒂”来袭，他在德国，焦急万分。可是台风过境第二天，唯美的员工互相发微信通知，早上七点，七十多名员工就自发来到公司，排水、搬运一刻不闲。到下午，已有一百多人在总部主动救灾，井然有序地挽救了企业损失。他说，企业取得今天的成绩，是对唯美团队多年来戒骄戒躁的积累和沉淀最好的回报。

现在，唯美制衣员工已有两千余人，管理团队成熟完善、生产流程完备专业，产品销往欧洲、美国及日本、东南亚等地，与德国、西班牙、瑞典、法国等国家八大品牌诸如 ZARA、TRIUMPH 合作，常年保持旺盛的生产力。公司目前每个月要出口一百多款、一百多万套女性内衣，甚至在最高峰时，曾年出口两千万套，员工团队每年忙到春节前几天都停不下来，加班加点赶工。

唯美制衣创立至今已历二十五载，现已是福建省最大的内衣企业，是福建省及厦门市纺织服装行业协会的会长级单位。曾通二十五年始终如一地做一件事情，如今能取得成功，靠的就是他的专注和诚信。

感恩思怀，嘉庚精神最好的诠释者

企业做强后，大部分企业家会选择跨界投资，或者有针对性地做一些公益回馈社会，以期更好地为企业发展锦上添花。而曾通不同，他把公益事业当成生命的另一半来经营。“我把公益融进生命的血液里。”曾通持之以恒的公益心与厦大精神密不可分。回忆起校主陈嘉庚先生倾力助学办厦大的历史，曾通表示，这位“了不起的教育家”正是他心目中厦大精神的代名词，是嘉庚先生推动桑梓教育的热情激励鼓舞着他饮水思源、回馈社会。他还说，出身教育世家，从小耳濡目染，懂得知识改变命运的重要。与做企业的专注精神一样，助学之路上他亦不会停歇。

近十五年来，曾通热心参加社会公益活动，为中国宋庆龄基金会、2008 年四川汶川大地震、厦门公益事业、厦门海沧的医疗卫生事业以及厦门佛教发展等捐款，累计金额超过三千五万元。2016 年，曾通被评为“厦门经济十大风云人物”之一；2017 年，获福建省“最美资助人”评选活动冠军，多次获授厦门市人民政府“捐资兴学尊师重教”金质奖章，并获集美区委、区政府授予“上善若水，大爱无疆”奖牌。面对诸多表彰，他始终怀着一颗淡定而从容的心，在他看来“回馈社会，是企业家应尽的义务”。

曾通向母校厦门大学捐资用于建设发展

“回报母校，奉献教育”是曾通人生捐赠计划的核心，知识改变命运，教育成就未来，他对厦门的教育事业倾注了满腔的热情。2006 年 11 月，灌口中学成为厦门一中集美分校，他应厦门一中集美分校荣誉校长林安怀的邀请前去考察。当时学校管理缺位、纪律涣散，师资力量薄弱，不少教师处在“在校是老师，放学是农民”的状态，事业心较差，每年考上本科的学生寥寥无几，有些年份的本一考取人数甚至为零。“孩子求学不容易，他们需要帮助。我对他们说，通过自己的努力，教育是可以改变自己命运的，这不仅仅是将来穿胶鞋还是穿皮鞋的问题。”

于是，曾通当即决定成立“唯美爱心助学基金”，用于奖学助学，资助高中贫困学生学费；同时对于考上一本院校的学生，提供一万至三万不等的奖学金，以此来激发教师勤于教学，学生努力学习，提升学校教育教学质量。2018 年，在跟随厦门校友会企业家分会赴厦门大学马来西亚分校，开启“厦大人献礼陈嘉庚”之行期间，有感于分校校区建设，曾通还专门向马来西亚分校捐赠人民币二百万元。

弹指一挥十余年，曾通为厦门大学、厦门实验小学、厦门一中、厦门一中集美分校、厦门一中校友会等教育单位捐资金额已达两千余万元人民币。在他坚持不懈的爱心捐助下，厦门一中集美分校的教学水平得到大幅度提升，如今已成为全省一级达标学校。此外，他还投资建设学校教学大楼、体育馆等场馆设施，校园环境已发生了翻天覆地的变化。

曾通感慨道：“人才是镇国重器，教育是兴邦要途。知识分子需站在国家的角度去回报这个社会，知识分子的方向就是国家的方向，知识分子的高度就是民族的高度。关注教育，不仅仅是政府的职责，也是社会各界共同的责任。”与对事业的专注不懈一样，他的公益不会停歇，现在他以年均数百万的爱心捐助延续着他的大爱精神，回馈着这个社会。

含德之厚，比于赤子，生活的波澜起伏在曾通弯弯笑眼中并未刻下沧桑的痕迹，取而代之的是岁月沉淀下的秋水澄净，是人生赠予这位大爱者的最佳礼物。叶底藏花一度，梦里踏雪几回，不论是作为商海沉浮、功成名遂的企业家，还是倾力为公、回报社会的大爱者，曾通仿若永远是芙蓉湖畔那个哼唱着民谣的文艺青年，永远怀揣着赤子之心追逐自由与梦想的不羁灵魂。岁月流逝，情怀不变！

（文 / 厦门校友会企业家分会；图 / 受访者提供）

郑晓君：把握人生的黄金切割点

人物名片：

郑晓君，厦门大学1984级计划统计专业校友，1989年赴澳大利亚学习深造，曾在蒙纳士大学EMBA项目学习。澳大利亚远东地产、远东实业、澳中能源股东CEO，北京同仁堂澳大利亚合伙人，澳大利亚维多利亚州福建同乡会名誉会长，澳大利亚维多利亚州福清同乡会荣誉会长，厦门大学墨尔本校友会会长。

栉风沐雨三十多年，身在大洋彼岸的郑晓君依然把当年在厦大经济学院课堂上学到的“黄金切割点”放在了心坎上：“不管你做什么大的投资决策，它都有利有弊，但你一定要计算在哪一个点切入才是最好的。这是贯穿我生命中很重要的知识，也是我做许多生意成功的原因。因为我知道，什么才是关键点。”从福清、厦门再到墨尔本，她用热情与坚持书写了人生的经纬。

八十年代的厦园风华

郑晓君出生在福清的一个归侨家庭，父母既是20世纪50年代的大学生，又是老师。从小就成长在教育系统里的她一直没离开过学校。在大环境的耳濡目染下，郑晓君的高考成绩十分优异：“80年代初期，福建高考录取线好多年都是全国第一。厦大的录取分数线和清华、北大是一样的；计统系又是厦大各专业里录取分数比较高的。”起初，郑晓君也在志愿填报表里写下了北大，而父母则不愿女儿离家太远。更重要的是，厦大校主陈嘉庚“爱国爱乡、感恩奉献”的精神也深

深触动着同为归侨的一家人。最后，郑晓君下定决心将表中的北大划去，这才成就了自己与厦门大学经济学院计划统计系的缘分。

1984 年，郑晓君在厦大校门口留影

大一时，计统专业的女生住在丰庭宿舍楼。当时的丰庭宿舍还只是幢筒子楼，楼里阴暗潮湿。定时供应的自来水聊胜于无，楼前的一口水井，成为女生们洗漱的重要源泉。“你可能很难想象，刚进厦大，同学们要学会的第一项技能不是高数、微积分，而是用塑料桶栓尼龙绳从井里汲水。”但物质条件的匮乏并不影响同学之间的深厚情谊。“一些家境贫寒的同学冬天是没有鞋袜穿的，我们看到这些同学，都会很热心地帮助他们，如果有谁没有饭票，大家都很愿意分享。洗床单、收被子、打开水上六楼，这些举手之劳的事情，大家都觉得是应该做的。”

计统专业注重培养学生的宏观意识、缜密逻辑和样本大数据理念，早在 80 年代，部分课程就已经使用全英文授课，师资力量也十分雄厚，云集了钱伯海、

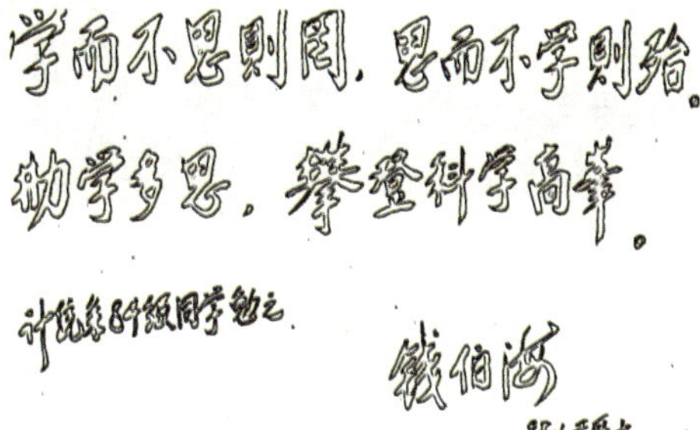

1988 年，钱伯海老师为 1984 级厦大计统系同学题写的赠言

黄良文等名师大家。虽然归属文科专业、招收的学生多是文科生，但数学课程却是计统专业不可或缺的核心内容，覆盖七个学期，学业压力、考试难度很大。所以在白天紧张的专业课程结束后，郑晓君和同学们都会背着书包满校园走，找到空座位便坐下复习课堂笔记、完成作业，主动开启晚自修的学习。

而专业学习之外，厦大的学风更可谓开放、包容。除专业课程外，学校还开设了各类型、各专业选修课供大家自由选择学习。当时，学校里还经常举办各种前沿学科讲座，很多讲座只要学生感兴趣，走进教室就可以听。作为当时厦大女排的主力二传，郑晓君的课余生活也同样精彩。她几乎每一天上午都在体育场训练，下午则会去白城的浴场游泳；她曾经还获得过全校女子标枪冠军并参加多届全省女排比赛。运动教给了郑晓君坚持和毅力，在体育场上挥洒汗水的日子也成了她大学期间最珍贵的回忆。

1985 年，福建省高校排球比赛冠军留念（第一排左二为郑晓君）

时至今日，郑晓君仍然对这种兼容并包的学习氛围记忆犹新，时常感慨正是厦大四年的学习时光给予了自己专业知识之外更全面的能力提升和素养储备。

努力是幸运的基础

从厦大毕业之后，郑晓君先在厦门的外资银行里工作了一年半。每天的工作紧张而又充实，白天的工作完成后，晚上还要参加银行组织的专业进修课程，银行委派英国、中国香港的金融家为大家开设世界金融课程。80年代末，中国的对外贸易方兴未艾。在这样一年半的专业和学习实践中，郑晓君积累了国际金融知识和押汇业务经验，接触了不少外贸业务员，熟悉了大宗商品的交易规则。这些经历也给她之后的矿业投资带来了许多助益。

1989年年末，郑晓君前往澳大利亚继续深造。凭借在厦大经院打下的专业基础，以及国内积累的客户资源，郑晓君早早就做起了自己的生意，从贸易一路做到餐饮，又在2000年与全球矿业巨头必和必拓公司（BHP）开展合作，从事矿产出口，将自己的事业带到一个新的高度。

一路走来，从外贸、餐饮连锁做到矿产、地产，郑晓君一直坚持丰富的投资组合，即“不把鸡蛋放进一个篮子里”。她说：“当时在厦大学到的宏观经济学给了我非常大的帮助，如果说投资是一张大饼，有了宏观的决策理念你就会知道现金流、固定资产和产业方面应该投入多少。这些都是原来我学过的，所以我觉得我比较得心应手，也比较自信。”

郑晓君近照

郑晓君常说自己很幸运，但旁人却不知道她也曾面临过身体与心灵上的双重挑战。在国外做生意没有那么多帮手，郑晓君又要生育两个孩子，就连怀着孕的时候也在上班。当时，她的矿产生意一年的营业额是两亿多美金，期货交易又讲究速度，稍慢一步就将损失一百多万美元的利润，尚在哺乳期的郑晓君就一边照顾孩子，一边工作，十分投入。“我其实在事业上花费了大量的时间和精力，所以对孩子的陪伴少了一点。虽然他们都很自觉念书，但我有时候也会对他们感到愧疚。”回想起往事，郑晓君也不无遗憾。

成功没有所谓的“秘诀”，“运气的基础首先是努力”。郑晓君认为有毅力、坚持不懈是最重要的品质。在从前的社会环境里，信息相对闭塞，除了坚持，成功还离不开智慧，包括对市场的全盘分析和宏观的决策理念，这也是她经历过金融危机，却依旧安然无虞的原因。时移世易，“现在的这一代年轻人，他们面对的信息量和竞争都更大，不存在谁的智慧特别高。所以谁的毅力越好，谁最后就会成功。”

“厦大人”是永远的骄傲

2016 年，郑晓君正式接任厦门大学墨尔本校友会会长一职，但其实早在十多年前，她就与在澳的厦大校友们结缘，并一同负责厦门大学澳大利亚校友会的准备工作。在当时，厦大也是澳大利亚当地最早成立校友组织的中国高校。后来，随着厦大赴澳的校友越来越多，便在澳大利亚校友会的基础上，在各州之间分别成立了校友会，以期增进校友联络与服务。

历经十余载，今天的厦大墨尔本校友会已经成为一个拥有近三百名成员的大家庭。在郑晓君眼里，每一位墨尔本厦大校友都为校友会的成立付出了诸多努力：为了给在墨尔本学习、工作的校友提供更多帮助，墨尔本校友会建立了专门的交流平台，老校友们为在澳升学、工作和投资的新校友提供了强大的支持。墨尔本校友会还定期组织了诸如徒步远足、羽毛球赛、高尔夫球赛和投资讲座等精彩纷呈的校友活动。念兹在兹，每年中秋校友们也会共聚一堂，在其乐融融的博饼活动中一同重温美好的厦园时光。

2020年伊始，新冠肺炎疫情蔓延全国。这种情况下，广大海外校友第一时间就想到了母校。在郑晓君的组织下，校友们纷纷慷慨解囊，但如何联络厂家购买口罩则又是一道难题。当时，澳洲本地的工厂不接受订单，校友们马不停蹄地联系了匈牙利、波兰和泰国的工厂，非常艰辛地拿到口罩资源，在元宵节当天将第一批捐赠医疗物资——两万只口罩运抵母校，支援母校抗击疫情工作。学校新型冠状病毒感染的肺炎疫情防控工作领导小组第一时间研究决定，优先向学校退休教职工发放口罩。在庚子元宵佳节这个特别节日里，将墨尔本校友捐赠的口罩第一时间献给教育培养过他们的老师们，传递厦大学子尊师、爱校、感恩的特殊情谊。除积极投身校友公益之外，郑晓君近年来也在社会公益中倾注了大量心血，她认为“这是对社会给予我们这么多机会和包容的回馈”。

2021年，厦大将迎来百年华诞，郑晓君也期待墨尔本校友会能与厦大校友总会及各分会之间有更多的互动，各个分校友会之间可以多相互拜访、学习和联欢。随着越来越多的厦大学子选择到海外发展，墨尔本校友也希望给新校友们搭建更好的平台，让他们更好、更快地融入澳洲社会。

时光荏苒，但“嘉庚精神”对一代代厦大人的影响却从未远去：“‘嘉庚精神’首先是爱国家、爱民族。校主陈嘉庚创办了厦大和集美学村，肯定是想让年轻人强大，民族强大，国家强大，而且他还非常有感恩之心。这种精神，必须在我们校友间一代代传承下去。”经国论平衡，致世数理优。这是四年厦大教给郑晓君的重要一课，也是与她相携一生的不变信念。从走进厦大、赴澳洲闯出一片天到回馈母校、奉献社会，郑晓君抓住了一个个属于自己的黄金分割点。

原音回放：

“希望年轻的厦大人能拥有独立的个性、动手的能力以及感恩奉献的公益之心。”

（文／学生记者 杨鑫滢；指导老师／曹立新；图／受访者提供）

董大胜：做一位有原则的审计人

人物名片：

董大胜，辽宁清原人，厦门大学1984级经济学院财政金融系财政学专业博士研究生。曾任中华人民共和国审计署党组副书记、副审计长，全国政协经济委员会副主任，中国审计学会会长等职务，享受国务院政府特殊津贴。参加编写著作二十余部，主要有《比较财政学》《现代企业手册》《新编纳税会计实务》《政府审计》《审计技术与方法》等，发表论文七十余篇。

难忘师恩　积淀扎实学术功底

梅贻琦有言："所谓大学者，非谓有大楼之谓也，有大师之谓也。"在辽沈大地长大的董大胜虽没有去过厦门，但是知晓这位于东海之畔、鹭江之滨的"南方之强"——厦门大学大师云集，因此慕名已久。20世纪70年代末80年代初，我国刚刚走出十年动乱，高等教育重归正轨，人们的学习热情空前高涨。1983年年底，董大胜从财政部财政科学研究所研究生部硕士毕业，回到辽宁财经学院（现东北财经大学）任财政专业教师。作为青年教师的董大胜，内心仍十分渴望有机会进一步深造读博，继续学习"充电"。

会计学专业出身的他，对厦大葛家澍、余绪缨等知名教授非常崇拜；做过政治经济学教员的他，熟读王亚南先生翻译的《资本论》；硕士攻读财政学专业的他，更是读着我国财政学界泰斗邓子基教授的著作和文章而成长。邓子基教授是我国财政学的奠基人和开拓者之一，是1984年全国范围内唯一招生的财政学博导，可以想象当时报考其博士生将面临何等激烈的竞争。怀着紧张又期待的心情，董大胜给邓教授写了一封信，询问是否可以报考他的博士生。让董大胜惊喜的是，邓教授很快亲笔回信，还给他寄来了一些考试复习资料。邓老的回信深深感动并鼓励了董大胜，在完成好教学任务的前提下，董大胜紧锣密鼓地进行考前复习准备，终于如愿成为邓老的学生。至今，他仍珍藏着邓老 36 年前写给他的亲笔信。

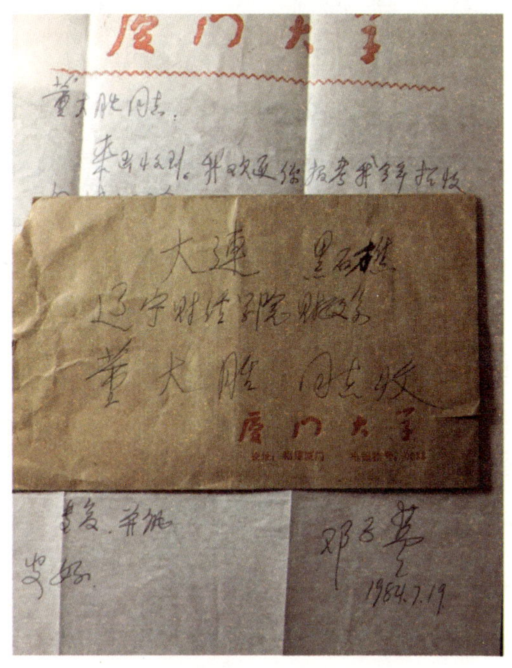
厦门大学

董大胜同志：

大连 黑石礁

辽宁财经学院财政系

董大胜 同志收

厦门大学

邓子基

1984.7.19

邓子基老师给董大胜的回信

1985 年，董大胜从渤海之滨的辽宁跨越半个祖国来到远在东海边五老峰下的厦门大学求学，这三年的求学时光让他终生难忘。回忆起自己师从邓子基教授读博的点点滴滴，他动情地说：“我还记得我们的专业课就是在凌峰楼邓教授的家里上的，时值中午，师母就会给我们煮上一碗热气腾腾的面条，我们一边研究比较财政学，一边享用午餐，此情此景历历在目，距今愈久印象愈深。”邓老的课程深入浅出、环环紧扣，不仅旁征博引、循循善诱，而且幽默诙谐、寓教于乐。学生们都说，来邓老家中听课，每次都不觉得是在完成学习任务，而是一种学习快乐。

1987 年 11 月，董大胜参加博士论文答辩

当时，“比较财政学”是一个新领域，尚缺乏这方面的专著或教材。为了培养学生的学术实践能力，邓老带着博士生们编写《比较财政学》一书。当时，董大胜和同窗葛南翔会俄语，另一位同学巫克飞会英语，邓老因材施教，让学俄语的两位学生重点研究苏联财政，而学英语的同学则重点研究英美财政。董大胜回忆说，作为博士生，能有机会参与前沿书籍的编写，其锻炼意义和学习收获可想而知。学生们分工协作、夜以继日，最终拿出了一部让老师满意的作品，也开启了一扇全面学习研究国外财政学的窗户。对于学生们的论文，邓老每篇都会仔细地修改，“勾勾圈圈，一字一句都详细地修改，连标点符号都要改过来”。春风化雨，润物无声。邓子基教授注重教学相长，以自己严谨的治学之术、亲和的为人之道影响着每位学生。董大胜感慨道：“我常常庆幸自己能成为他的学生，并深感自豪！这样好的导师，真是可遇而不可求，是我的福气啊！”跟邓老学习时积累的学术功底格外扎实，思考的领域更广，研究深度更深，这为他个人成才和之后的工作奠定了扎实的基础。

铭记教诲　做有原则的审计人

邓老对学生的关怀是终生的，他时时关注和指导着学生的成长，特别是在学生发展的关节点上给予了正能量的鼓励和指导。1987 年，董大胜完成博士学业后打算到北京发展，将博士三年所学的专业知识应用于审计工作一线。而当时毕业分配第一方案是到某部委或是其所属院校工作，这显然和自己的职业发展预期不太相符。在这个择业的关键节点，他把自己的想法向邓老汇报后，邓老果断表示“要遵从内心的规划和想法，我们再想想办法”。那时，国家审计署刚刚组建不久，急需补充人员，邓老帮刚毕业的董大胜积极联系到审计署工作，并协调福建省高教局重开了派遣证。忆及这段经历的时候，董大胜说，“可以这样说，没有邓老的大力帮助，就没有我在审计署的工作经历”，邓老的帮助让董大胜成功圆梦，也迈出了他在审计署工作生涯的第一步。

从 1987 年博士毕业后到审计署工作，董大胜从事审计工作已有三十余年。审计监督是党和国家监督体系的重要组成部分，在促进经济社会健康高质量发展、促进权力规范运行等方面发挥着重要作用。作为一位经验丰富的老审计人，董大胜一直强调审计工作的重要性。“我国目前正处于社会主义初级阶段，经济建设是中心工作任务。作为经济监督的审计，自然是必不可少的。所以我也非常庆幸当初邓老帮我选择了审计这个阳光职业。”

董大胜工作照

在谈到工作中遇到的比较棘手的事情时，董大胜表示，审计工作过程中会涉及揭露和查处有关经济违法违规的问题，在工作中难免会遇到说情、打招呼甚至直接干预的情况，在进行核查时面临的潜在风险是工作中遇到的重大挑战。董大胜回忆道，前几年在工作中，他们审计人员怀疑有一批进口的商品可能是想逃避关税。“我们就化装成买家谈，但又要防止黑社会。甚至有一线人员受到威胁的，比如打电话到家里，说多少钱要你条腿、要条胳膊。”董大胜坦言，如果有案件线索却没有查出来，审计就是失职。独立、客观、公正、责任、廉洁是审计人的职业道德和审计的核心精神，无论案件背后面临何种风险和挑战，这都是审计人要遵循的一份坚守。

2017 年的“两会”中，提案聚焦银行不良贷款真实性。董大胜了解到，当时有些银行包括国有大型商业银行、股份制银行和地方中小银行在不良贷款统计上不够准确，真实的数据可能会高一些。董大胜始终认为，要以事实为依据，在经济下行、银行利润增长比较缓慢的背景下，监管部门要允许银行实事求是来形成利润，应该从政策上给银行自主消化银行贷款的能力，并建议监管部门加强对商业银行不良贷款统计的监管。坚持以事实为根据、以法律为准绳是董大胜一贯的态度和原则。

不忘初心　演绎多重角色

董大胜不仅仅是一位经验丰富的审计领域专家，也是关怀母校的厦大校友、直言不讳的政协委员。同时扮演着多种不同社会角色的他在这多重身份中切换自如，持续发光发热，努力运用自己丰富的实践经验和理论造诣发挥着积极的作用，始终如一地向社会各界传递审计的核心精神。

作为审计领域专家，董大胜积极参加辽宁校友会的活动，为金融服务民营企业的发展献计献策。2019 年 4 月 6 日，正值校庆日，董大胜牺牲假日时间应邀参与厦大辽宁校友会联合沈阳日报社召开的金融服务民营企业座谈会，结合自己多年的审计工作专业经验，从信用风险防范、金融风险控制等角度，围绕金融业如何更好地服务民营企业、小微企业，向来自辽沈地区金融系统的从业者分享了建设性的意见和建议。

作为厦大校友，董大胜始终与母校学子保持着密切的联系和互动。在母校的财税相关领域的学术研讨会上，少不了董大胜的身影。2019 年 6 月 24 日，“减税降费的时代要求与政策分析研讨会”暨第七届“邓子基财税论文奖”发布会在厦门大学举行。年逾花甲的董大胜不远千里飞回厦门，针对新时代减税降费的理论与政策问题与青年学生展开交流。此外，向青年学生分享自己的工作经历的同时，董大胜提出了殷切的希冀，勉励学子们要学习邓教授潜心治学、坚持真理的治学之道和笔耕不辍、积极向上的人生态度。

三十余年的审计工作生涯，董大胜用厦大人的专业、公正和求实充分诠释出审计精神的蕴意，本应颐养天年、安享退休生活的他步履坚定，从未停止前行的脚步。毕业多年，董大胜对母校和恩师的培育念念不忘，每当他重归母校，胸膛里萦绕着的始终是浓浓的温情……

原音回放：

“母校带给我三点，一是运用马克思主义的立场、观点、方法来研究经济学；二是深入实际，与时俱进，不断创新；三是学贯中西，兼收并蓄，吸收一切人类文明的优秀成果。”

（文 / 学生记者 徐素珍；图 / 受访者提供）

陈壬：自强不息，心系桑梓

人物名片：

陈壬，厦门大学1985级艺术学院美术系校友，澳大利亚太平绅士。先后从事过广告设计、策展、媒体、房地产策划等工作。2012年与先生卢哲文校友在悉尼共同创立爱尚控股集团，涉及地产、文化、艺术、投资等领域。现任厦门大学澳大利亚校友会会长、澳大利亚中澳青年企业家联合会主席、澳大利亚厦门商会暨联谊会会长、澳大利亚福建总商会名誉会长。曾任澳大利亚洲文化与视觉艺术委员会董事、澳大利亚4A亚洲当代艺术中心董事。多年来致力于促进中澳文化艺术和经贸的交流与合作，曾多次参与主办两国间的大型公益性文化艺术项目。

回忆厦园，开阔视野奋力前行

回忆起当年报考厦门大学艺术学院，陈壬说主要是受到艺术家父亲的影响。“小时候家里有一面墙专门用于展示我和弟妹的诗书画作品，父母每个周末都会给予点评。”家庭的文化熏陶使她自幼就对文学艺术显露出强烈的爱好和天赋。从初中开始，陈壬多次参加省级中学生美术比赛获得荣誉，她的诗歌和作文也常在媒体上发表。

1985年，陈壬考入厦大艺术学院美术系，院长魏传义和洪瑞生、李维祀、洪惠镇等一批德艺双馨的优秀艺术家不仅教她艺术之道，也授她做人之道。陈壬谈到，在厦大这所学风自由开放的综合性大学上学，认识了来自天南地北的同学，他们学习不同专业知识、思想活跃，让她拓宽了视野，也让她拥有了跨学科的思

考能力、创新能力，令她终身受益。

厦门大学1985级美术系毕业展

“我选择学习广告设计专业，这个专业在实际工作中考验的不只是设计能力，更重要的是综合能力，”陈壬说，“当时的课程设计是在正式学习设计之前，学生必须接受两年严格的传统绘画训练，国、油、版、雕都要学习。只有绘画能力和创意才能是不够的，老师还要求我们学习美学、心理学、市场营销学等方面的知识，我们个人还需培养自己良好的沟通能力、表达能力，只有这样才能应对设计行业中客户多样化、个性化的需求。”

陈壬在大学期间就积极参加各种专业实践活动，她的作品在“漳州·中国水仙花节”海报设计大赛中荣获一等奖，并中标了厦门市铁路工人疗养院的标志设计。值得一提的是，她为厦门市青少年宫设计的宫徽至今还在大楼外墙上。

转换角色，超越自我刷新人生

“人生前进的道路远不止一条，只要你愿意尝试。”陈壬从事过设计师、策展人、杂志总编辑、房地产策划师等职业，经营管理过广告、媒体、房地产等企业。

回望陈壬离开厦大校园之后的人生路，她的角色一直在转换。

厦大毕业后，陈壬进入厦门市商业广告公司担任设计师，三年后陈壬辞职创办了自己的元兴广告公司；1999 年，正当公司蓬勃发展之时，陈壬带着看世界的愿望，移居澳大利亚珀斯。

初到异国，首先遇到的是语言难关。陈壬回忆道：“抵澳最初十年，我每天强迫自己看英文电视，找工作只找西人公司的，朋友说我是‘自虐’，但没有压力哪来动力？”在苦读两年英文和网络设计之后，陈壬凭借丰富、成熟的设计经验成功进入在澳拥有十七家分公司的奥林匹克出版社担任设计总监，迈出了在澳大利亚职业生涯的第一步。

2007 年，陈壬进入珀斯画廊工作，开始涉足艺术品收藏领域。受当地华文媒体的邀请，她主持“陈壬谈艺术”“陈壬看当代中国艺术”等专栏，先后做过五十多位中澳著名艺术家、收藏家的访谈。陈壬说：“我把每一篇专栏文章都当作我的学习笔记。”2010 年年初，陈壬到悉尼访问第十七届悉尼双年展总策展人 David Elliott，并在他的建议下离开居住了十年的珀斯，举家迁居至悉尼。

在悉尼这个国际大都市，陈壬获得更多的发展机遇。2012 年，陈壬应邀出任第九届上海双年展公关总监和澳洲国家馆的策展总监，她参与策划的主题为“东张西望”（The Floating Eye）的展览在上海向中外观众呈现了澳大利亚多元化的当代艺术风貌，此项目获得 2012 年澳大利亚联邦艺术部的亚洲艺术大奖（Australian Arts in Asia Awards），并获得三个单项奖提名。2014 年，陈壬在悉尼策展了“追寻”（Seeking），这是澳大利亚华裔艺术家最大规模的一次集体亮相。同年，她还与新华社悉尼分社联合策展“新华影廊 · 丝路帆远”，展览再现了历史上中西方经贸文化交流的盛况，也回顾了中澳两国友好交往和互惠合作的历史进程。

2012 年后，陈壬先后担任过澳洲最大华文媒体澳星传媒集团悉尼地区总经理和南海传媒副总经理，管理过报刊、电台、电视、网络、公关策划等全媒体平台，指挥团队出色地完成了一系列中澳文化艺术交流项目。多年的跨文化传播实战经

验带给陈壬很多感触，她认为，中国对外文化交流的项目要在融通中外上下功夫，不能“自弹自唱”“自娱自乐”，还要走出“中国城”，才能走得顺畅和长远。

陈壬主持第二届中澳跨境电子商务峰会新闻发布会

陈壬多年乐此不疲地为中澳文化艺术交流铺路搭桥，她的付出和执着获得中澳文化艺术界的认可和赞誉。2012 年，陈壬相继受邀参与管理 4A 亚洲当代艺术中心和亚洲文化与视觉艺术委员会（VisAsia）这两个在亚太地区颇具影响力的澳大利亚文化机构，成为这两个成立二十多年的机构中唯一具有中国背景的董事会董事，真正融入澳大利亚主流文化圈，有效助力中国和亚洲当代文化艺术的传播。

除了积极推动两国人文艺术交流，陈壬还热心为中澳两国的经贸合作交流搭建沟通的桥梁。她于 2010 年开始担任澳大利亚福建总商会的秘书长，后又出任中澳青年企业家联合会主席，2019 年当选澳大利亚厦门商会暨联谊会会长。陈壬说：“一代代华人带着血脉中的中华文化，在海外繁衍生息，海外华人社团组织最重要的是将大家凝聚起来，互帮互助，凝心聚力，共谋发展。”

2019 年，陈壬受邀参加福建省政协会议，为福建新发展建言献策；还作为海外优秀华人代表受邀进京参加新中国成立七十周年系列庆祝活动。谈起在天安门观礼台上现场观看盛大阅兵式和群众游行的经历，陈壬说：“那是我人生最值得珍藏的时刻！”

如今陈壬创立的爱尚控股集团旗下的爱尚置业是集房地产开发、销售、租赁管理和投资管理等综合性服务的房地产公司，另一家公关策划公司爱尚咨询侧重为澳大利亚本土企业做中国市场的推广和品牌营销，近年来也策划承办过多个中澳经贸交流活动，如 2015 年和 2016 年的两届“澳中跨境电子商务峰会暨展览会”。

饮水思源，感恩母校回馈社会

“厦大人首先要不忘校训，自强不息、止于至善；其次要以校主陈嘉庚为榜样，回馈社会。”对于前者，陈壬不断超越、不懈追求已然是对厦门大学精神的诠释，而谈及回馈，作为第七届、第八届厦门大学澳大利亚校友会会长的陈壬言语间洋溢着自豪和喜悦。

2018 年 2 月，陈壬和中国驻悉尼总领事馆工作人员为获得首届“南强励学金”的校友子女颁奖

2018 年，澳大利亚校友会在第二届厦门大学全球校友会先进工作单位评选中

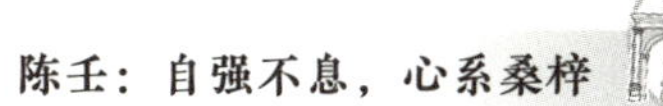

荣获“特色校友会”称号。现在每年陈壬都和理事们精心策划举办“芙蓉杯”徒步赛、中秋博饼联欢会，在春节团拜会上颁发“南强励学金”以鼓励校友子女弘扬厦大自强不息的精神，通过自身的刻苦努力成为社会的栋梁。校友会活动丰富多彩，校友之间的交流互动也多了，校友会的凝聚力大大增强。

陈壬组织校友和厦门乡亲为母校、为祖国捐款捐物，共克时艰

2020 年年初，新冠疫情暴发后，陈壬组织校友们千里驰援，为母校、为祖国捐款捐物、共克时艰。她组织校友会联合武汉大学澳大利亚校友会为武汉医院捐赠三万两千件防护服，发动校友和澳大利亚厦门商会暨联谊会联合捐赠一万件隔离服捐给厦大和厦门的医院，她个人也捐赠五千件隔离服给漳州的医院。当疫情开始在澳大利亚境内蔓延时，陈壬和校友会又在第一时间组织一批口罩供应给校友们，还为六十五岁以上的校友提供免费口罩。陈壬表示：“在澳大利亚，校友们心系祖国、心系家乡、心系母校，践行的是‘感恩、责任、奉献’的嘉庚精神。同时，我们的校友也努力树立华人华侨良好形象，积极履行自身的社会责任，为母校争光。”

原音回放：

“海外厦大人应该拥有校主陈嘉庚心系桑梓的赤子情怀，爱国、爱校，同时在所在国积极履行力所能及的社会责任，服务社会，树立海外厦大人的良好形象，为母校争光。”

（文 / 学生记者 章立汸；指导老师 / 曹立新；图 / 受访者提供）

左敏：传承厦大血脉的“担当者”

人物名片：

左敏，湖北孝感人，经济学博士。厦门大学 1985 级会计系本科、1997 级工商管理硕士。本科毕业后即投身福耀玻璃参与公司创业，1993 年进入董事会，现仍是福耀玻璃股东之一。2006 年在原福耀湖北公司基础上创办捷瑞 ——中国第一家专注于汽车玻璃连锁服务品牌，现任捷瑞集团董事长、“湖北省担当者助学服务中心”发起人 / 理事长、厦门大学“中国企业社会责任研究中心”理事长、楚商联合会汽车后市场分会会长、湖北省汽车流通协会会长等职。

激荡潮流中　树立坚实定力

左敏在厦大读本科是 20 世纪 80 年代的事情。

彼时万象更新，社会迈入转型发展的新阶段，各种前所未有的机遇、各式闻所未闻的观念如雨后春笋般冒出，从四面八方朝着像左敏这样的学生滚滚涌来。回忆往昔，左敏言语间无不洋溢着亲切的怀恋，他十分庆幸自己能够在那样懵懂的青年时代里结缘厦大。母校，为他迷茫的心灵提供了安定的归宿，也在他身上烙下了深深的印迹。

比如，左敏就清楚地记得，在自己内心倍感压抑的那段日子里，正是班主任真挚的关怀化解了他的困惑，那一席“放慢脚步，看看脚下的小草，看看身边的大树，仰望蓝天”的话，让他豁然开朗，也由此找到了纾解情绪的出路。还有校党委、校团委的老师，院系的辅导员，他们对学生身心的照顾和负责都给青年左敏留下很深的印象。

大学时期的左敏

谈起自己在会计系里的专业学习，左敏第一个想到的便是葛家澍先生。厦大作为在工商管理教育和研究方面有悠久历史的大学，于 1982 年在全国率先成立经济学院，由著名会计学家葛家澍担任院长。会计系和企业管理系则是 1985 年从会计与企业管理专业独立出来、分别设系的，从中走出了一大批像左敏这样优秀的会计、企管人才。

左敏满怀敬重地回忆起葛家澍先生等一众老教授，以及他们身上所共同体现的那种严谨治学的精神、极尽务实的学风和无私的奉献精神。左敏认为，这些正是厦大鲜明的特质——从校主嘉庚先生倾资办学、献身教育的举动发源，到历任校长、学术带头人，再到走出厦大的学生，都是一脉相承的。老师们身体力行，为学生树立标杆和榜样，让年轻的左敏自校园里就坚定了用自己所学的专业知识，脚踏实地地去付出、去回馈社会的人生目标。正如他一直强调的，读书、就业，并不是为了成为一个所谓名利双收的人，人生路途很长，要将目光放得更远些，要将个人命运与国家民族发展紧密联系起来，“就像一滴水融入大海”一样。

1985级会计系毕业二十周年合影

红海市场外　担当企业责任

1988年，左敏在学生会举办“青年的使命”主题研讨会。在为这次活动四处寻找赞助的过程中，他机缘巧合地遇到了福耀玻璃的曹德旺先生。

这么多年过去了，左敏还一直记着当初第一次见面时，曹德旺先生对他说的那番语重心长的话：“中国的汽车玻璃市场巨大，过去以进口为主，价格昂贵且终端服务不好，我们计划为中国人做一片属于自己的高质量玻璃，需要你这样的人才。”

要知道，那时候曹德旺先生创立的福耀还只是一个刚注册不久、名不见经传的小公司，像一株在山坳里静待成长的幼苗。但左敏却坚信，能说出这样一番肺腑之言的企业家，定能成就非凡的事业。曹先生身上所展现的抱负和格局、心系国家的使命感，与他在大学里感召到的厦大精神产生了共鸣，因而他与曹先生一见如故，也在毕业后毫不犹豫地选择进入福耀。

斗转星移，现如今福耀集团早已是国内最具规模、水平最高、出口量最大的、专注于汽车安全玻璃和工业技术玻璃领域的大型跨国集团。而对左敏来说，这几十年的风风雨雨，从生产车间的工人，一步步做到集团第一副总裁、财务总监，他见证了自己和福耀的共同磨砺和成长，也在福耀发展壮大的进程中立下了汗马功劳。

2006 年，左敏从福耀集团功成身退，在武汉耀华的基础上建立起捷瑞汽车玻璃公司，将责任和使命的践行带到汽车玻璃市场。谈起创办捷瑞的初心，左敏说，他有感于当时国内汽车玻璃售后修配行业的散乱，恶性竞争频发，企业与企业间、企业与客户间也缺乏基本的信任，深知这直接影响着广大司乘人员的生命安全，以及行业未来的可持续发展，便提出“利他”“呵护”作为捷瑞的核心理念，并以捷瑞为平台，实施了一系列不同寻常的创举：对同行，他改变传统上以灌输、收购、整合为手段的竞争策略，摒弃过去对手间你死我活的红海市场，转而倡导合作共赢，为同行输送利益，同时与保险公司、制造商、经销商、供应商建立联系，在相互成就中打造一个良性运作的产业链；对车主，他倡导信任和真心，处处为车主的利益着想，真正为他们提供可靠的服务和保障，为他们遮风挡雨、保驾护航，以此回归“企业 3.0”方案的本质，即以客户为中心。

左敏近照

由这一点出发，左敏进一步阐述了自己对企业和企业责任的独到领悟。他说，

商业的本质不是狭隘的赚钱机器，利润也不是一个企业追求的终极目标。企业的本意其实是去完成一项社会分工，承担一份社会责任，然后利润成为其自然结果。一方面，赚钱当然是必要的，这是企业生生不息的物质基础；但另一方面，汲汲于名利只会限制自己的智慧。所谓企业责任的真谛，实际上就是借用商业的逻辑、体系和效率做一项类似“公益”的事业，去有利于客户，有利于行业，有利于社会，乃至有利于国家。

如今，已然经历大半生的左敏依旧保持着充沛的精气神和十足的干劲，他对担当责任的践行依然在路上，并将眼光投向更为遥远的地方。左敏说，自己将用接下来三十年的时间，在这个民族复兴的关键节点，努力把捷瑞打造成一个全球知名的科技生态平台，将利他的理念、将爱和光明传播向更广阔的空间，去满足更多人对美好生活的向往。正如习近平总书记所说：“我将无我，不负人民。”左敏的行为，恰恰是在他的领域里对这句话做了一个精妙的注解。

生活处世中　践行公益担当

谈起自己所做的公益事业，左敏平静地说，公益绝不是居高临下或是高尚的施舍，它应该成为一种生活状态和生活方式。

左敏参与公益活动

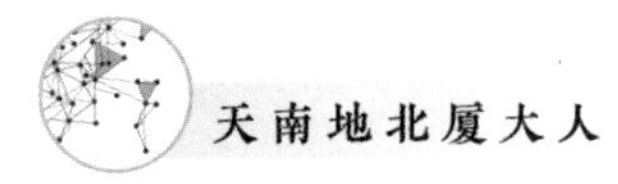

2009 年，左敏联合几位爱心人士发起“担当者”助学服务中心，2013 年，“担当者”正式在国家民政部门登记注册，由左敏担任理事长。“担当者”的定位是以传播传统文化为主要方向，面向全国贫困乡村学校、城镇打工子弟（留守儿童）学校开展助学活动的合法公益组织。

从“担当者”的“知行合一”项目里，我们可以看见左敏倾注了自己对孩童一代的殷切期望：“班班有个图书角”，让孩子们从优秀的经典中汲取滋养和精华，有所体悟；“班班有个绿化角”，让孩子们热爱劳动，亲近自然，体验生命成长的趣味和快乐；“人人参与清扫道”，则培养孩子们感恩、惜福、自我担当的精神，用实际行动践行担当理念。

自成立以来，“担当者”的行动也在不断向前发展：2014 年，累计捐建图书角两千多个，捐建图书二十多万册；2017 年 7 月，启动“全球读经，《大学》一百”项目，在推广“经典阅读”的基础上，加入“经典诵读”的推广；2017 年 8 月，启动“担当者经典教育师资培训”公益项目，每年暑假招募乡村教师进行经典师资培训。

左敏还回忆起助学过程中的一件小事：“几年前，有一次我去到广州的一个学校去回访。校长跟我们讲，以前在他们的学校里面，校长跟主任之间有些矛盾，学校的学风也不是很好。”然而在“担当者”来临后，学校的氛围却悄然发生着转变：成员们的一举一动、他们对这些陌生孩子发自内心的关爱，让学校里的老师和领导都备受感动，校园里也开始有了孩子们朗朗的读书声。最后，该校成为当地的德育教育示范基地。看到一个小小的善举竟然能够感染整个学校的人，带来如此喜人的变化，左敏内心是欣慰的，他说：“润物细无声，这更加坚定了我们去做这个事情。”

左敏将公益视为一种成人达己的自我修行，“就是仁者爱人。我们以一颗善心和一份善意去对待万事万物，对待身边的每个人，这个过程本身就是公益的发端”。

精神世界里 追随校主精神

毕业后，左敏始终心系母校。他谦逊地说，每次回到厦大，都愈发感觉自己仍是一个在学习的学生。“这是一种回归，知道自己是从哪里出发的。”

2010年秋，左敏回到厦大，经过与时任校长朱崇实教授的协商后，在王亚南经济研究院成立了“企业社会责任研究中心”。左敏说，成立这个中心的目的，首先当然是作为一个学术研究机构，充分发挥厦大校友在专业方面的资源优势，但还有一个重要的目的在于，中心以“弘扬陈嘉庚精神，传播企业社会责任理念”为宗旨，左敏希望以建立中心为契机，将嘉庚精神编成一本手册，作为新生入学的基本读物，让厦大的历史、厦大的精神得以更好地融入每一个厦大人的血脉之中。左敏对母校的拳拳盛意和良苦用心可见一斑。

进一步回顾左敏与厦大的一系列联系，也许我们会感到一丝意外：20世纪80年代，左敏在厦大校园里结识了相亲相爱几十年的妻子；1997年，左敏毫不犹豫地选择厦大就读工商管理硕士；2010年，厦大按照共青团中央的选定条件，在捷瑞设立“青年就业创业见习基地”，首批厦大实习生也在同年八月抵达捷瑞；2011年，厦大九十周年校庆时，左敏出资赞助了慈善音乐会；2019年，左敏作为武汉校友会副理事长，做“发扬嘉庚精神，担当幸福人生”主题演讲……左敏的学习、工作和生活，他的思想和行动，无不刻着深厚的厦大烙印。左敏的“厦大情结”，左敏与一众厦大人的系连，是千丝万缕的，是刻骨铭心的，也是难以用三言两语简单概括的。或许就像他自己说的：“因为（我们）有共同的基因，我们是有校主的。这也是为什么厦大的学子，在全球，一听说是厦大的大家就亲如兄弟姐妹。因为我们是有爹有娘的，有根有魂的，这是我们的传家宝。”

的确，纵观全世界，极少的大学会将自己的创办人尊称为“校主”，校主陈嘉庚的精神在一代代如左敏这样的厦大人身上留下印迹，在一代代如左敏这样的厦大人身上得到延续和传承，正体现了厦大鲜明的传统和文化。

“我觉得这就是厦大特有的一种精神，特有的一种灵魂。”左敏无比自豪地总结道。

原音回放：

“作为一名厦大的学子，我们要把嘉庚精神置入到我们的生命之中。无论是创业还是就业，无论是去政府机关还是去企业抑或是继续深造，都应该像校主一样，拥有一个更大的格局胸怀。只有这样，才能真正地更好地去舒展生命，才能把自己的聪明才智更好地发挥出来。这就是自信的根源。”

（文 / 学生记者 林毅；图 / 受访者提供）

林冰：多重身份叠加下的知性才女

人物名片：

林冰，厦门大学1986级物理系光电子专业校友，现任阳光控股有限公司执行总裁，曾任福建龙净环保股份有限公司董事长、福建星网锐捷通讯股份有限公司党委书记、福建四创软件公司董事长。荣获“2010年度杰出创业女性”、全国“优秀党务工作者”、全国“巾帼建功”标兵、全国“知识产权管理先进工作者”、“福建省三八红旗手标兵”等荣誉；曾任中国共产党福建省第八、九、十次党代会代表，第十四、十五届福州市人大代表，政协第十二届福建省委员会委员。林冰还担任了厦门大学福州校友会副会长，以及福州校友会女校友分会会长，这是厦门大学全国范围内第一个以女校友为主体的校友组织。

意气风发的女性企业家

在星网锐捷工作期间，如何在飞速发展、竞争激烈的互联网行业中带领一家网络通信企业突出重围，打造出自身特色，是摆在林冰和她的团队面前的首要问题。2008年，星网锐捷成功跻身国家首批创新型企业及国家级企业技术中心之列，成为海西地区唯一进入创新“国家队”的网络通信企业；2010年6月，星网锐捷成功上市；目前，“星网锐捷”已成为品牌价值一百三十二亿的中国知名品牌。这一切成绩，印刻着林冰作为企业领导的辛劳付出与意气风发的管理风采。

行业特质和专业属性使然，在创新型网络通信技术企业高管的名单中，女性的名字寥寥无几。因此，“女性企业家”注定成为林冰的一个重要标签。对此，林冰坦言，发挥女性的特质的确会在企业运作管理过程中带来很多优势。比如在团队合作中，女性的宽容和温婉，往往会令一个团队暂时搁置争议，更好地团结在一起，更好地执行计划。

“我身上有一个特质，便是敢于接受任务，然后设法好好地完成。”林冰认为自己是幸运的，没有刻意地去追求什么目标。而这份幸运，无疑是来源于他人对其能力与责任感的信任。将时间拨回到 1990 年的毕业季，那时笼罩在 1986 级校友们上空的是迷茫与无措：他们是第一届国家与学校不再统一分配工作，学生和企业双向选择的大学毕业生。前方的路途是未知，也可能有机遇，挑战与压力如影随形。“我们都不知道该怎么办，可我们也都要勇敢地去尝试。”她说，人生就像一场马拉松，无论慢或快，都会在求职或创业的道路上，不断摸索并找到属于自己合适的位置和节奏，学会让这一路的工作和生活变得有意思、有意义。

林冰近照

林冰的意气风发，是女性特有的包容与付出，是一份挑战自我的勇敢，是对工作竭心尽力的付出。

果敢跨界的新创业人

林冰对自我的评价是“果敢”。如不是果敢，也不会在已“不惑”而近“知天命”之时，选择跨界，选择从头开始。2017 年 7 月，林冰出任龙净环保董事长，进入一个全新的领域，富于创新，勇于担当。“不是我努力地策划，而是恰好机会到了，我又恰好喜欢，便去做了。”言语中的率直和果敢，是对待工作的“不纠结”，是自信，更是不畏失败的勇敢。

如此，才会有她作为校友代表在 2017 年毕业典礼上致辞发言的一段话：“作为厦大学子，在复杂多变的社会中，唯一能做的，就是做最好的自己；实在做不好，就算了，就认了，就 PDCA（计划 plan、执行 do、检查 check、处理 action）去了。”这份果敢中透露着一种智慧，透露着一股女性的自信与韧性：失败了就重新策划，再次出发，无须质疑自己；面对生活与工作的重压与波澜，“放弃”吧，“迂回”着，以柔克刚，以柔胜强。

2017 年 6 月，林冰作为校友代表在毕业典礼上发言

如此，也就似乎读懂了为什么面对三十多年工作的历练，林冰却仍是一副云淡风轻的闲适与温婉，没有磨失她的本性。

“大学给予我们的是终身学习的能力”，工作中的林冰从没有放弃对自己的提升，闲暇时间的她仍在不断地阅读与思考。因而，面对重新开始的未知，林冰并不担心，她深知，前方注定有挑战，但不能故步自封，她坚信自己的阅历和能力足以支撑，应厚积而薄发。

林冰的这次跨界与重新开始，是一份坦然的果敢，是一次厚积的薄发，也是一次从心的选择。

热血柔情的校友会会长

在果敢干练的标签之外，林冰还是个热血柔情的人。母校给予她无微不至的关爱和教育，她感怀母校时光，并以行动感恩母校。

厦大求学时期的老照片（前排左一为林冰）

作为厦门大学福州校友会副会长、全国第一个女性校友分会会长，林冰在繁忙的工作之余积极组织并参加各种校友活动，为福州校友会女校友分会倾注了许

多心血。林冰乐在其中，她表示，校友们踊跃参与，聚在一起交流，一起尝试，一起学习与进步，这也是“大学”在校友们日常生活中的一种延伸。女校友分会除了校庆时的传统活动，平时也会不定期策划各类主题活动，如古琴学习会、农家乐、礼仪课程、旗袍 T 台秀、看演出、听音乐会。“大家一同分享，一同进步，一同提升自己。”

林冰还热心参与母校的其他活动，2016 年 12 月，林冰重返母校，担任厦门大学“芙蓉花开——女大学生创新创业论坛”主讲嘉宾，以 IT 上市公司中为数不多的女高管在职场中的“实战”经历，鼓励学子们敢于突破舆论的压力、勇于跨越传统的羁绊，增强自身的社会竞争力，拥有敢为人先的创业者精神与素养。

“交给我的，我就认真去完成”，这流露出的不仅仅是一种认真负责，更是一种真诚，一种女性的担当与柔情。

多思善感的女诗人

林冰不是“丁香一样的姑娘”，而是新时代的知性才女。理工科出身的她，处事自有逻辑与理性，但深厚的文学底蕴亦令她洋溢和焕发着才女的智慧和柔情。

孔子说，君子事来而心始现，事去而心随空。林冰的果敢、不纠结，使她既以专注于事业，同时也能享受生活。正如她所说，我们应当“拼搏与探索”，也应当“善于欣赏星空和远方”。她的知性与温婉，来源于她对生活的爱与感悟，来源于她对书籍和文学的热爱。在生活中，她卸下职场的“包袱”，转变为女诗人，以感性的视角，柔软的心境，去感悟生活，以笔下肆意流淌的文字，来叙述她对生活无限的爱与柔情。

1990 年告别校园时，她以一首《告别了》来诉说对母校的爱与不舍：“告别了……秀丽的校园，多情的芙蓉湖，潮起潮落的厦大海滩。轻轻地我拉上了帷帘，想遮挡那无法抗拒袭心的悲泣，那无法抗拒揪心的分离……”多年后，再回首母校，她说：“我可不可以回去，回到厦大美丽的校园”；她说：“我可不可以变成，随时随地出现的样子……凤凰花盛开，想着青春难忘的踪影，听着昔日熟悉的旋律……”。

原音回放：

用一首诗作为对学弟学妹们的寄语：

你

你是你自己的梦想

不是别人的

你是你自己的希望

不是虚无的

朝阳般灿烂的年华

风雨兼着星辰

少年的心与青春做伴

激荡起岁月的波澜

（文 / 学生记者 镡旭璐；图 / 受访者提供）

单祥双：漫漫创业路，浓浓反哺情

人物名片：

单祥双，厦门大学1986级会计系校友。曾先后任职于国家教委系统、国家交通部系统、招商局集团（北京公司）、招商证券。2000年12月创办中科招商并出任总裁至今，2006年任中科招商董事长至今；现同时兼任中国创业投资专业委员会联席会长、中国生产力促进中心协会名誉会长等职。

他曾持无座车票，南下三千多公里求学；也曾毅然辞去北京公职，远赴深圳创业。

他曾在图书馆内饱览诗书、早立长志，也曾在创业探索中自成理论、频撰论文。

他曾在校园小路上不顾风雨、执着奔跑，也曾在商业道路中力克艰险、屡创佳绩。

他始终挂念着母校给予自己的温暖，也为母校捐款千万，盼她发展更好。

他是单祥双，厦门大学会计学专业校友，中科招商集团董事长。

鹭岛校园内，早立鸿鹄之志

1986年夏天，出于“去一个冬天不冷的地方”这样单纯的想法，祖籍山东菏泽单县、生长于黑龙江绥化的单祥双在高考志愿表上填下了“厦门大学”。同年秋天，他背负行囊，乘了三天三夜的无座火车奔赴鹭岛，开启了自己的求学之旅。

踏入厦大校门之后，赏心悦目的风景洗去了单祥双旅途的疲惫。在这座美丽的校园中，他曾聆听会计专业师长的教诲，培养了财务分析等基本功，对“分类汇总、汇总分类”有了更明晰的认识；也曾漫步校园，在校主陈嘉庚的雕像前伫立静思，于心中树立起“陈嘉庚先生是我一生的榜样”的执着信念。

自童年起，单祥双就表现出了不惧困难、乐于思考的能力：他曾在面对比自己还高的大鼓时，机敏地以击鼓唤人的方式，引来七八位陌生的小朋友，并告诉他们“只要参与抬鼓，每人可以敲十下鼓”，从而顺利完成老师安排的“抬鼓”任务。经此一事，单祥双意识到了“随机应变”的重要性，他也逐渐感到这个世界上“没有解决不了的问题，只是没有找到解决问题的方法，我们需要具有勤奋而执着的求索精神”。

中学时期，单祥双在阅读《名人名言》时，便将恩格斯所说的“有所作为是人生的最高境界”当作了自己的座右铭。来到厦大后，他更是以校主陈嘉庚为标杆，要求自己一定要有所作为，让有限的人生发挥出无限的光芒与价值。课堂之余，单祥双花了大量时间在图书馆阅读各类书籍。翻看书本之时，他喜欢不断提出问题，并常常思考“如果我来写，会如何组织目录”，再和原书进行比较，以提升自己的思辨能力。经过了广泛的阅读，单祥双发现自己对人物传记，尤其是世界五百强企业家的传记格外感兴趣，在深入了解这些企业家的生平事迹之后，他逐渐萌生出了“创业”的想法。又因当时作为经济特区的厦门，有着与北方完全不同的商业氛围，身边同学多愿选择在空闲时间去校外打工赚钱，潜移默化之中，“创业创新”“实业报国”的理想逐渐在他心中扎根。

单祥双认为，想要实现自己的梦想，必须要有坚韧不拔、顽强拼搏的精神和强健的体魄。因此，除了学习与阅读，他还培养了一项爱好——跑步。在校期间，他坚持每天早晚各跑五千米到一万米，风雨无阻。持续的长跑不仅使他锻炼出了良好的身体素质，还培养了他愈挫愈勇的执着精神。尤其是雨中奔跑的经历，更令他学会了在困境中依然勉励自己，使自己生发出无限力量，去面对生活中的阻碍。

在单祥双的记忆中，厦大是一所美好、温暖、有未来的学校。他感到厦大塑造了他的青春，也帮助他在短短几年时间内，将脑海中混沌的东西梳理清晰。毕业那天晚上，他和同班同学来到学校附近的海滩，边喝啤酒，边共谈人生。微醺与畅快之间，他豪情万丈地说出了自己的梦想：成为一名企业家。这句话也成了他一生追寻的目标。

时代浪潮中，高扬奋勇之翼

从厦大毕业后，单祥双先后在教委系统和交通部任职。尽管一直在从事经济相关的工作，他还是认为体制内的工作不太适合自己。1998 年 7 月，怀着“三十而立”的紧迫感，他不顾亲朋好友的顾虑和劝阻，毅然辞去国家公职，南下深圳来到招商证券（国通证券），担任交通行业部经理。

单祥双接受媒体采访

在深圳浓郁的商业氛围中，单祥双开始发挥对交通部工作十分熟悉这一优势，着手搭建自己的“金融金字塔”。在对金融界的探索中，他发现这个世界上不缺资金、不缺项目、不缺人才、不缺市场，缺的是将资源汇总在一起的人，而自己应当成为那个具有资源整合能力的人。秉持着“为项目融通资金，为资金嫁接项目”

的理念，他于1999年9月成功整合全国交通系统（包括邮电、铁路、港口、公路等）七十多家大型企业集团、上市公司，成立中国交通投融资专业委员会并出任秘书长。拥有了合适的平台后，单祥双又进一步加强了对各种资源的融通运作。2000年5月，他策划成立了深圳21世纪创业投资有限公司，拥有了第一座“金字塔”。

单祥双认为自己是一个“边走边唱”的人。事业取得了初步成功后，他又“趁热打铁”，将一份关于成立风险投资研究中心的策划案，提交到了时任北京大学光华管理学院院长、著名经济学家厉以宁手中，并得到了对方的认可和赞赏。在此基础上，单祥双策划组织了中国创业投资事业理论研究的第一家大型基地——北京大学创业投资研究中心，并兼任常务副主任。2000年12月，他在总结国内创业投资公司运作模式弊端的基础上，提出用基金管理模式做创业资本的思路，迅速组织北京大学、招商局蛇口工业区等单位，发起成立了国内第一家创业投资管理公司——北大招商创业投资管理有限公司（后更名为中科招商创业投资管理有限公司），并出任总裁。金融领域中，他一路高歌猛进、捷报频传。公司建成后不足三个月的时间内，他面见了国内四十多家企业，最终为中科招商顺利募得中国华录、北京城建、鄂尔多斯、安徽古井贡和唐山钢铁五大股东，创造了“中国私募基金第一缕阳光”。此后，中科招商又通过一系列创新和稳健的资本运作，精准把握了创业板、新三板、科创板和中国PE国际化四大历史性重大投资机遇，创造了我国创投行业数十项第一。以科创板为例，在首批二十五家上市公司中，就有单祥双投资的南微医学。他最初投资了四百零五万，累计收到分红四千多万，现持有股票市值六十多亿，投资回报一千五百余倍，被业界称为中国科创版的大赢家。

振翅翱翔后，仍怀诗与远方

正如金秋收获累累硕果后，就会遇上漫天飞雪的寒冬。资本市场中的挫折，总是与成功相伴相随，但只要度过眼前的冬天，就会重新望见春暖花开。作为企

业的带头人，单祥双也一样承受了几轮资本市场周期中的潮起潮落，面临过巨大的压力和挑战。2017 年，中科招商经历了被从新三板“强行摘牌”的严重打击，然而面对这前所未有的困境，单祥双顶住了压力，又开始新的起跑。他适时提出了“融产结合，以产为重”的创新发展理念，仅在科创板开板几个月内，中科招商就有四家知名企业登陆该板，彰显了其重新焕发的活力。在致股东的一封信中，单祥双也表示中科招商已经走出至暗时刻，迎来了绚丽朝晖。寒冷的冬天已然过去，随之而来的春天将更和煦灿烂，更生机勃勃。

单祥双近照

单祥双称，自己与一般企业家最大的不同，是拥有“诗与远方”的情怀。创业过程中，他不仅仅关注眼前的利益，也会关心国家、区域发展的趋势。中科招商创办后，他综合考虑各种形势，提出了服务国家发展战略、服务产业发展、服务区域经济发展的“三个服务”理念，也因此抓住了许多投资市场的重大机会，形成了庞大的产业资源优势，为推动区域经济和助力国家经济战略的发展做出积极的贡献。

创业的过程，也是研发的过程。在单祥双眼中，“创新是驾驭市场变化的唯一手段”，因而驰骋商场的同时，他长期致力于创新理论和实践的研究，力图以比旁人更加深远的目光，创造出更加适应市场的产品、技术或模式。正是对创新的重视，中科招商在日新月异的资本市场中迅速发展壮大，形成了国内著名的中科招商品牌和模式。

在关注经济市场、探索金融理念之时，单祥双也逐渐形成了自己的理论模式与框架。结合自身的创业经历，他主编了《资本市场与交通建设》；主持了近三十万字的《资本市场与高新技术产业发展》系列研究论文；独立策划并编辑《当代中国外经贸发展战略》（吴仪作序）一书，并先后发表《传统行业上市公司如何进行科技投资》《超越“风险投资”》《寒冬下的 PE 投资策略》等经济论文数十篇。在理论与实践的相辅相成中，中科招商荣获行业内诸多荣誉，如被 ChinaVenture 评为“2011 年最佳私募股权投资机构”第一名，被上海证券报评为“金融资·卓越投资机构”，等等。单祥双本人亦于 2012 年被评为“金融资·卓越投资家”第一名，2015 年成为“福布斯封面人物”。

天高海阔处，再念母校温情

学生时代写下的梦想之题，如今已解出了令人满意的答案。单祥双一直相信，厦大是自己融入社会的起点，亦是梦开始的地方；是人生的加油站，亦是灵魂的故乡。

出于对厦大发展的支持，也出于“爱厦大，也爱厦门”的浓郁情怀，创业多年后，单祥双将中科招商的航空板块、金融控股板块迁至了厦门。与此同时，他也时刻关注高校与地方产业间的密切联系。在对国内外多所高校进行研究后，单祥双发觉，一所知识型、教育型大学若想适应未来的经济、科技发展，必须要在向创新型、创业型转变方面有所突破。2016 年厦门大学九十五周年校庆期间，他以个人名义向母校捐赠人民币一千万元，用于筹建厦门大学会计学科发展基金。在他的支持下，厦门大学中科创业学院于 2016 年 9 月正式成立。2020 年 2 月，中科招商航空板块成功与厦门新机场片区签约。单祥双觉得此时只是一个开始，

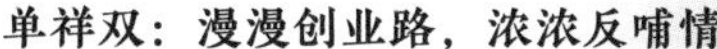

他希望日后能够汇聚更多的资金与人才，以自己的知识和智慧助力母校及其所在的这座美丽城市——厦门更好地发展。

尽管日常工作繁忙，但只要有时间、有机会，单祥双都会到厦大来逛逛，追忆青春岁月的同时，也感受母校给予的精神关怀。在他看来，如今的厦大已是愈发靓丽，尤其是芙蓉湖边新建的建筑，无一不彰显着与时俱进的态度。而于他自己而言，厦大永远是自己最温暖的港湾，只要漫步在校园中，他就可以收获一份心灵的平静，可以有“岁月静好”之感。

“让我怎样感谢你？当我走向你的时候，我原想收获一缕春风，你却给了我整个春天。我原想捧起一簇浪花，你却给了我整个海洋。”三十余年后，追忆当年那些在图书馆埋头苦读的白天与黑夜、那些在校园中迎风奔跑的清晨与傍晚，单祥双引用汪国真的《让我怎样感谢你》，以此表达对母校的无限深情。

原音回放：

“这个世界没有解决不了的问题，只是没有找到解决问题的方法，我们需要具有勤奋而执着的求索精神。”

（文 / 学生记者 吕宛庭；图 / 受访者提供）

林中：中国房地产行业的“战略家”

人物名片：

林中，厦门大学1986级企业管理系校友，后曾进修中欧商学院，并获得长江商学院EMBA学位。旭辉集团创始人、旭辉控股董事局主席。他拥有丰富的房地产开发经验，曾先后担任中国房地产业协会副会长、全国房地产商会联盟副主席及其上海商会名誉会长、上海市福建商会名誉会长、上海厦门商会会长、中城联盟轮值主席等，曾荣获2014年、2015年、2016年、2018年博鳌房地产论坛中国最具影响力地产人物，2014年金凤凰全球华人地产最具成长力企业家，2013年上海地产荣耀领袖等多项荣誉。

有人说，行走在戈壁是一件很无味的事，沙丘的对面还是沙丘，远方的远方仍是远方，越过山丘，无人等候。但林中却不这样认为。他带领下的旭辉在跨过千亿元后，关注企业规模的同时，也更加关注企业的均衡增长。“行者”旭辉，不要做走得最快的，但要做走得最久的。越过山丘，依旧人声鼎沸。

林中近照

与祖国同呼吸，与时代共命运

1986 年，凤凰花开的时节，林中从闽北山城来到厦门，来到经济学院，开始了他的大学生活。1990 年，他从厦门大学企业管理系毕业。在那个国家包分配的年代，他却选择走出体制，放弃当时流行的“铁饭碗”，成为一家房地产公司的销售。“我一直认为走一条适合自己的道路最重要。有些路，前面很容易，但你会发现越走越困难；有些路，可能是一个窄门，但以后会越走越宽”，林中如是解释自己的选择。

此后的工作也并非一帆风顺。“由于大学没有学习过房地产专业，不够了解，我就拼命学习，”林中回忆道，“公司并没有说要做市场调研，我就自己跑遍了厦门的大街小巷收集问卷；公司没有要求去了解竞争对手的产品，我就自己做足功课到处‘跑盘’。”不过，努力和汗水没有背叛他，正是这段特殊的经历给予了他敏锐的市场洞察力和创业的商机。

在对房地产行业形成初步认知后，林中发现，在厦门，虽然想买房的人很多，但好房源却少，这正是因为整个行业的中介服务商市场几乎空白。由此，1992 年，二十四岁的林中在厦门创办了永升物业服务公司，最初帮开发商做销售代理，两年后便进入地产开发领域，投身时代洪流。

回忆起自己事业的起点，林中始终坚信企业与个人的命运和国家休戚相关。“我们是搭上了时代的高铁”，他这样生动地比喻道。有能力的人在“坐牛车、走楼梯”的年代，做事也只能事倍功半。1992 年，恰逢邓小平同志南行，之后中国经济进入高增长周期。可以说，有了改革开放和国家的繁荣富强，才有行业的发展，进而有机会让个人努力转化为更大的成果。

时代的高铁不断前进，1998 年，房地产市场化启动之后，林中再次做出了一个大胆的决定：转战上海。水深才能养大鱼，花盆难栽万年松，林中并不为放弃厦门一手开创的大好局面而遗憾，也不因到一座陌生城市重新开始而畏惧。随着中国房地产市场的逐步放开，上海、北京这些大城市的市场规模是厦门无法比拟的，到房地产市场的高地去，企业才能做大，对时代趋势的把握让林中对未来的冒险充满自信。

2000 年，林中正式将公司总部迁往上海，并创建旭辉。那时候上海外环线没修通，中环线没修通，只有延安高架和内环，但依靠国家数十年的和平稳定和快速发展，旭辉站在市场制高点上，拥有了宽广的视野、优秀的职业经理人，同时也直面更激烈的竞争。

与行业同成长，与城市共前行

来到上海发展的旭辉正式进入快车道，但林中并没有满足于现状。2006 年，他开始更深层次的思考——是做资本家还是做企业家。如果做资本家，可以既有钱又能过高品质的生活；而如果做企业家，就要有企业使命、愿景，这也就意味着选择苦行僧般的生活。尽管羡慕资本家，但他最终还是选择做企业家，为客户创造更大价值，为员工创造更大平台，为社会做贡献，为后人留榜样。

林中接任中城联盟新一任轮值主席

秉持这样的追求，2012 年，旭辉迎来发展史上第二个里程碑事件——上市。

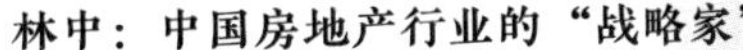

登陆港股资本市场，成为一家上市企业，旭辉从此肩负了更多使命和责任。上市为旭辉的发展提供了更大的发展空间，资本加持下，旭辉制定了“持续、稳定、有质量”的增长策略。在战略指引和员工的努力下，2017 年，旭辉正式跨入房地产千亿阵营。

可以说，旭辉发展史上的几个重要节点都离不开林中对地产业独到的战略眼光。他指出，当前地产行业主要面对两个变化，一是中国进入内需消费为主的时代，中产阶级对高品质有更高的需求，但是价格又不能太贵；二是地产行业进入低容错时代，越到后面越是高手之间的较量，就像下围棋一样，就差那一目半目。如果不能做到非常地精细化，将很难在市场上竞争。他认为，未来几年，随着市场进入平稳增长期、行业保持去杠杆的态势，企业将告别过去那种冲规模成倍增长模式。

林中坚信，用不同的时间刻度，就会看到不一样的世界。如果放在百年的跨度来看，中国过去这二三十年以及未来二三十年，可能是中国几百年历史中房地产最好的几十年。但未来二十年，房地产不能再“躺着赚钱”，判断的对错将决定企业的生死。除了资金、土地、人才获取能力，未来房企还要追求精细化和高质量发展，包括经营质量、财务质量、组织质量和发展质量，以抓住城市化 2.0 的机遇。对于旭辉来说，市场进入稳定的长周期，则更会坚持企业治理的提升之路、坚持产品和服务的提升之路。

与母校同心意，与慈善共前行

虽然工作占据了林中大部分时间，但工作之外，他热爱运动，每天都坚持徒步，一年可以走完一千八百公里。不仅自己坚持徒步锻炼，林中还要求旭辉高管每周快走二十公里。如今，徒步已经成为旭辉的一种企业文化。从 2014 年开始的“旭辉杯戈壁徒步挑战赛”，让每一个旭辉人从中感受到“理想、拼搏、坚持、超越”的真谛。此后的每一年，旭辉人都要去戈壁徒步，历练身心。2019 年的第六届玄奘之路商学院戈壁挑战赛，三十三支队伍三百六十人，用四天时间完成一百三十五公里的征程，给旭辉的员工和伙伴们带去的不仅仅是意志的洗礼，更是精神的升华。

如今，“行者”已经成为旭辉的称号。在林中的心里，旭辉这种“爱拼才会赢”的文化、“大爱利他”的理念，和厦大“自强不息，止于至善”的校训精神、“海纳百川，包容开放”的校园文化如出一辙。他始终将厦门大学视作自己追寻梦想的起点。

林中捐资助力母校厦门大学办学建设

林中平时一直保持着对母校动态的关注，也会尽量参与校友总会举办的活动。“这一方面增加了对母校的了解，另一方面也能够向优秀的校友们学习，共同为母校、为社会和国家致我辈最大的努力。”每当林中回忆起大学的学习生活，他都为见证了厦大的发展进步而感到荣幸。在厦大，他遇到了远见卓识的领导、学富五车的老师、敬业贴心的班主任和辅导员、互助友爱的学长，还有一同创新创业的同学朋友。在他心中，是厦大让一群求知若渴的年轻人可以尽情地学习、创新、合作、拼搏、成长、收获，并由此扩大视野、塑造人格、认清使命，也为未来的人生指明了方向、积蓄了力量。“所有这些都深深烙印在我心灵的深处，成为我美

好的人生回忆，也成为我宝贵的精神财富”，林中如是描绘道。

也正是这段大学经历，让林中意识到：教育是社会的根，改变的是人的命运，而慈善最重要的恰是企业凭借自身能力去解决社会问题。因此，在众多的公益领域中，教育一直是旭辉公益捐赠的重要方向。旭辉围绕着帮困扶贫、儿童关怀、捐资助学、造福乡梓等领域回馈社会，力求让生活更加美好，让城市更具活力，让社会更添和谐。截至 2019 年，旭辉已累计捐赠公益款近三亿元。

2020 年，新冠疫情的肆虐给社会带来的重创让人十分痛心。早在 1 月 26 日，旭辉便通过旭辉慈善基金会捐赠两千万成立了旭辉抗击肺炎专项基金，用于采买抗疫物资支援一线，以及补贴驰援武汉的医护工作者们，经过不懈的沟通和协调，旭辉先后四批次向抗疫一线捐赠物资，送至武汉和上海各医院。此外，抗击肺炎专项基金还向上海市青少年发展基金会拨款捐赠百万元，资助困难青少年完成学业。旭辉人躬亲入局，身体力行，希望能为国家、为社会、为人民贡献一点力量，共度眼下难关。

“在我心中，母校永远是中国高等教育的一颗璀璨明珠”，林中如是总结。近百年来，一代代厦大人自强不息、百折不挠、薪火相传，为国家事业发展做出贡献。回顾求学历程，我们有幸获得母校的滋养；放眼当前，我们有幸见证母校的进步与腾飞；展望未来，我们也将继续传承弘扬嘉庚精神，积极参与母校建设发展，感恩母校教育培养，为母校创建世界一流大学添砖加瓦，贡献力量。他始终坚信，只要全体厦大人携手并肩、心意相连，不忘初心、勠力前行，母校的明天一定会更好，祖国的未来也必将更加辉煌。

原音回放：

“为者常成，行者常至，大浪淘沙中，让我们‘活成理想中的样子’。光明大道，希望正在前方。沧海横流，方显英雄本色；逆风航行，让我们一起努力奔跑，不忘初心，逐梦前行！”

（文 / 学生记者 陈思泱；图 / 受访者提供）

商家轩："自强不息"正当年

人物名片：

商家轩，印尼侨领，1963年生于福建福清，厦门大学1981级国贸系本科、1985级国贸系硕士研究生校友。1991年赴印尼工作，2000年成立印尼东方钢铁公司、印尼永成电力公司，任董事长；印尼中华总商会副主席（Perpit），印尼华裔总会高级顾问（INTI）；2012—2014年天津两会海外列席代表，天津市海外交流协会理事等。

"中印尼合作前景广阔""G20峰会在杭州举办具有重要意义""南海仲裁案给地区安全稳定带来负面影响"……打开浏览器，输入他的名字，一位印尼侨领不断为中国发声，致力于推进中印尼两国关系友好、促进双方经济发展的形象跃然于纸。他，就是厦门大学国贸系校友商家轩。

往昔岁月　感怀校园七载的幽幽时光

"母校的风景格外让人留念"，回想起在厦大的求学经历，尽管时间已经过去三十多年，商家轩对那些景、那些事、那些人、那些情，仍然记忆犹新。

1981年，经历了激烈程度宛如千军万马过独木桥的高考选拔，商家轩以优异的成绩考入厦门大学录取分数最高的国贸系。从高中升入大学，怀揣着青春的理想，时间于他而言，每一分每一秒都很珍贵。周一到周五认真学习专业必修课程，周末在图书馆温书，一坐就是一整天，毗邻的南普陀后山更是他为自己安静读书寻找的"秘密基地"。四年稳扎稳打，商家轩积累了丰富的理论基础，打下了坚实的专业功底，决心进一步深造。

与本科阶段在课本中学习经济学理论的方式大相径庭，以课题研究为主的硕士经历，让商家轩真切地感受到了改革开放初期，经济学家们在邓小平同志领导下"摸着石头过河"的不易。"是继续计划经济，还是开始市场经济，怎样做才能使中国的经济'开而不乱、管而不死'，积极学习日本九大综合商社的管理模式……"都是商家轩与老师同学积极展开的讨论话题。一次次的求索、辩论、探讨，使包括他在内的 80 年代厦大学子对中国的制度、道路都充满了信心。

悠悠七载，难忘青葱岁月的学习经历之外，商家轩对厦大的师生情、同学情也有讲不完的故事。

教育部原副部长、现任中国教育学会会长的朱之文是商家轩本科时的辅导员。1981 年，刚毕业不久的朱之文接手了这批"新鲜血液"，因与这些学生年龄相仿，再加上自己平易近人的性格，很快就和同学们打成一片。辅导员的言传身教以及对学生的细心照顾给商家轩留下了深刻的印象，三十多年后，他仍然清晰地记得，当时朱老师不仅将思政教育娓娓道来，同时还是体育赛场"十项全能"的冠军，在课堂内外给他们这批年轻学子树立了榜样。

商家轩（右）与同班同学沈丹阳合影

现任海南省副省长的沈丹阳十六岁时考入厦门大学，和商家轩同班。相识近四十年，时至今日，两人仍联系紧密，时常在朋友圈互动。“他把吃不下的饭分给我们几个吃，我们都被喂得胖胖的，他自己却瘦瘦的”，“上学的时候我们会跟着丹阳同学到他漳州的家里吃荔枝”，同窗之情，可见一斑。

无畏艰苦　从厦门到印尼的勇敢选择

1988 年，商家轩硕士毕业，顺利进入厦门国贸工作。出色的业务能力让这个年轻人进入单位短短几个月后，就获得了前往英国参加国际博览会的机会；一年后，他又由原先工作的出口部调入进口部。厦门是改革开放第一批试点城市，政府也给了厦门国贸一些采办特权，商家轩因此接触了不少诸如化肥、白糖、洋烟洋酒等的进口贸易，这为他日后开展外贸生意积累了难得的经验。

出生于福建著名侨乡福清，少年时代的商家轩便听闻当时的印尼首富林绍良二十一岁只身闯荡东南亚，三十年后归乡回馈福清的事迹，颇受鼓舞。“林先生为家乡送来的自行车、电视机都是印尼 60 年代国家开放，西方企业在当地招工建厂的成果，可见开放的力量很诱人。”1990 年，中国与印尼恢复了外交关系，收到印尼方面工作邀请的商家轩，考虑了一段时间，决心放弃厦门国贸稳定的工作，出去闯闯。

初到印尼，日子就没那么“好过”。在厦门国贸，享有经济特区得天独厚的优势，进口生意做起来“畅通无阻”；在轮渡海滨大厦海景写字楼里办公，心情愉悦。到了不同的国度，商家轩的第一份工作仍是熟悉的进口——进口中国的商品，一切却不甚顺利，“印尼开放早，外国大企业很多，人民习惯使用世界上最好的工厂生产的大品牌成品，我们当时的质量还是比较落后的，竞争处于劣势”。再者，印尼排华一度让商家轩在街上“不敢说汉语，不能用汉字”。即便如此，他还是选择继续坚持：“尽管几乎没有中国企业来这里做生意，也没有中国产品销售到这里。但我了解祖国、相信祖国，进口一定能做成。”抱着极大的信心和勇气，这个从厦园里走出的国贸人一点一点把“中国制造”带到了印尼。“不夸张地说，很多中国产品都是我第一次带到印尼来的。”三十年后的今天，大到雅万高铁，小到螺丝配件，印尼市场上大多数东西都是“made in China”，商家轩说，自己是个很幸运的人，目睹了印中关系的巨大变化，见证了中国经济的腾飞。

自强不息　担当助力中印友好关系的“领头羊”

除了坚持不懈，成功还需要一个合适的契机，商家轩也不例外，来到印尼几年后，他终于迎来了转机。1998 年，东南亚经济危机，印尼受冲击最为严重，印尼币贬值近七倍，在这个东南亚国家建设电厂的外国企业纷纷宣布倒闭、撤资。国家电力供应严重不足——区域轮流供电，每户一天仅有四个小时用电时间，商家轩感叹："用‘民不聊生’来形容不夸张。"

正是这样一个时候，中国向印尼伸出了温暖的手，向印尼提供优惠贷款；与此同时，商家轩作为中国电厂的代理人带领中国企业在北苏门答腊岛建设了两个电厂，解决了区域的严重电荒。自此，中国的电力行业进入印尼，陆续建起十几个电厂，以高性价比占据印尼电力的大半江山，商家轩的生意也由外贸转到了电力，成立了印尼永成电力公司，为中国企业走进印尼做出贡献。2013 年 11 月，习近平总书记在雅加达提出“一带一路”中的“一路”倡议，印尼和中国的合作越来越密切。大量中国企业将生产线转移到印尼，利用当地廉价的劳动力优势，开拓出另一片广阔的市场。

商业合作愈发紧密，促进民间交流亦是商家轩奋斗的方向。刚到这个国家不敢说中国话，当地社会严重排华的情景深深地印刻在了他的脑海里，也是从那时开始，商家轩暗下决心，要为提升中国地位、助力两国友好关系做点贡献。

由于早年排华，印尼汉语的普及程度不算高。作为土生土长中国人，商家轩利用自身优势大力宣传普通话，让印尼民众了解中国，让海外华侨重拾“根本”。“我们对印尼有误会，他们对中国也存在偏见。”商家轩一面向中国宣传善良的印尼人民，一面利用自身的影响力，化解印尼人民在部分西方国家影响下对中国人民形成的误会，“我们会邀请他们去中国看看，领略过中国的风土人情之后，自然而然，好感产生，矛盾也就消除了”。

商家轩（左一）参加第十九届中国投资贸易洽谈会

作为印尼中华总商会的副主席，商家轩不断为加强中印合作牵线搭桥——为中国企业书写邀请函，在印尼接待他们，邀请更多印尼人参加中国企业推介会，努力在中华总商会和中国之间打造一条坚实的联络纽带。商家轩坦言，在中华总商会的几年，接待了很多来印尼参观访问的代表团。除了政府、企业，两国的媒体、宗教、教育等领域都逐渐互通有无，加之“一带一路”带来的互惠互利，两国关系已然达到了历史的最高峰。

商家轩受邀参加中国抗战胜利暨世界反法西斯战争胜利七十周年大阅兵

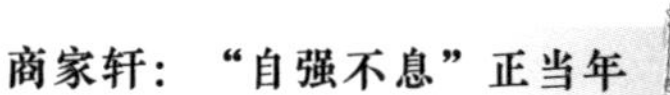

2015年9月3日，作为海外华侨代表，商家轩受邀参加中国抗战胜利暨世界反法西斯战争胜利七十周年大阅兵，在天安门广场见证了受检部队的威武、强大，在高兴、震撼、感恩国家给予自己机会感受到祖国母亲的强大之外，他也倍感责任重大："阅兵观礼鼓励我继续为中国对外的关系做贡献，对南海问题、台湾问题等，我们都要坚定不移地站在中国的立场上，向世界表明我们的态度，促使外界消除对中国的误会和污蔑，我还有一二十年的时间，会继续奋斗。"

说起事业与成就，这位厦大人很是谦虚："我一直在朝成功的路上奔跑。"他认为在厦大读书的日子里，自己不仅收获了知识，更学习了为人处世的道理，建立了正确的人生观。"'自强不息'是每一个厦大人应当铭记的。"商家轩说自己工作不畏辛苦、永不服输，都因受到了校训精神的鼓舞。他号召厦大学子们牢记校训，好好学习，无论身处何地、担当什么角色都"自强不息"！

原音回放：

"作为厦大人，我们要珍惜时间，牢记'自强不息，止于至善'的校训，好好学习，在各行各业做出伟大的成绩，显示出我们厦大学子的实力！"

（文/学生记者 王舒雅；图/受访者提供）

周振：南粤工匠，中国质谱行业的开拓者

人物名片：

周振，厦门大学1987级科学仪器工程系本科、1991级科学仪器与精密机械系硕士，厦门大学分析化学、德国吉森大学应用物理双博士。广州禾信仪器股份有限公司董事长，暨南大学质谱仪器与大气环境研究所所长、博士生导师。第十三届广州政协委员；国务院政府特殊津贴专家；“百千万人才工程”国家级人选；国家人才推进计划－重点领域创新团队带头人；2019年全国五一劳动奖章获得者。主持国家863计划、国家科学仪器重大专项、广东省科技攻关重点项目等科研经费近亿元；授权发明专利约三十项，发表科技论文一百四十余篇。

梦想是什么？梦想是从零开始的勇气，这份勇气鼓舞他走入中国科学仪器产业的“无人区”；梦想是二十多年如一日的坚守，坚守将他的名字和“质谱仪器”紧紧地联系起来；梦想是心怀家国的赤诚，这份赤诚使他培养出一批脚踏实地的创新者。他就是中国质谱行业的领头人——周振。

一颗种子，做中国的质谱仪器

“咚——”

至今，一想起那声清脆钟声，周振依然心潮澎湃。

2017年3月，周振带着十五名优秀员工，一起在北京敲钟，见证禾信仪器挂牌新三板，见证这一里程碑时刻。从零开始，到缔造一家高科技挂牌上市企业，周振用了十三年时间，而“做中国人的质谱仪器”的梦想，已在他心中燃烧近

三十年。三十年来，始终支撑着他这份“坚定”的，既有他深厚的科研功底给他的底气，还有他渴望以发展质谱技术报效党和国家的一片赤子之心。

1990 年，还是厦门大学科学仪器工程专业大三年级的周振，第一次接触到“金贵”的质谱仪器，它不仅科学含量高，售价也高到令人咋舌。“能不能打破国外技术垄断呢？”从那时起，他心里便埋下了“做中国人自己的质谱仪器”的梦想的种子。1991 年，厦门大学科学仪器与精密机械系硕士点获批，周振成为该专业的第一个硕士生。在硕士生导师季欧教授的严格要求下，周振在厦大度过了难忘的科研时光，并养成严谨的科学态度，甚至对于文章的写作与修改也一如导师当年，一字一句认真地反复揣摩。经过黄本立院士的指导，周振获得厦门大学化学博士学位，本可以进入工作岗位的他，选择了一条与众不同的道路——赴德国吉森大学攻读物理学博士，继续向高精尖的质谱仪器研发前进。“路漫漫其修远兮，吾将上下而求索”，怀揣着梦想的种子，在德国学习期间，周振便成功研制了垂直引入式飞行时间质谱仪器，技术指标为当时国际同类仪器的最高水平。然而，国外优渥的生活条件，并没让他产生申请绿卡的念头，他说：“我出国前就想着以后一定要回来！”从 2000 年开始，周振往返于欧美与中国，希望把这一技术在中国实现产业化。

1998 年，周振参加化学系博士答辩会（从左至右为郑兰荪院士、江云宝教授、黄本立院士、庄峙厦教授、周振、季欧教授、杨芃原教授、洪阿实教授）

2002 年，在第四届中国广州留学人员科技交流会上，周振信心满满地介绍着自己研发的质谱仪器，并提出“做中国人自己的质谱仪器”的目标。中国科学院院士傅家谟听后惊讶万分，做中国人的质谱仪器实在太难了，难到相关领域几乎是“无人区”。对着“前辈”，周振滔滔不绝，脉络清晰地展示着自己掌握的关键技术，讲述设定的研发思路。傅家谟院士很快便决定个人资助二十万元支持研发国产质谱仪器，周振无比兴奋，经傅院士的牵线搭桥，他还被聘为中科院广州地球化学研究所研究员。

2004 年，旅居美国的周振打包了一箱零件和一箱图纸，带着仅有的十万元存款，携家带眷回到中国，在广州创办了中国第一家专业质谱公司——禾信仪器。

十年磨剑，做科学的工匠人

“万事开头难”，中国人质谱梦的道路更是艰难。作为科学研究的基础工具，质谱仪是一项对国家科学水平具有标志性意义的尖端技术，中国发展自己的质谱仪刻不容缓。然而，质谱仪又是一项研发难度高的高端技术，它具备多学科特征，需要数十年的积累，因此这个行业在短期内不易获得回报。同时它也对从业者提出了极高的综合素质要求。除此以外，质谱仪的市场应用范围比较专业，公众普遍缺乏对质谱仪的认知，所以当时鲜少有人投资质谱仪。因此，周振着手的质谱仪器研究不仅缺钱，也缺人，甚至有人说他是“骗子”和“疯子”，仅仅靠四个人，从一个螺丝开始搞研发到做产品，还要和国外竞争，简直是痴人说梦。然而正是依靠着这样的“梦”，周振挺过了一个个难关，熬过了一个个低谷，甚至为了维持公司，卖掉了自己的房子与汽车。

2008 年 12 月 3 日，时任国家副主席的习近平同志到广州开发区考察，当时周振汇报企业愿景：“做中国人的质谱仪器。”2018 年 10 月 24 日，习近平总书记再次来到广州开发区，他自豪地对总书记说：“我们已经做出了中国人的质谱仪器。”从 2008 年到 2018 年，禾信的质谱仪器从一台样机发展为参与国家重大发展战略的重器，实现了太多的“难以想象”——先后成功研制出国内首台大气压

基体辅助激光解析离子源高分辨飞行时间质谱仪、全球首台基于飞行时间质谱技术的金属残余气体检测仪、国内最复杂的高端商品化在线气溶胶质谱仪、国内首次批量化生产在线挥发性有机物质谱仪；登上雪龙号进行南、北极科考，在全球首次获得海洋生态在线数据，并成为在雪龙号上唯一高端国产科学仪器；出口到美国、德国、俄罗斯等国家，成为出口到国外超过十万美元的高端国产科学仪器；在蓝天保卫战中，禾信的质谱巡航车一秒内可测定几百种污染物，每年可为国家节约数百亿元的防治费用。

成功的背后少不了辛勤的付出，少不了超乎常人的专注，更少不了一个支撑的信念——家国情怀。从无到有，周振坐了十年的“冷板凳”，在这十年期间，他所带领的团队敢于走在社会的前面，在他人都发表众多文章、专利，获得较高社会地位的时候，他们心无旁骛，甘于献身科技，专注科研，由此促进高新技术的发展。而支撑他们走下去的只有一个信念——“为国家做一些事情，不能计较个人的荣誉和得失”。这样的情怀不仅体现在周振的事业上，更贯彻在他生活中的方方面面。正如 2004 年回国创业时，周振做的第一件事就是回到厦门大学找到档案，补交在德国八年未交的党费。

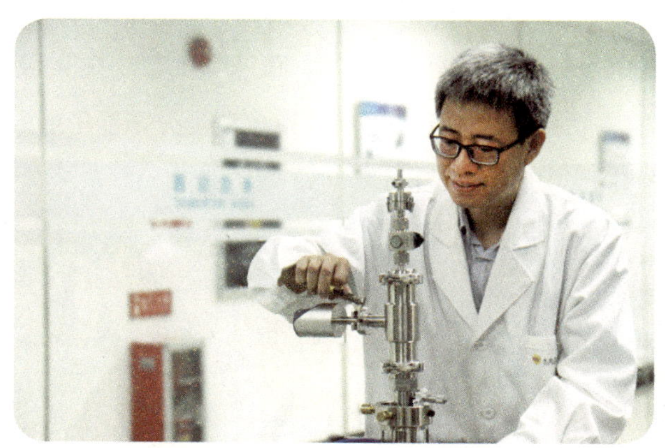

周振工作照

何为“工匠精神”，就是对自己的工作与产品精雕细琢、精益求精的精神理念，是一种情怀、一种执着、一份坚守、一份责任。周振正是一位“倔强”而“执着”

的工匠。秉持着“工匠精神”，周振曾说，工匠最关键的就是立志一件事，坚持下去，要比别人做得更精细，对行业理解比别人更透、更深刻，用更好的零件以更快的速度制造仪器。开拓一个从无到有的领域，需要培养更多专精人才，要有完整的核心技术。他在中国人质谱梦的道路坚守了三十年，使得禾信成为中国第一个规模化正向研发的专业质谱仪器制造企业，在质谱领域位列国内前茅，并且每一个十年都在不断突破、创新，他和他所领导的团队更是用实践行动彰显着新时代的工匠精神。

百年树人，做教育的基石

“厦门大学对我的影响是潜移默化的，十三年的厦大学习生涯中，我深受校主陈嘉庚先生‘宁可卖大厦也要办厦大’精神的感染，学校‘自强不息，止于至善’校训的激励，用了三十年时间，搞定了一件大事。”而今，他继续着另一件大事——教育。作为从福建省寿宁县一个贫困山区走出来的孩子，周振深知教育的重要性，更深知早期科普教育对于孩子们的意义。2018 年 8 月，他开始尝试一个新角色——担任一群小学生的科普老师。考虑到听课的对象是中小学生，知识的讲解需要简单明了，周振对课程进行精心设计与准备，在课堂上与学生互动，并邀请学生参与质谱检测的实验，让孩子们能生动了解质谱仪测量分子原子的原理。

2019 年 6 月，周振在厦门大学毕业典礼上作为校友代表发言

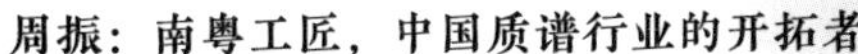

为了科普质谱仪器的相关知识，承担企业应有的社会责任，更为了质谱情怀和行业梦想，周振正在筹建国内第一个质谱博物馆，将收集来的珍贵的质谱仪器和零部件藏品和展品进行保护和展示，希望以此让更多人了解质谱、关心质谱、学习质谱、传承质谱。

在周振的工作中，还有重要的一环是对“质谱人才”的队伍建设与教育培养。他最早提出了在高新技术产业上运用“政产学研用金”六位一体的模式，在“构建质谱行业生态——推动行业发展”的计划中，他还明确列出了创建博士后科研工作站；与高校联合培养博士、硕士；建立国家级行业实训基地，打造“行业黄埔军校”这三个目标。他亲身实践，对人才培养投入极其重视，每年禾信对技术研发的投入占总收入的 30%。人类的文化需要传承发展，科研成果是如此，公司发展亦是如此，周振满怀期待地说：“禾信并非不赚钱，只是我们每年都把大部分的‘收获’转化成了驱动企业继续向前发展的‘燃料’。”功夫不负苦心人，经过多年的投入，禾信在自己的团队中已经培养出了一批能力优秀的质谱科研人才。

回首一路走来的历程，周振不由得感叹：“我坚信，只要我们持之以恒，将来一定会获得超出预期的、美好的回报。而更值得禾信质谱人骄傲的是，我们在追求质谱梦的同时，其实也是在从事一项有利于提升国家综合实力及国际竞争力的事业。”

原音回放：

“当一件事情需要理想的时候，一定是长期的追求，很重要的追求。”

“即使你资质普通，但只要你永远聚焦一件事，肯定会取得与别人不同的成就。”

（文 / 学生记者 陈惠莹；图 / 受访者提供，部分资料来源于南方网、《羊城晚报》、分析测试百科网）

林涌：感恩厦大给我无限可能

人物名片：

林涌，厦门大学1988级法律系校友。现任海通国际证券集团有限公司（港股上市代码：665HK）CEO及董事会副主席、海通银行董事长、香港中资证券业协会会长、香港金融发展局董事、香港财务汇报局董事、中国证券业协会国际战略委员会副主任、香港中国金融协会创会副主席、中国金融四十人论坛成员，曾任香港证监会咨询委员会委员、美国哥伦比亚大学访问学者。

感怀校园：自由之学风形塑个性灵魂

回忆起母校，林涌言谈间洋溢着热切，隐约流露出当年的那股洒脱之气。他说，自己对厦大最深的印象，是自由、宽松的环境和学风，不拘一格，让学生有机会尝试展示自己，发展出无限可能。

他以当时厦大推行的“两长一短”三学期制为例。那是20世纪80年代，厦门大学作为全国率先推行三学期制改革的大学之一，以改善教学质量、丰富学生知识面为目的，在短学期开展了多种多样的课程和实践活动。“我记得在八九月份的短学期，我们通通上的是选修课”，林涌回忆道。在短学期选课前，学校会编印“短学期选修课一览”和“课程内容简介”，同学则可以在开设的数门选修课中，选择三至五门进行学习。当时开设的课程种类颇多，既有像“新科学概论”这样的新兴学科课程，也有像“文艺鉴赏”这样的文化修养性课程，还设有许多入门性质或应用性质的课程。总之，林涌和他的同学们，借由学期制的改革，第一次

享受了选课的自由，并得以根据自身的兴趣涉猎各类学科。

林涌至今仍然非常感激厦大的这一举措，让他这个法律系的学生也可以接触到法律以外的知识，这极大地拓展了他的思维，也为他将来管理一家上千人的上市公司打下了基础，可谓相当受益。对此，他还笑着回忆起发生在短学期的一件趣事："我在学校的时候只有一门课没及格，那就是朱崇实校长开设的投资学。没想到现在做了投行，我之后拿这件事跟朱校长调侃，心里还觉得挺不好意思的。"调侃之余，林涌认真地表示，给法律系学生上投资学，这种不拘专业的教学方式正是他心目中厦大应该有的样子，这也是他最感恩厦大的一点。恰恰是这门"不及格"的选修课，启发了林涌对金融投资的兴趣。投资学这颗种子，就此深深植入到他的脑海里，为日后的进一步学习打下基础。

林涌大学时期与同学合影（前排右三）

谈及专业和选修，林涌坚定地认为，大学本科应该是博雅教育，让学生有机会博览群书，培养兴趣。大学学习不是千篇一律，不应该受限于专业，大学"是一个人的思想、灵魂、人生观、价值观乃至世界观在校园里进行自由的交流、学习和塑造的时期"。对此，林涌自豪地感慨道："我觉得厦大作为一所综合性研究型大学，真正做到了这一点。"

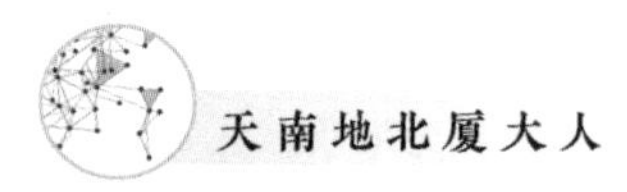

成就事业：国际化布局驰骋金融市场

“厦大还给我们法律系开了一门你绝对想不到的课，”林涌接着说，“叫会计学原理。”

不过，还有更让人想不到的：借着上会计学原理的机缘，林涌考取了注册会计师证书，后来，他又继续读经济学硕士和博士，一头扎进金融投资行业，跻身金融领域佼佼者，成就了一番事业。难以想象，由选修课发端的一枚小小种子，竟可以这样生根发芽，最终长成一棵葱茏而坚韧的大树，枝繁叶茂。

如今，林涌已是拥有近两千亿港币资产、员工过千、业务覆盖全球主要金融中心的香港上市金融集团——海通国际证券集团有限公司的 CEO，以及业务遍布主要葡语系国家的海通银行董事长。他数十年在投资银行业深耕细作，成就斐然，在大陆、香港乃至国际的金融领域都享有较高的声誉。林涌在 2006 年入选首届“上海金融杰出青年”时，《上海青年报》曾这样评价：“林涌同志领导的海通证券投资银行部在 2004 年度共完成主承销金额 85.23 亿元，列全国同行业排名第三；完成主承销单位数七家，列全国同行业排名第二。2005 年，他带领工作团队完成了四十一家上市公司的股权分置改革工作，列全国排名第一。他在全国核心期刊上发表了多篇论文，其中《新股发行及定价法方式的市场化研究》《股票发行制度内在机理的产权解释》《保荐人制度对规范股票发行市场的作用》等论文对我国发行市场的改革提出了独到的见解，获得业内的广泛好评。”2007 年他被集团总部委以重任，前往香港打造国际化业务。不到两年时间，他就在 2009 年 6 月获得香港特区政府提名，连续两届获委任为香港证监会咨询委员会委员，是首位获委任的内地背景金融人士。2014 年 12 月，荣获“2014 沪上金融行业领袖”称号；2019 年 5 月，出任香港中资证券业协会会长；2019 年 10 月，获香港特区政府委任为财务汇报局董事；2020 年 1 月，获香港特区政府委任为金融发展局董事。

林涌所负责的海通国际，是一家立足香港，面向全球的国际金融机构，为全

第一届"上海金融杰出青年"合影（第二排左二为林涌）

球及本地企业、机构及零售、高净值客户提供多元化的投行服务，拥有稳健及国际标准的风险管理体系，致力于成为连接中国与海外资本市场的桥梁。目前，海通国际已构建了以"纽伦新港"为核心，辐射东京、悉尼及孟买等亚太主要资本市场的全球金融服务网络。林涌说，让海通国际成为一家中国名字的，具有国际竞争力、系统重要性及品牌影响力的世界一流投行，是大家共同的愿景。

而在国际化布局方面，林涌领导下的海通国际也确实取得了卓越而耀眼的成果。2014 年，海通国际在新加坡设立首个海外分支机构，随即在 2015 年通过收购英国证券研究机构，实现美国、英国、日本、印度市场覆盖，尤其在 2018 年，海通国际正式开始在美国的做市业务，这不仅是海通国际在国际业务版图中的又一里程碑，而且填补了纳斯达克交易所一直以来没有中资金融机构担任做市商的这一历史性空白，海通国际自此成为纳斯达克交易所史上首个中资背景做市商。今年年初，海通国际又获批澳洲监管机构牌照，正式进军澳洲市场。

海通国际公布的 2019 年中期业绩显示，海通国际的全球投行能力保持领先，全球投资能力逐步显现，全球交易能力快速提升。林涌表示，他将继续带领海通国际，建设以“纽伦新港”为核心的全球金融服务平台，在全球范围内拓展业务、深入布局，胆大心细地驰骋于国际金融市场。作为一名“厦大人”，林涌身上所展现的这种开放互通的思维、国际化的眼界，离不开当年开放自由学风的熏陶，这与厦大的气质亦是一脉相承的。

回馈母校：无言之恩情报以汩汩涌泉

很多人可能不了解，厦门大学法学院的“涌泉奖学金”，设立者正是林涌。他们当然也不会知道，在这个奖学金名字的背后，还有一段插曲：

设立之初，奖学金原定以“林涌”命名，但林涌觉得，贡献母校只是默默地表达自己的感恩之情，并不需要太多名分上的表现。于是，在与时任法学院党委书记的侯利标老师商讨下，奖学金取“涌”字的“涌泉相报”之意，最终命名为“涌泉奖学金”。

在法学院 2012 年度奖助学金颁发仪式上，林涌表达了对母校多年培育的感激之情，还对法学学子提出鼓励：在打好专业基础的同时，努力成为复合型人才。而这些，也正是他设立“涌泉奖学金”的初衷。

的确，即便是离开厦大，林涌也从未停止过对厦大的关心，始终怀揣一颗晶莹剔透的“涌泉相报”之心。数十年来，林涌一直关注和参与着厦大校友会的各项工作：从上海校友会金融分会和法律分会，到旅港校友会金融分会，他发挥自己的专业优势，积极地组织活动、联络校友，把厦大金融校友有效、有机地整合了起来，为日后以香港为中心成立全球厦门大学金融校友联合会打下了坚实的基础。在全球厦门大学金融校友联合会筹建期间，从筹建思路、人员组织联络，到具体执行与推进，他都做出了许多不可或缺的贡献，在整合校友资源、发挥行业优势等工作中扮演了积极作用。

饮水思源，无论是从林涌的话语里，还是从他的行动中，总是能深切地感受

林涌受邀出席观看建国七十周年阅兵式

到他作为一名厦大学子对母校难以磨灭的感恩之情，以及对当初在厦大读书生活所生发的幸运感和自豪感。斗转星移，当彼时的学生成长为杰出的学长、校友，林涌对当下厦大学子的学习生活，也满怀殷切的关怀和期望，他反复强调，厦大的学生除了学好专业的基础知识和基础技能，更应该跳出狭隘的圈子，广泛地培养自己的兴趣和气质，发现和造就自己的无限可能。

原音回放：

“厦大是一所令人骄傲的学校，学生要让自己成为一个令人骄傲的学生，探索无限的可能，不要被现在的系或者专业所限。去闯荡，世界很大，我们出去看看！这才是一所令人骄傲的大学，她的学生应该有的样子。”

（文 / 学生记者 林毅；指导老师 / 张夏；图 / 受访者提供）

崔维星：爱拼敢闯，厚积薄发的快递人

人物名片：

崔维星，厦门大学1988级会计系校友，现任德邦物流股份有限公司董事长兼总裁、厦门大学上海校友会副理事长。曾获“中国物流十大年度人物”称号、“CCTV中国经济年度人物”提名奖等。

“我发自内心地希望大家能通过长期的积累，从士兵到上尉，到上校，到上将，最后变为元帅，都能成为天之骄子，为自己赢得一个精彩的人生，为国家和社会做出更大的贡献，创造属于你们自己的未来。”这是崔维星校友送给厦大学弟学妹们的一席话。他希望通过自己的人生经历和感悟为后辈提供一些实质性的借鉴和帮助，让大家在未来的人生道路上少走弯路，有精准的目标，从手握笔杆的秀才成为一名真正的、手有“寸铁”的强兵。

敢于尝试，做敢闯的大学生

1988年，当时年仅十八岁的崔维星，与同县考上厦大的四名小伙伴，坐上了开往厦门的绿皮火车。辗转多次，历经七十几个小时的舟车劳顿后，终于抵达厦门，来到了这所被称为“南方之强”的学校——厦门大学。

提起三十多年前的青葱岁月，崔维星感慨万分。他说，在厦大的四年大学时光是他人生中非常宝贵的经历，而厦门大学管理学院会计学系则是他梦想蓄力、启航的地方。曾厝垵、厦大露天泳池、饭堂、厦大操场……都留下了他青春的足迹。

1988 年，崔维星（右二）参加校运会万米长跑后与同学合照

“在大学里，卖包、卖文具、办游泳培训班……我都干过。我自己觉得比较有意思的是快毕业那会儿办的游泳培训班。”

1992 年的夏天，临近毕业的崔维星和同院的三位同学因游泳结缘，继而萌生了一起开办游泳培训班的想法。“我们都是说干就干的性格，所以拍板后立即去做了。当时大概招了四十几名学生，我们四个人，刚好一人负责十名。”

作为业余游泳爱好者的崔维星，为了能够更好地提升和传授游泳技能，还时常扎进学校的图书馆，翻阅与游泳相关的书籍，回到寝室后自己先进行无实物演练，再到游泳池里实地演习。

“赚了两三百块钱吧，挺多的了，当时一个月生活费也就一百块。每顿饭，八毛到一块。一个青菜两毛，一个肉菜八毛钱。”据崔维星回忆，每天下午四点，他们的培训班就开班，教学要一直持续到傍晚六七点钟，每次结束，食堂早就关门了，他们就攥着赚来的学费，去吃夜宵，“最后赚的钱都拿去吃夜宵了”。

办游泳培训班对于崔维星来说，是一种尝试。身为学长，崔维星鼓励厦大的学弟学妹们充分利用大学期间的机会去“试错”。“在大学期间多去尝试，多看、多听，多去接触新的领域，保持对未知领域的求知欲，对新知识的饥渴感”，像海绵一样去吸收不同的知识，然后真正落地实施，不再仅仅停于“想”，而是去“试”，去“闯”，做一个敢于尝试的大学生。

敢于挑战，做创先的领跑者

1992 年，从厦大毕业的崔维星被分配到了广东省中国国际旅行社，担任财务部会计。对于刚出校园的学生来说，这样稳定的工作是大多数学生梦寐以求的“铁饭碗”。但在 1993 年，崔维星就毅然决然地打破了国有企业稳定工作的现状，开始转行。

“创业本身就是一个很大的课题，有困难当然也有乐趣。”崔维星在离开广东国旅后，做过大酒楼会计，也负责过国际货运业务，直到 1994 年 3 月，才正式加入广东国旅下属企业国际货运公司，在中山成立“速达货运公司”。

没有哪条道路是一帆风顺的，所谓成功，是要抓住人生中能够抓住的每一个机会。1996 年，广东国际货运公司决定放弃中山的业务，将车辆、办公大楼等公用设施一并收回，这对崔维星来说是一次不小的冲击。面对突如其来的变故，崔维星不甘心放弃，他知道自己在一段时间内积攒下来的客户也是一种资源，他要利用好这个机会。面对困难就要勇于克服，1996 年 9 月，崔维星的“崔氏货运”开启业务运营。

崔维星（中）与德邦快递工作团队

1998 年，崔维星承包了南方航空老干部货运处，那时公司包括车辆和应收账款在内的所有资产才二十万元，几乎没有现金，但第一个月就亏了三万元，员工几乎走光。进入航空货运代理市场苦挨了三个月之后，他终于等来了北大方正的一笔大单，他的公司得以绝地重生。这次货运承包经历，不仅仅意味着崔维星的身份从南航老干的客户变成了主人，更是德邦物流从无到有，从小到大的关键一步，崔维星的快递事业也自此掌握了货物运输的主动权，降低运输环节成本，提高盈利。2000 年 8 月 8 日，广州市德邦物流服务有限公司正式成立。2018 年 7 月 2 日，德邦在“水立方”举行战略发布会，正式更名为德邦快递，以全新的品牌定位全面发力快递业务，喊出了“大件快递发德邦”的口号，别家快递不愿意做、不喜欢做、不想做的大件货，德邦要做。

“不要觉得创业就都是困难，要觉得有希望和乐趣。不能听别人忽悠，要明白辛苦和乐趣是并存的。”提到创业时的困难，崔维星总是轻描淡写地带过。在他看来，所有从零到一、从无到有的成功变化，都必然会经历磨炼和挫折，这些都不值得一提，要记住的是在这个过程中自己所获得的经验和品质。而坚韧就是其中的一种，一种具有成功潜力的品质。

除了坚韧，崔维星还特别强调抓住机遇。“剑走偏锋，刀刀致命”，在崔维星看来，成功还需要学会理性分析。“三十年前，我刚刚在厦大入学就参加了运动会。当时报的项目是一万米长跑，最后拿到了第一名。这一直是我认为在厦大期间最拿得出手和值得炫耀的事情了。”这是崔维星在 2018 届毕业典礼上与毕业生分享的大学故事，而这段话中“值得炫耀”的背后，实际上是他对机会的把握和对成功的预判。“其他人听到一万米就吓坏了，这样竞争力自然就小了。”

“要懂得抓住机遇。”崔维星说，冷门的事情很有可能通过自己的力量被逆转为热门。常规的道路总是按部就班且竞争激烈，当你对冷门的机遇具有很强的敏感度，审时度势、勇敢进击的话，就会更容易获得成功。

崔维星认为，打破现状，敢于挑战是一种魄力，挑战和成功是先后到来的，后者的到来需要耐得住前者的考验，这样才可能成为创先的领跑者。

饮水思源，做有担当的企业家

崔维星作为一名出色的企业家，一直积极投身于慈善事业。2020 年，自 1 月 23 日武汉受新型冠状病毒疫情影响“封城”之后，一度出现医疗物资匮乏的情况。在此危机之际，作为企业家的崔维星，带领德邦快递全体员工挺身而出，迅速开通了物流运输绿色通道，为武汉地区免费运输救援物资。

他也持续关注全国各地区新冠疫情的情况。2020 年 7 月 27 日，在大连市由于新冠疫情的区域复发，重新进入“战时状态”时，大连德邦快递为当地核酸检测点捐赠了八百多顶帐篷，希望一线检测人员免遭高温日晒之苦。同时，为积极配合当地防疫工作，德邦快递还推出了一系列防疫应急举措，设立对应责任人，保障当地居民生活物资的正常流通。

除了杰出企业家之外，崔维星还有另一个身份，就是厦门大学上海校友会副理事。对崔维星来说，厦大学子的身份一直都令他感到无比的骄傲和自豪。而校友这样一个身份称谓，对他来说更是一种情感的认同。

长期以来，崔维星一直都心系母校的发展，母校的每一次进步、每一个成绩的取得，崔维星都由衷地为母校感到高兴和骄傲，也一直通过各种形式的关心，支持着母校的发展。

为了感谢母校的栽培，支持母校未来更好地发展，崔维星在担任厦门大学上海校友会副理事长期间，一直积极响应校友会的号召。在 2018 年 4 月，崔维星出资三百万元作为厦门大学 1988 级校友会入学三十周年返校大聚会的资金，还联合 1988 级的其他几位同学，以 1988 级校友的名义向母校捐赠一千万元。

“我仿佛从来没离开过厦大。”对崔维星来说，厦大一直都是他的牵挂和港湾。三十多年前在厦大的求学经历也成为他如今如数家珍的青春回忆。谈及 2021 年厦大百周年校庆，崔维星真诚地祝福母校越办越好，希望从厦大走向社会的每一位学子都能够找到自己的人生方向，铭记“自强不息，止于至善”的校训，感恩母校，回馈母校。

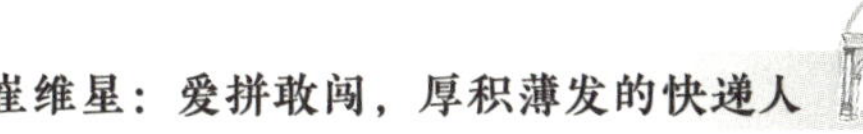

崔维星捐资用于母校厦门大学办学发展

原音回放：

“我发自内心地希望大家能通过长期的积累，从士兵到上尉，到上校，到上将，最后变为元帅，都能成为天之骄子，为自己赢得一个精彩的人生，为国家和社会做出更大的贡献，创造属于你们自己的未来。”

（文 / 学生记者 刘伟琼；图 / 受访者提供）

林海川：不忘初心不辍耕耘，缔造民营化工商业王国

人物名片：

林海川，厦门大学1989级财金系国际金融专业校友，厦门大学东莞校友会会长，广东宏川集团有限公司创始人及董事长、广东宏川智慧物流股份有限公司董事长兼总裁。现任民盟东莞市委会副主委、东莞市政协常委、茂名市政协常委、东莞市工商联副主席、茂名市工商联副主席、东莞市安全生产协会会长、东莞市茂名商会会长。曾获得世界杰出莞商、中国优秀创新企业家、广东省优秀中国特色社会主义事业建设者、广东省劳动模范、广东省五一劳动奖章及东莞市优秀民营企业家等多项荣誉。

从孜孜求学到踏上艰苦创业之路：求知若渴、拼搏未来

乘着改革开放的浪潮，20世纪80年代末的厦门活力迸发、日新月异，一批年轻人怀着对新思想、新文化的渴求踏进厦园，林海川就是其中之一，1989年，他考入厦门大学财政金融系国际金融专业。

回忆起大学生活，林海川依旧能够如数家珍地道出学校的每个方位，清晰地记得当时的囊萤楼、映雪楼、博学楼、上弦场、芙蓉湖以及校园中那股质朴自然的气息，还有至今难以忘怀的良好学习氛围，“同班同学中很多都是福建各地的高考状元、学霸，大家千辛万苦才考上厦大当时最好的专业，所以很珍惜这样的学习机会，那时的学习氛围真好，每天晚上我们都会到图书馆占位子读书。”

在这种求知若渴的氛围熏陶下，林海川不断地汲取知识，为将来的创业打下

坚实的基础。大三那年，他开始展露出商业天赋，尝试做当时比较火的小商品生意，通过实习，与已经工作的友人互动，来感受社会，思考未来。走得越多，林海川脚下的路也就越清晰，他暗自思忖大学毕业后是否创业，为自己的未来搏一搏。

90 年代初实行的是双向选择的大学生就业制度，毕业分配时林海川主动选择到中国的改革开放前沿阵地——广东东莞虎门镇就业，当时的虎门经济发展迅速、社会充满活力，为个人创业提供了良好的契机。

来到虎门镇，林海川被分配到一家镇属集体企业——虎门化工贸易公司。说是镇办企业却除了营业执照之外基本什么也没有，林海川没有退缩，而是将这里当作创业的起点，一切从头做起。他迅速召集几位中学同学，租了两间商铺，开始从事销售油漆、天那水、润滑油等“小生意”。三年的艰难磨炼，从零售到批发，林海川带领企业在东莞的化工原料市场开辟出一方天地。

从传统贸易到石化仓储龙头：高瞻远瞩、砥砺前行

1996 年，乡镇集体企业改制，林海川成立民营企业“宏川化工”，承接了原企业的业务和人员，成了一个民企“老板”。脱离了“集体企业”这块牌子，他肩上的责任更重了，能够在激烈的竞争中存活下来便是首要任务。当时林海川经常和员工一起跑市场、跑客户，亲力亲为，从点滴做起，慢慢地将公司发展起来。

当石化贸易做到一定规模后，企业所面临的困境逐渐被放大。化工贸易在化工行业中处于中游，属于“夹心饼”，利润受到上下游的挤压，非常微薄。林海川开始求变，向其他业务拓展，谋求更长远的发展。2001 年，在尝试向产业链下游的化工制造业拓展失败后，林海川将目光投向了化工仓储业务。化工仓储企业的资金投入大、审批门槛高、建设周期长，这对于一家民营企业来说无疑是巨大的挑战，然而一旦项目建成投产，这些行业特点就成为企业的重要竞争力。

林海川清楚知道只做化工贸易，眼前虽然可以继续维持，但未来终将会面临生死困境，于是他决定迎难而上，向高门槛的化工仓储行业进击。

经过三年的筹备、选址立项，2004 年，林海川成立了旗下第一家石化仓储企业——东莞三江港口储罐有限公司，成为虎门港立沙岛化工区的拓荒者，开建岛上的第一个石化仓储项目。2009 年，两期项目全部投产后，该项目的货物吞吐量、出租率和营业收入等关键指标均在华南地区名列前茅。

第一个仓储项目的成功指明了宏川未来发展的战略方向，林海川有了更大的雄心壮志，开始向成为行业龙头的目标前进。2009 年、2012 年林海川相继并购江苏的两家仓储公司，成功将石化仓储版图从珠三角地区延伸到长三角地区，在国内两个最活跃的化工市场完成了布局。经过多年的发展及扩张，如今宏川控股仓储企业八个，参股仓储企业一个，占地面积超过三千亩，码头八座，储罐六百五十九座，总罐容超三百万立方米，成为国内最大的民营化工仓储集团。

从资本运营到大型化工综合服务商：开拓创新、持之以恒

2008 年，林海川开始筹划将旗下化工仓储业务推上资本市场，公司历经十载艰辛，在股改、挂牌新三板后，于 2018 年 1 月 26 日，在过会率不到 20% 的最严 IPO 审核季闯关成功，同年 3 月 28 日在深交所中小企业板敲钟上市，成为东莞第二十七家 A 股上市公司。

宏川智慧的上市，是林海川推行“资本运营推动全面创新”发展战略所取得的重大成果。以此为新起点，他推动旗下企业由传统型企业向智慧型企业、由投资驱动型发展模式向投资 + 创新双轮驱动型发展模式的转型升级，不断寻找创新的机会。

林海川说，石化仓储行业是拥有悠久历史的成熟行业，要实现创新就必须立足于产业特点，要在传统中寻找创新的机会。国内石化仓储企业的运营模式普遍较为简单和同质化，这就为林海川打造新的商业模式、盈利模式提供了机会。他创新地开展了货物的“异地存取”业务。“我们知道存在银行的钱是可以通存通兑的，那么货物也是一样的道理，客户能在 A 地存货 B 地取货，”林海川解释道，“由

于化工产品运输成本高，提供这项服务就能够为客户大幅节省成本，增强客户市场竞争力。”对于林海川而言，不管是在技术和管理上多么优秀的企业，不管是拥有多少优质资产和资源的企业，在不断变化的内外部环境中，只有持续创新，才能生存及发展。

企业转型升级的过程一定是机遇与挑战并存的，林海川带领宏川在创新的征途中也走过不少弯路。几年前宏川集团成立了大宝赢电商发展有限公司，旨在搭建一个网上交易平台，为化工行业客户提供交易撮合服务，类似于化工行业“淘宝”。然而，平台上线后用户交易一直不太活跃，收益并不可观。发现问题症结后，林海川及时调整公司经营方向，放弃原来交易平台的定位改为交收服务平台，利用宏川的仓储优势、市场公信力和优质服务，为客户提供货物、资金、发票的交收服务，在买卖双方之间搭建起了信任的桥梁。新的模式让大宝赢走出了困境，走上健康发展之路。

林海川近照

谈到企业成功转型的经验，林海川谦虚地说所谓的成功只是看到的结果，宏川集团的发展是一个厚积薄发的过程，自己所做的十件事情当中可能只有三四件获得了成功才发展到现在。优秀的企业很多，能够持续优秀的企业却很少。“转型

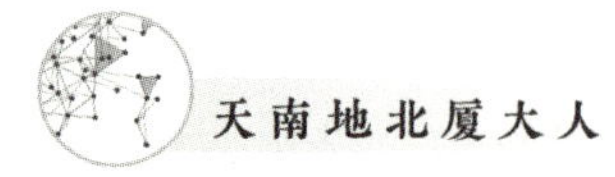

升级是一个企业永恒的主题，企业只有不断挑战更高的目标、不断随着环境的变化而变化才能持续稳定的发展。”

作为企业的领导者，林海川认为最重要的两件事：一是选对企业的发展方向，也就是战略，拥有固化优势的企业才能够持续高质量发展。二是保证企业的执行力，执行的主体是人，提升执行力的核心就在于团队建设。对林海川来说成功并无捷径，唯有通过脚踏实地的积累、持续的耕耘才能取得成果。

反哺母校回馈社会：感恩之心、薪火相传

2019 年 10 月 26 日，在纪念厦大 1989 级校友入学三十周年活动前夕，林海川作为 1989 级财金系本科校友代表出席了“89 财金校友励学金”捐赠仪式暨座谈交流会，并通过“浩善公益基金”向厦门大学“89 财金校友励学金”捐赠五十万元。

谈起此次捐赠，林海川感叹学校的变化之大，对比三十年前，母校早已万象更新，而他从未忘记滋养自己的细流与土壤，那份厦大人常怀的感恩之心始终如一。

林海川捐资用于母校办学建设

“89 财金校友励学金”最初由 1989 级财金系几位同学发起成立，初衷是希

望尽绵薄之力对表现优秀的师弟、师妹进行资助。林海川介绍说，励学金的模式是希望受到资助的学子将来走上社会后有能力之时能够加入励学金反哺母校，资助更多的厦大学子，“这是一种传承，希望能够将对于厦大、厦大学子的期待延续下去”。一百年前，校主陈嘉庚“毁家兴学”“宁卖大厦也要办厦大”的精神使厦大孕育于感恩之中，一百年来一代代厦大人将这份情怀薪火相传，使厦大在感恩中不断前行。

这种来源于厦大的感恩文化对林海川的影响之深，不仅体现在赠人玫瑰后手中的余香，还体现在他非常重视企业感恩文化的建设。作为一家中国企业，他希望能够将这种饮水思源、知恩图报的优良传统作为企业的文化基础，成为员工之间的共识。因此感恩文化系列活动也成了宏川内部一道亮丽的风景线。

为引导青年员工感念父母养育之恩，公司从十几年前就开展了“感恩百分百”活动，自愿参与活动的员工，每月从其工资中支出一百元，同时公司会另行补助一百元共同作为感恩基金，每月汇款至职员父母的账户。林海川说这个活动主要针对企业的基层员工，他们多数是年轻人，处于人生的早期阶段，赚钱后更多的是自己顾自己，因此公司希望年轻员工们能感念父母。孟子有曰：“人人亲其亲，长其长，而天下平。”若年轻员工能在活动中不忘初心、重回感恩原点，那便是林海川最大的欣慰。

“亲情之旅”活动则是为了让员工感恩小家庭，为中高管人员提供的专项旅游经费及带薪假期，鼓励其自行安排与家属外出旅游休假。为了证明这笔钱花在小家庭的建设上，公司更是规定报销的时候必须附一张旅游的全家福。谈起这一温馨的小要求，林海川的自豪之情溢于言表。

除此之外，林海川认为宏川今日所取得的成就与社会各界的支持是分不开的。因此，多年来，林海川还将这份感恩回报给社会，带领公司积极承担社会责任，履行社会义务，在多地都开展了捐资助学、扶贫济困、纾忧解难等大量公益慈善活动。这些年来，宏川集团已累计向社会捐款捐物约一千八百万元。

常年热心于教育、扶贫等公益事业的林海川不仅自身常怀感恩之心，更是撒下了感恩之种，让它不断地生根发芽，在所经之处生生不息、茁壮成长。

原音回放：

“百年恰似风华正茂，期待厦门大学初心不改、自强不息，在新的百年建设成具有厦大品格、中国特色的世界一流大学。”

（文 / 学生记者 陈洁怡；指导老师 / 曹立新；图 / 受访者提供）

李式耀：谱写时代乐章，把福建唱给世界听

人物名片：

李式耀，厦门大学1990级音乐系校友。2009年被确定为福建省宣传文化系统第一批“四个一批”人才，2010年被评为福州市“首届优秀人才”；2018年入选福建省优秀“百人计划”人才、省文化名家。中国音乐家协会会员，中国音乐家协会第七次、第八次全国代表大会代表，福建省音乐家协会副主席，福州市文联副主席，福州市音乐家协会主席，福建省音乐家协会青年音乐学会首任会长。福州市第十一届、第十二届政协委员，福建省第十二届、第十三届人大代表。

在一个阳光明媚的早上，有幸约在李式耀位于闽江边的工作室与其见面。李式耀给我留下的印象，是一个谈吐温润，谦虚，且始终报以微笑的长者。结识多年，一直被他的才华所折服。三十四岁，作品获第九届中宣部全国“五个一工程”奖、第三届中国音乐“金钟奖”两项国家级权威大奖；三十七岁，成为福建省音乐家协会历史上最年轻的副主席。今天，李式耀将带领我们走进他的音乐之路，倾听他的创作心声——关于写下抗疫歌曲《有你身影》背后的故事，关于北漂的励志奋斗史，还有关于就读于厦门大学音乐系的难忘时光……

以艺战疫，用优秀作品温暖人心

2020年伊始，一场突如其来的新冠肺炎疫情扰乱了所有人的工作和生活。面对疫情，全国人民众志成城，共同战疫。6月14日，一场为抗疫而生的福州市抗疫歌曲云音乐会在抖音平台播放。其中《有你身影》作为福建省春节后第一首被媒体广泛推广的抗疫歌曲作品，一经发布便迅速在电视和网络传播开来。

这首饱含深情的歌曲的曲作者，便是厦门大学1990级艺术学院音乐系李式耀。据李式耀介绍，这首歌曲的词曲创作，仅花了半天时间。“1月27日上午，年逾七旬的词作家林鸿坦关注到福建医疗队出征武汉新闻报道，有感于白衣战士的精神，便在朋友圈发布了《有你身影》的歌词。”正在老家寿宁县过春节的李式耀，看到歌词后瞬间激发起创作热情，花了二十多分钟谱好曲，便发到朋友圈，向前去支援的医疗队致敬、加油。

一条朋友圈激起千层浪。短短一小时，李式耀朋友圈就收到了数百人点赞和评论。福州市警官艺术团歌唱演员、厦门大学2003级艺术学院音乐系的程鹏，在朋友圈看到这首歌曲，生为武汉人的她，忧心家乡疫情，希望通过音乐为湖北加油，于是她清唱了一小段发给李式耀，由于缺少编曲伴奏，感染力显得不够，传播起来也有局限。当时是春节，之前合作的音乐团队都停止录制回家过年了。就在此时，福州爱唱录音棚负责人留言可以马上开工录制，这条留言让李式耀喜出望外，果断决定第二天回福州。

1月28日晚九点，李式耀同程鹏、曲波两名歌手来到福州爱唱录音棚录制歌曲。为了不耽误录制进度，伴奏制作和录音同步进行，在录音棚里，歌手根据音乐制作人给出的和弦、拍点进行演唱录音。29日凌晨两点，《有你身影》完成演唱录制和编曲制作；四点，歌曲合成完毕。李式耀说，这次录制虽然困难重重，但每个合作者都充满激情，当时真是有一种上战场的感觉，录制后的作品现在听起来还是有一股热乎劲。

“歌曲完成当天，我就发给福建省支援武汉医疗队负责人，请他转达给全体队员，表达文艺工作者的敬意。”李式耀说，一百四十七名医疗队员听到歌曲后，十分振奋，表示一定要“科学防护，精准救治，平安归来”。

此后，李式耀又创作了《中国，你行》《党旗在飘扬》《为爱逆行》《你最美》《英雄汉》《不说再见》等三十首抗疫歌曲，以艺战疫，凝心聚力，用优秀的文艺作品

李式耀工作照

温暖激励驰骋武汉的医务人员，增强大家战胜疫情的决心和信心。同时，他还积极参加“中欧音乐家携手共谱抗疫歌曲”活动，与欧洲音乐家及华侨合作创作出《世界因爱而生》等六首作品，为抗疫一线人员摇旗呐喊。

五月，在福建省网信办和新浪等联合主办的活动中，李式耀被评选为“福建战疫平凡英雄”。

求学厦大，展露音乐创作才华

说到为何考学厦大，李式耀回想到自己年少时的故事。当年邻居家的亲戚考上了厦门大学，家中挂着一张厦大上弦场的照片，美丽的操场、宏伟的建南楼群

大学时期的李式耀

弧形拥抱上弦场，让李式耀瞬间迷恋上了这里，他说："这就是我心中的理想大学啊！"

1990年，他如愿考上厦门大学艺术（教育）学院音乐系，这是全国第一所设置音乐系的综合性大学，巧的是，收到的录取通知书上，封面也印着上弦场的照片，李式耀感慨万分："感觉很奇妙，我终于圆梦厦大了。"

1991年，刚读大一的李式耀还未进入作曲班，兴趣使然，加上初生牛犊不怕虎，他报名参加音乐系举办的"社会主义好"歌曲创作比赛，与作曲专业的师兄、师姐同台比拼。而这场比赛，展露出他的音乐创作才华，他的作品《中国的选择》获得一等奖，并刊登于《泉州音乐》杂志，这是李式耀第一次在官方媒体发表作品。"当时作曲班是通过考试、比赛选拔出来的，全年级只有三至五个人。老师看到我有这方面的天赋，就推荐我进入作曲班。"

厦门大学音乐系成立初期，系里来了一批从全国各地院校抽调来的音乐名家，有周畅教授、方妙英教授、赵升书教授等，"方妙英教授是《民族音乐概论》教材的作者，当时教我们民歌和歌曲创作。她认为民族音乐是创作的源泉，要求我们抄写民歌、背唱民歌。一年下来，学习积累的民歌达百来首"。据李式耀回忆，方教授平日里对学生要求严格，批改作业十分细心，作品中哪怕一小节出问题，都会被揪出来要求改正，"这无形中让我养成了规范记谱的好习惯"。

与方妙英教授截然不同的是，赵升书教授的作曲课堂，采用相对开放式的教学方式。"赵教授注重作品的最终呈现效果，你谱子写得再认真，如果旋律不好听，分数肯定低。"在李式耀看来，本科四年教授们的指导和点拨，为他的音乐创作之路打下了坚实的基础。

对于母校厦门大学，他始终饱含深情。2016年4月，在厦门大学九十五周年校庆晚会上，一首名为《青春是一场幸福的遇见》的歌曲击中了厦门大学老中青三代学子的泪点。这首歌曲的词作者翁朝霞是厦门大学校友，曲作者就是李式耀。歌曲让人们重新忆起厦门大学的旖旎风光，回味青春的浪漫和无尽美丽。

踏入媒体行业，为八闽大地而歌

1994 年，李式耀大学毕业。恰逢福建文艺广播电台刚成立，他再次脱颖而出，被录用成为“文艺台”首批直播节目主持人。自采、自编、自播，让他迅速成为一名全能型媒体人。通过采访，他接触了国内许多知名音乐界名人、大师，在工作中，他不断吸收前沿的流行音乐动向、时尚元素，甚至学习、研究流行音乐的市场运作模式。

1998 年，李式耀调到福建电视台成为独立栏目制片人。“在媒体工作的这几年，对我非常重要。这些实践经验，都是课堂上学不到的东西。”李式耀说。

2003 年，事业小有成就的李式耀做了个惊人决定：辞职北上，当职业作曲家。因为在他心里，北京是中国音乐文化最活跃的城市，可以看到世界级的演出、捕捉到音乐圈最鲜活的元素、触摸到最新锐的创作思想。

李式耀参加第六届福建艺术节

在北京的几年历练了李式耀，使他厚积薄发，他的人生再一次起飞：2004 年年底，他创作的《风景》接连斩获第九届中宣部全国精神文明建设“五个一工程”奖、第三届中国音乐“金钟奖”两项国家级权威大奖，李式耀收获了音乐事业首个最高峰，在全国音乐界有了名声，并奠定了如今在音乐界的地位。2006 年，李式耀选择回到福建干一番事业。作为一名创作者，他表示自己来自南方，更熟悉这一片土地，只有家乡山水是他创作之源，只有故乡才能让他的心灵踏实，而且有个想法也让他越发坚定：“要为家乡而歌、为八闽而歌”。

回闽后，李式耀几乎踏遍了福建的山山水水，俊秀的武夷山、美丽的厦门等都成了他手中一个个跳动的音符。获得金钟奖的《风景》就是一首歌颂闽江美景的歌曲。李式耀说，《风景》的歌词打动他，“尤其是那句‘我要你打开临江的那扇窗，让风景在你我眼里流淌。当我们走进烂漫的霞光，梦想就在你我心中生长’，特别符合当时我的状态和心情，工作了几年，很想买一套房，在福州扎根”。当时，他下班后骑着自行车，在回宿舍的路上就把《风景》的主旋律给哼了出来。清新优美的曲风，凝练的、富有张力的歌词，给人无限的想象空间，后来这首歌在《同一首歌》《正大综艺》等栏目播出，也位居排行榜单前列。

李式耀勇立潮头，谱写时代新乐章，步履不停，创作不息，把福州、把福建唱给世界听。在专访尾声，李式耀动情地说：“福建是我的福地，厦门大学是我音乐之路成长的摇篮。创作更多贴近百姓心声的作品，宣传好八闽文化，是我应尽的责任和义务。”李式耀表示，在厦门大学成立一百周年之际，他还会继续创作歌曲，作为送给母校百年华诞的生日礼物。

（文 / 陈贝茜；图 / 受访者提供）

于树军：诚意正心，知行合一
—— 人生是一场自我的“修炼”

人物名片：

于树军，1998 年毕业于厦门大学外文系俄语专业。现任华腾科技董事长；2013 年，与夫人郭晓虹校友共同创立厦门大学华腾助学基金，截至 2020 年 11 月，已累计资助四十七名贫困学生，其中五名学生赴俄罗斯留学深造；2014 年，担任厦门大学内蒙古校友会首任会长；2015 年，推动华腾科技完成挂牌上市，同年，华腾科技“智慧校园”产品开始推向全国市场，为持续推动国家教育现代化和民族伟大复兴努力奋斗。

“用心做好自己，一切水到渠成。”这是于树军校友送给学弟、学妹的一句话，他希望通过他的人生经历和人生感悟为后学提供一些借鉴，帮助年轻人早日找准人生的发力点，义无反顾地去书写自己的人生篇章。

于树军说，年轻时候的自己，尤其是刚上大学时，懵懵懂懂，率性而为，但待人接物总是心存善念，做事光明磊落，一定全力以赴。多年后，一次偶然的机会让他接触到了明朝大儒王阳明先生的“心学”理论，这才恍然大悟并坚定了自己的价值观：人生的成败可以由自己掌握。他谈到，阳明先生主张的“心即理”告诉我们的是，天理自在人心，人心的纯度决定人生的高度。所谓“圣人之道，吾性自足，不假外求”，可以理解为“人生是一场自我的‘修炼’，而不是一场跟他人的竞赛”，也可以理解为“我的人生我做主，什么样的人成就什么样的人生”。如果能以“诚意正心，知行合一”来要求自我，坚持做有良知的人，做好当下的事，即使没有圣人之志，也必将拥有一个光明无悔的人生。

全面发展，做积极向上的大学生

二十五年前的那个夏天，是于树军第一次离开家乡内蒙古出远门。辗转三次，在绿皮火车的硬座上坐了七十多个小时后，他抵达了厦门，就读于厦门大学外文系 1994 级俄语专业。他说，那时候的自己，既没有远大的理想，也没有明确的目标，只是幸运地考取了梦寐以求的厦大，希望以积极的心态顺利完成学业，从各方面提高自己的能力，将来能找到一份俄语专业方面的工作就知足了。

他说，现在回想起来，大学生活似乎很短暂，但也足够丰富，很多鲜活的画面仍不时地闪耀在他脑海中：难忘班主任徐琪老师带领同学们骑自行车环岛、顾鸿飞老师在自己宿舍帮他补课；难忘杨杰老师诙谐有趣的课堂氛围、黄训经老师严谨专业的谆谆教导；难忘陈胜凯老师给同学们发放困难补贴、辅导员黄宇霞老师早操点名的严肃；难忘在博学二（现科学艺术中心旧址）教学楼学习的一千多个日日夜夜，与女朋友在芙蓉湖、上弦场、白城海边散步的爱的足迹，跟舍友、同学们在篮球场挥汗；也难忘假期留校深夜在石井园区巡逻追赶小偷的疯狂，勤工俭学走街串巷推销方便面的艰辛，深入小区派送牙膏被拒绝的尴尬……

还有很多很多的大学时代记忆，都是那么让人印象深刻，毕业后多少次梦回厦大，那么美好又那么真实。于树军说，所有的这些经历都是他人生成长的阶梯。虽然，在厦大学习时，他并没有特别明确的规划，但回想起来，在完成学业的同时，积极参加各种社会活动，甚至谈恋爱的经历都让他受益匪浅。对于他来说，大学不仅仅是学习知识的地方，更是人生全方位升华的殿堂。家庭经济困难的他通过勤工俭学，自力更生，不仅解决了大学四年的生活费问题，也锻炼出了一身本领。此外，大学期间积极参与集体活动，也让他与老师、同学们结下了深厚的情谊，使厦园的求学时光成为他永生难忘的美好回忆。

1998 年，于树军、郭晓虹伉俪在厦门大学留影

于树军的大学生活积极向上、全面发展，大学四年各方面的熏陶，对于他自身价值观的塑造、独立人格的形成意义重大。他始终认为，一个人，要听从内心的声音，不受利益的驱使，做真正的自我。不管对人还是对事，只要全身心地付出，必然会有所收获、有所成长。在不知不觉中，会发现自己正走在通往成功的路上。成功真的就是一种习惯，是心路历程中无数个“知行合一”的累积。

勇于挑战，做爱岗敬业的奋斗者

“人各有志，各安天命。”每个人的选择，都是每个人的认知和机遇双重作用的结果。于树军形容自己不是一个“安分守己”的人，喜欢挑战，崇尚自由。大学毕业后，他选择了去企业工作。

毕业半年后，于树军有幸进入了高科技领域，在一家从事寻呼台建设的 IT 公司工作。对他来说，这是一个完全没有想过的全新挑战，作为一个在大学里连计算机二级都没有通过的文科生，竟在毫无基础的情况下接受了这样高难度的工作，对俄语专业毕业的他而言，行业跨度之大可想而知。但于树军没有退缩，而是迎难而上。刚入职那段时间，对于软件、硬件、计算机系统一窍不通，让他如坐针毡，但他没有气馁，始终保持从零开始的心态和状态，一边工作，一边不分昼夜地利用一切机会学习。经过三个月的攻坚，他很好地掌握了安装操作系统、调试业务系统、测试业务单元、为客户现场培训等工作，完成了 IT 行业的入门。没过多久，他脱颖而出，成为这家公司的骨干销售，此时的他也终于从放弃俄语专业的遗憾与跨界从事信息领域的不安恐惧中走了出来。在服务这家公司一年半以后，于树军因为在一个重要的项目上跟老板意见不合，从来坚持做事对事不对人的他选择离职。

两个月后，于树军南下深圳，去了一家更大的 IT 技术公司——清华深讯科技有限公司，开始从事移动通信增值业务软件领域销售工作。他从内蒙古一个地区的客户经理干起，全身心地投入新的工作，与生俱来的诚实正直，积极乐观的态度，勤奋上进的工作作风，使得他的业绩飙升，职务由客户经理、区域经理到大区经理，短短三年时间他便成为这家公司主管全国销售的总经理，成了一名优秀的职业经理人。

于树军参加创业戈壁行活动

于树军谈到，现在回首过往，人绝不能把所学的专业当成唯一或者全部，因为在专业之外，每个人本身的思想、行动力、社交能力以及学习能力才是更加宝贵的财富。即使迫于外部环境，在工作中放下专业领域，也要相信自己可以开发出更多更强的其他能力。他强调，有志者事竟成，别让专业禁锢了探索的脚步，

要勇于发现人生的多种可能。

胸怀理想，做艰苦创业的追梦人

在这家公司的职业生涯达到巅峰时，于树军又一次选择了离开。他需要重新上路，去追寻更高的人生目标。因为一直以来都有一个梦想萦绕在他心中，那就是创业。他还清楚地记得 1998 年大学毕业聚餐时，一位师姐问道：“你毕业以后有什么理想？”，他脱口而出：“未来我想有一家自己的公司。”这个声音他从来没有忘记。

选择创业，做什么领域至关重要。他选择了“产业移动互联网”作为自己的大方向。2006 年，他前瞻性地做出判断：随着移动通信的快速发展，手机必然会成为移动电脑、移动办公的大势，移动信息化尤其是产业互联网领域大有前途。于是，在毕业八年之后，2006 年夏天，于树军放弃了深圳安稳的日子，怀揣着几年的积蓄，回到家乡内蒙古创业，创立了内蒙古华腾科技股份有限公司。之所以取名为“华腾”，来自周恩来总理 1917 年东渡日本前夕，为同学郭思宁题写了“愿相会于中华腾飞世界时”的临别赠言。于树军希望以此为华腾人共同的奋斗目标，坚持教育兴国、科技兴国，一定能实现中华民族伟大复兴的宏伟大业。

于树军参加“创客中国”活动

选定了大方向，还要选择一个领域深耕细作。行业有那么多，要想有所成就，就必须选择一个行业与移动互联网技术深入融合才能产生巨大的价值。只有专注，才能专业。华腾科技经过慎重选择，最终把公司的主营业务定位为“互联网 + 教育”，即“智慧校园”。“能有什么比培养人更有价值的事情呢？能有什么比助力中国教育发展更有价值的事情呢？”于树军如是说。

把自身擅长的科技和教育深度融合，为中国教育改革与发展注入新的动力，才是最值得他们做的事业。华腾科技与教育的不期而遇，也许正是厦大人对教育的浓厚情怀。校主陈嘉庚先生“教育救国”的壮举影响、激励着一代代厦大人，嘉庚精神已经融入了每位厦大人的血液之中，华腾科技正是继承和发扬了这种精神，树立“科教强国”的理念，立志为国家教育现代化贡献自己的力量。目前，华腾自主研发的“智慧校园服务平台”和“一站式服务大厅”产品，颠覆了过去只能由厂家代码工程师研发的模式，业务部门和二级学院都可以按照自身的需求，自主实现信息化，出现了“网络中心搭台，业务部门唱戏”的校园信息化建设新模式。产品一经推出便行销全国，发展迅速，短短几年已经服务了百余所大学，其中就包括于树军的母校厦门大学。于树军表示，厦门大学培养了他，他要用自己创造的产品反哺母校。目前，华腾全新更新支持了厦门大学网络信息新门户，整合了包括教学活动、智慧党建、人事管理、校园一卡通等一百多项师生常用服务线上办理，让师生“少跑路”，广受师生的喜爱和好评。

创业就像攀登珠峰，风险极高，成功率极低。有人说，创业者不是疯子就是傻子，但是，为什么还有那么多人争先恐后地去创业呢？于树军校友说，因为“创业是勇敢者的游戏，是一条自我征服之路，是灵魂升华之旅，也是人生成长的捷径”。

创业给了他更大的人生舞台，给了他更多自我磨砺的机会；创业撑大了他的胸怀，淬炼了他的意志，净化了他的心灵；创业也使他淡泊了名利，他一直践行感恩，回馈家乡，回馈母校，回馈国家。2014 年，于树军积极响应母校校友总会成立内蒙古校友会的倡议，广泛联络、多方奔走，短时间内联系到分散在内蒙古

各地的厦大校友，于同年底成立了内蒙古校友会并主动担当首任会长一职。校友会的成立不仅加强了内蒙古本地校友之间的联系，也拓宽了内蒙古校友与母校师生的合作交流。2018 年 5 月，厦门大学《哥德巴赫猜想》原创话剧在呼和浩特隆重上演，赢得热烈反响，扩大并提高了母校厦门大学在内蒙古的影响力，校友与母校彼此赋能，源远流长。

王阳明说，“人须在事上磨，方能立得住；方能静亦定，动亦定”。于树军校友告诉我们，人各有志，各安天命，创业也好，就业也罢，每个人只要在自己的位置上用心做好自己，勇于在事上不断地磨炼自己，不念过往，不畏将来，不为利诱，人生何茫茫！人人都可以“普渡驾慈航”！

（文 / 厦门大学外文学院宣传中心；图 / 受访者提供）

陈东有：不断跨界的挑战人生

人物名片：

陈东有，厦门大学1994级历史系博士研究生校友，南昌大学教授、博士生导师。三十多年来一直从事中国古代文学史、汉语史、中国文化史、海洋社会经济史和管理学的教学与研究。曾先后担任南昌大学党委副书记、中共江西省委宣传部常务副部长、江西省人大内务司法委员会副主任委员等职。发表学术论文九十余篇，出版《走向海洋贸易带》（博士论文）、《农民工就业波动分析及对策研究》（国家社科规划项目）、《陈东有〈金瓶梅〉论稿》、《陈东有文史论稿》、《东有论见》等十余部专著，主编《话说社会主义核心价值观》《中国的农民》等。

厦门大学史学博士、南昌大学教授、海洋社会经济史学者、《金瓶梅》研究学者、中共江西省委宣传部常务副部长、《东有论见》栏目主播……一个人若能达成其中一项成就已实属不易，但在陈东有校友身上，我们看到了许多不同身份的融合，看到了很多次跨界挑战。不断跨界，他活出了不一样的高密度人生。

从文学跨到史学：拓展多学科研究视角

在来厦门大学攻读中国史博士学位之前，陈东有致力于研究明清小说文学，尤其是被称为“明代四大奇书”之首的《金瓶梅》。在对《金瓶梅》的深入研究中，他发现这部经典著作除了具有文学价值，也蕴含着丰富的经济史研究价值，如《金瓶梅》与京杭大运河经济文化的关系、《金瓶梅》与当时经济社会的关系等。但那

时候，学界普遍从文学角度研究《金瓶梅》，几乎没有人从经济史角度展开调研。陈东有看到了研究领域的空白，尝试发表了几篇关于《金瓶梅》中经济文化的研究文章，在学界引起了积极的反响。但他深知自己是文学史出身，对经济史研究较少，对经济与文学的关系等研究问题只是略懂皮毛，而这些正是研究《金瓶梅》经济问题的重点。于是他开始自己钻研，研究明清经济史，尝试从文学史向社会经济史研究领域的跨越。

当时，厦门大学在明清社会经济史领域的研究水平在全国乃至世界都享有极高声誉，特别是首创研究海洋社会经济史的杨国桢教授，主张从多角度对明清时期海洋社会经济史展开调研，并希望招收来自不同领域的学者学子组建研究团队。各种机缘巧合下，陈东有考取了厦门大学历史系博士生，拜杨国桢教授为师，如愿以偿跟随杨国桢教授一起研究明清时期海洋社会经济史，在杨老师的悉心指导下，填补传统史学研究在海洋经济史领域内的空白，以期唤醒国人的海洋意识。

陈东有与杨国桢教授合影

关于厦门大学，陈东有印象最深的就是学校良好的学习环境，不仅图书馆藏书众多，老师们在指导读书、教导研究上也很有方法。他开玩笑说道："厦门大学风景很美，很浪漫，很适合生活，也很适合谈恋爱，但当时我已经四十多岁了，已经成家，所以就把时间都花在看书上了。"陈东有鼓励学弟学妹们，一定要充分利用厦门大学的学习平台，多读书，读好书，储备知识、扩大视野，从而成就梦想。

在厦门大学求学期间，陈东有不仅阅读了大量明清社会经济史料，更广泛涉猎了很多不被重视的明清海洋经济史资料，这些素材优化了他的知识结构，丰富了其知识储备。陈东有表示，无论是文学研究还是史学研究，都需要融会贯通、相互借鉴。"在《金瓶梅》研究中，我把西门庆看作一个商人，把他生活的环境看作一个市场、一个社会，先研究他的经济行为，再看他官场上、家庭上的行为，这样就与原先的研究截然不同。"回首过往，厦大跨领域学习科研的经历，不仅使得他的研究视野不断拓展，也让他看问题的广度得以扩大，思考问题的深度不断加深，对其日后的学术研究、从政决策都有着非常大的积极作用。

从学者跨界政坛：坚守做学者型官员

1997 年夏天，在获得博士学位后，陈东有回到南昌大学继续任教，将所学到的"文学 + 史学"知识投入到日常教学和文史研究。他认为，对待教学和科研工作，首要品质就是保持对学术的执着，希望能将自己全部的精力投入到教学、研究中。

因组织需要，2002 年冬，陈东有被任命为学校的党委副书记；不到一年，他又上调江西省委出任宣传部副部长，后又担任常务副部长。从学术研究跨界政坛新人，可谓困难重重，尤其是对于已经五十多岁的陈东有来说，无疑是一个巨大的挑战。"说实话，我当时并不愿意从政。"他表示，政务工作难免会挤占自己从事学术研究的时间。

经过一段时间的努力，陈东有逐渐适应了新的岗位、新的角色。当好一名学者、当好一名官员都不是件容易的事情，而陈东有却跨界融合，成为一名令人称道的

“学者型官员”。他曾说过，“一个官员，具有学者的品质，是一件好事，但不是件易事。”官员型学者，往往会带有官僚气息，这是不可取的；而学者型官员却是一件好事，因为一个学者身上通常会有细致真诚、实事求是、待人谦和的学术风格。但如何把这种风格融入从政过程，将学术研究中的广阔视野运用在从政决策中，也不是一件容易的事。

陈东有在人大常委分组讨论时发言

尽管很难，但陈东有坚持当官员就要踏踏实实干实务，为人民办好每一件实事；当老师就要认认真真做研究，为学生上好每一节课。无论是宣传工作还是自身建设，他都保留学者风范，努力做到“实干兴邦”，多“接地气”，把工作当成学问来做，认真扎实，刻苦专一。此外，即使公务繁忙，陈东有也不忘自己的学术初心，坚持每天读书学习，坚持回到学校上课，坚持利用空余时间继续学术研究。“从政久了，心难免容易浮躁，做研究能让心静下来、沉下来。”陈东有道出了背后的理由。

身为一名跨界的教师、学者和官员，陈东有表示自己还是“好为人师”，最喜欢的还是教师的角色。他坦言：“每次到课堂上与同学们接触，都感觉到自己身上有一种青春的力量。”每一次认真准备后，来到课堂上课，与同学们讨论问题，发表自己的看法，同学们也有所反应，愿意一起交流观点甚至争辩，这对陈东有来说是一件特别开心、快乐的事情。

退休后跨界主播：不忘服务民生初心

2016 年，已是花甲之年的陈东有从工作岗位上退了下来。本应是颐养天年、好好休息的时间，他却又一次选择了迎接新的跨界挑战。

那时候，江西省电视台打算推出一档民生时政评论节目，邀请陈东有担任评论主播，结合他多年来从事学术研究以及宣传部门工作的经历，对民生时政进行评述。对于这份邀约，一开始陈东有并不愿意，因为民生时政评论不好讲，讲不好还会出问题。但在电视台的多次劝说下，陈东有对于这档节目的目的和意义有了更为深入的认识。于是在请示了有关领导并获得支持后，由其担任主播的民生时政评论节目《东有论见》正式开播。

陈东有在节目主持现场

每周两期节目，每期节目十分钟，虽然在荧屏上的时间并不长，但陈东有在背后需要付出的努力却并不少。他需要事先进行大量的准备，查找多方面资料，了解事情的来龙去脉，并进行独立审慎的思考。因为是第一次担任主播角色，陈东有也需要向主持人不断学习，掌握电视主播的技巧，尽快实现评论主播的身份跨界转变。

“亲民”是《东有论见》节目最大的特点，也是陈东有给记者留下最深的印象。即使是著名学者，也担任过政府要员，但陈东有并不摆架子，在采访过程中，“谢谢”“不麻烦”“你看这样说行不行”“有需要尽管提”这些话经常从他嘴里说出。“众说纷纭，东有论见。”他给自己的节目定下了很多规矩：“家事、国事、天下事，事事关心；人情、世情、百姓情，情情可论”，“关注社会舆情，参与民生舆论”，“为老百姓说话，说老百姓的话”。

而早在 2010 年，陈东有就曾撰文谈他的三位老朋友：板车师傅、钥匙师傅、理发师傅。他们都是在陈东有宿舍附近活动的普通市民，也是他的好朋友。陈东有经常和他们聊天，从柴米油盐酱醋茶到房价、交通、政治等。从这些闲聊之中，他听到许多工作范围内听不到的消息，了解到最真实的民生情况，这些宝贵的信息，也是最基本的国情。陈东有曾表示，群众是真正的英雄，百姓当中也有高人，要相信群众的智慧和力量。

由于陈东有看问题、抓问题比较准，节目上讨论的是人民群众关心、希望了解、希望明白的问题，涉及的是百姓生活中柴米油盐酱醋茶的日常问题，涉及的是大家对当前时政看法的民生问题，因此《东有论见》节目开播后，广受好评。后来，为了更好地服务民生，陈东有将《东有论见》节目内容结集出版，同样受到了民众好评。时任江西人民出版社的总编辑游道勤先生形容此书为“一部对民生时政、社会热点进行评论的书，一部讨论人情世情百姓情的书，一部贴近时代、贴近生活、贴近老百姓的书，一部充盈着作者责任担当、百姓情怀的书，一部体现作者深刻洞察世情、臧否现实的书”。此后，陈东有继续将节目内容结集成书出版，一共出版了三本《东有论见》。

谈到跨界主播做时评节目的初衷，陈东有表示，自己长期从事学术研究，又在宣传部门工作了十年，看问题的角度、深度和广度都不一样，对一些问题有自己的思考与看法。“希望通过电视这样的大众传媒，同观众一道面对现实，给观众们影响”，在他看来，通过这档节目，一方面能够帮助民众对杂乱的信息有一个清晰的辨识，向民众解释政府的政策措施，引导民众思考，提高民众分析问题、认知问题的能力；另一方面也能真真正正反映民众的关注，让政府部门了解民生问题，了解最真实的民情。正是怀着这样一颗服务民生、启迪民智的初心，陈东有与节目团队一起努力，让《东有论见》节目成为一档街头巷尾热议的好节目，他再一次完成了出色的跨界转型。

“视野”是陈东有接受采访的过程中频频提到的关键词。无论是从文学到史学的跨界，还是从学者到官员、主播的跨界，给陈东有带来的不仅是身份和挑战的增加，更多的是视野的提升。一个人唯有敢于不断跨界，不断尝试，不断融合，视野才能更开阔，思考问题的角度、广度、深度才能不断提升，人生的厚度才能增加。

原音回放：

“在厦门大学读书绝对是一个人难得的好机会，只有多读书才不会辜负‘南方之强’的学生时光。”

（文 / 学生记者 郑培宏；图 / 受访者提供）

张德祥：做一个“坚持、严谨、有追求、有境界”的教育家

人物名片：

张德祥，厦门大学教育研究院1994级博士研究生校友，教授，博士生导师，高等教育研究领域专家，享受国务院政府特殊津贴专家。曾任沈阳师范学院院长、辽宁省教育厅厅长、大连理工大学党委书记，厦门大学辽宁校友会原会长，现为大连理工大学高等教育研究院名誉院长。曾兼任中国高等教育学会副会长、中国教育发展战略学会副会长等职务，现为中国高等教育学会学术委员会副主任，被誉为国内研究高校内部学术权力与行政权力的第一人。

求学：步履不停，厦园追梦

“读博一直是我的一个追求”，但和大多数人不同，四十四岁的张德祥几乎是踩着年龄的上限才来到厦门大学，因为当时对于攻读博士研究生有一条“年龄不能超过四十五周岁”的政策规定。来到厦门大学之前，张德祥本科学习政治教育专业，后在日本留学期间读教育学，也是在这个时期萌生了对高等教育学的兴趣。早在20世纪80年代初，在我国高等教育学科的奠基人、开拓者潘懋元教授的努力下，厦门大学开创性地建立了高等教育学学科硕士点和博士点。来到厦大攻读高等教育学专业博士学位，师从潘懋元教授是张德祥一直以来的期待。一方面要实现自己的梦想，一方面怀着“再拖就没有机会”的想法，张德祥于1994年报考进入厦门大学教育研究院。

当时的张德祥已是沈阳师范学院的副院长，并且在入学后的第二年成为院长，一边工作一边学习所带来的“工学矛盾”贯穿了他整个读博期间，但在这种压力下，他克服了各种困难。“我去读博士，不是图一个博士的头衔，最重要的想法就是在学术上要有所追求、有所收获。”在这个过程中，张德祥获得了多方面的支持与帮助，有工作单位的理解，有潘教授作为榜样的力量和悉心的指导，也有高教所浓厚的学术氛围。他还回忆起每一次学术例会中大家学术观点的碰撞与讨论，自己会和同学们从教室讨论到寝室，甚至会争论得面红耳赤。除了这些外部助力，张德祥坦言很多事情还是要“靠自己”，在学习博士学位课程和做博士论文期间，当时有着“自己现在难以做到的毅力和劲头”，除了完成正常的工作任务，他几乎每天都学习到凌晨一两点，最终用三年的时间完成了博士学业和毕业论文。

博士论文的过程不是一帆风顺，也有一些小插曲。张德祥最初定下的博士论文选题是政府与大学关系的研究，做了正式开题并已经撰写了近五六万字，后来看到一篇关于国家与大学关系的文献，阐述国家的行政权力和大学的学术权力，受这篇文章的启发，他敏锐地意识到高等学校内部也有学术权力与行政权力，这是一个很值得研究且未被大家重视的问题。想要改换选题，但这就不得不承受风

1997 年，张德祥（右二）博士答辩后和同学们一起与潘先生合影

险，这个风险既包括了时间上的紧张，也包括了这是一个全新的研究问题，缺少前人研究的资料和经验的参考。在潘懋元先生的支持、鼓励、指导下，张德祥觉得既然“创新就要冒风险”，还是横下心来，“穷尽一切的办法，拿出所有的精力放在论文撰写上”，于1997年7月完成博士论文《高等学校的学术权力与行政权力》并参加答辩。答辩时，得到了答辩委员会“十分满意”的高度肯定，他也因此被誉为“国内高等学校学术权力与行政权力研究的开拓者”，这显然是在厦园三年努力、不停追求所获得的最好收获。

工作：双重身份，相互成就

如果说在厦园求学时，张德祥兼具了学生、学者和管理者的多重身份；那么从厦大毕业后，他依然在学者和管理者双重身份中切换。回顾张德祥的工作履历，既有丰富的教学活动，也有不少处理行政工作的经历，不过不论在三尺讲台还是机关单位，可以说张德祥从没离开过教育行业，扎根杏坛已超过五十个年头。

张德祥做学术主题报告

张德祥的从教生涯从1969年在生产大队当民办老师开始，此后他当过小学、中学、高中和大学老师，也当过中学的教研组长、年部组长、大学的系主任，但即便是在任职大学校长和大学党委书记，甚至是辽宁省教育厅厅长时，他也一直坚持给学生上课，因为他认为，这是“心里边感觉很幸福的一件事情”。虽然有过很多职务，张德祥很在意“教师”的头衔，他认为教育之于个人乃至整个国家都非常重要，是国之大计和存续振兴的基石。此外，教书育人的幸福还在于身为老师是需要终身学习的，“我的快乐就在于我和学生一起成长”。

在教育这个主题下，张德祥也有过颇多管理岗位、领导岗位的经历，但这种岗位变换实际上也与他的教育研究相契合。张德祥说，在做大学领导时，他常常会听到两种不同的声音，比如机关干部有时会埋怨部分老师随心所欲、散漫难管，老师们则会批评机关存在官僚主义、衙门作风。大学的行政人员和学术人员甚至会有不同的思维方式和行为方式，但是大学离不开这两种力量，如何化解这两种权力之间的矛盾冲突，协调好两者的关系是作为管理者很重要的一份责任。这种在工作实践中察觉到的问题成为张德祥学术研究中的兴奋点，并将自己在学术研究中的思考成果用在行政工作当中。高等教育研究者和高等教育管理者这两种身份可以说是相辅相成互相成就，研究走在前面，管理就会更加理性。但是，“它只有一点是矛盾的，你要工作但同时要进行学术研究，你只能用娱乐休息的时间来进行学术工作”。所以张德祥总是牺牲了个人的休息娱乐时间来处理工作或专注学术研究。也正是这样，张德祥不仅治校有方，同时在学术研究上也成果丰硕，在高等教育学领域享有颇高的威望和尊重。

情谊：母校情结，真挚浓烈

厦门大学高等教育研究院的潘懋元先生是张德祥的博士生导师，今年已有百岁高龄却仍然坚守教育一线，他也是给张德祥的事业发展和学术成就都带来重大影响的人。提起潘懋元先生对自己的影响，张德祥条分缕析，列出了他在求学期间从潘先生身上汲取到的追求、坚持、治学严谨和关爱学生等品质，张德祥表示：“我现在已经七十多岁了，我还在学习、还在工作，想想潘先生，我不敢懈怠，不敢停下脚步。”此外，潘懋元先生爱生如子，但是对学生的学术要求很严，张德祥讲到，有一段时间他由于各种原因错过几次课和讨论，潘懋元先生要求他完成双

倍作业进行弥补，完成这些作业虽然很辛苦，但是，张德祥从中收获很多，也感受到了做学问不得有半点马虎和取巧。潘先生对学生非常关心，对所有学生不论是学业上还是工作上都尽可能给予帮助。潘先生这些言传身教深深影响着他的学生，张德祥说现在教书育人过程中，他总是以潘先生为榜样，传承与发扬潘先生的精神和品质。尽管已经毕业二十多年，张德祥到现在仍然保存着潘懋元先生给他的信件，足以见得这份师生情谊的浓烈与真挚。

张德祥近照

提起厦门大学之于他而言独特的感受，张德祥也是侃侃而谈，感触颇多。从校主陈嘉庚创办厦大所体现出的为国家、为民族的担当，到作为“南方之强”、学术重镇不断为社会输送高精尖人才，再到浓厚的人文底蕴与绝美的自然风光的融合一体，甚至是提供免费米饭与粥这些微小之处见关爱的人情味，都是张德祥脑海中记忆深刻的厦大印记。作为前任厦门大学辽宁校友会会长，在谈及自己的校友工作时，张德祥显得谦虚很多：“校友是大学办学的重要资源，大学理应高度重视校友会的工作。我们作为厦大人，应当做一些力所能及的工作，当然我做得还不够多。”低调之余，他还极力称赞了厦门大学辽宁校友会现任会长刘国和对校友工作的热心与付出，尽管谦虚但仍然能感受到张德祥对厦园的情谊和对校友工作的重视。

不论是师生情谊、校园情谊抑或校友情谊，这份与厦门大学的情感羁绊在张德祥的讲述中都得以真诚恳切地传递出来。“正值厦门大学百年校庆，我确实为学校取得成绩感到骄傲，为作为厦大人感到自豪。厦门大学确实很独特，历史悠久，实力雄厚，文化底蕴深厚，可以说在中国高等教育历史和现实当中，它有独特的地位和价值。面对建校百年，是新的起点，新的出发，我希望我的母校厦门大学，在今后的发展当中，在成为世界一流大学的进程中，能够取得更大的成就、更多的辉煌。”

原音回放：

“要真正地做一个有追求、有坚持，做事严谨和有境界的人。”

（文 / 学生记者 曹远；指导老师 / 曹立新；图 / 受访者提供）

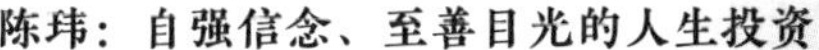

陈玮：自强信念、至善目光的人生投资

人物名片：

陈玮，厦门大学1991级会计系博士研究生，荷兰尼津洛德大学工商管理项目访问学者。现任深圳市东方富海投资管理股份有限公司董事长。曾任兰州商学院会计系主任，深圳市创业投资同业公会会长、深圳创新投资集团总裁，北京大学、清华大学、复旦大学EMBA及总裁班授课教授；荣获清科投资界“2020年TOP100投资人”“2019中国深圳创投领袖人物”荣誉称号。

学逢其时——问道南强的书生岁月

1991年秋季，陈玮成为厦门大学会计系的一名博士生，师从中国会计学泰斗葛家澍教授。在提及为何想要读博时，陈玮说，当时自己的职业理想是成为一名大学老师，若要站好讲台、传道授业解惑，就必定要在学术上有所精进，因此攻读博士学位就成了自己设定的一个新的人生高地。最终，经过认真充分的准备，他在激烈的竞争中脱颖而出，成功考取厦门大学会计系博士研究生。

陈玮谈及读博时光总是满怀深情。时至今日，他仍然常常记起在厦园聆听经管领域最顶尖教授、学者上课的场景，谈起钱伯海老师、邓子基老师、吴水鹏老师等讲授的会计学相关课程是如何为自己打开一扇新的窗口，以全新的视角审视“月计岁会”的。而回忆起自己的恩师葛家澍先生时，那些既充满学术养分又饱含师生之情的“在家教学”时光就成了他求学时最重要的记忆。陈玮回忆，葛老师在学习上要求严格；在生活则与学生打成一片，与人为善，是位不可多得的人生导师。在葛老师家上课，让原本对高深学问难免存有畏难心理的陈玮获得了一种形式上的解放。不仅如此，葛老师总是能从自身的理论视野出发，激活学生的思想，让原本枯燥的西方会计理论、国际会计准则变得生动有趣了许多。在葛老师自由的学术精神引领下，学生们畅所欲言，各抒己见，陈玮从这样的讨论中学习，逐渐形成了自己的会计学思维模式。生活中，陈玮也常常得到导师的关照，因为葛老师不仅是会计学理论家，同时也是做饭的理论家，他经常让师母准备各种美食招待学生。在知识海洋遨游之余还能品尝美食，对学生陈玮可谓是双重享受。

在厦大 EMBA 名家论坛上发言

陈玮坦言，厦门大学成为改变其人生最重要的平台，“我本是不爱读书的人，但是由于职业的选择倒逼我读书，读书后反而开启了一个新的天地，所以这个世界上很多事情并不是你愿不愿意，而是你有没有这样的机缘，在合适的地方碰到合适的人，在合适的环境里面去改变自己”。

脚踏实地——学以致用践行创投的南强人

从厦大毕业后，陈玮回到兰州商学院，继续着自己的教师生涯。1999 年，他

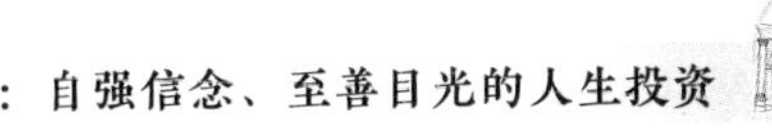

从荷兰奈耶诺德大学（Nyenrode Business University）访学归来后，毅然决然地告别了讲台，只身南下，来到了金融创新最为活跃的深圳，选择到深圳创新投资集团有限公司实践自己的商业理念。初到深创投时，时任总裁阚治东面试陈玮并将其安排到了研究部，而并非自己一开始应聘的业务部。初来乍到的头几个月，陈玮难免有些不适应，使他一度对自己的选择产生怀疑。但是，陈玮转念一想，有时候人的选择还需要考量自身的张力和耐力，而只有坚持努力，才能开创出属于自己的一片天地。

在研究部门的经历，在他此后职业道路中长时间地影响着陈玮的决策模式。从研究视角看待行业逻辑，让他可以在更贴近、更无压力的状态下看待投资行业；同时，从研究切入业务，恰巧发挥了他研究的专长。因此在研究部工作了一段时间后，陈玮创办了中国创投行业唯一一个博士后工作站，他深信科学研究对整个行业及业务具有指导和引领的作用，许多行业也需要基于研究做投资，只有这样，中国的投资市场才能真正健康发展，而不是被风口和热钱所左右。

随着 2005 年中国资本市场股权分置改革和中小板的推出，在政策推动下，陈玮经过深入的调研发现，国际上做投资行业往往都是民营体制，而当时国内鲜有民营创投机构。此外，2008 年，《合伙企业法》的修订进一步促成他萌生了与同事创办一个纯民营的、管理有限合伙制创投基金的投资公司的想法。借着深圳较为宽松的投资政策环境，陈玮决定离开深创投，创办东方富海。

东方富海创办伊始，陈玮与同事们的初衷只是想办一个二十人规模、管理二十亿元资金的小公司。而在十四年的发展过程中，东方富海经历了无数大大小小的困难挑战，既有创业初期从零开始的打拼，也有全球金融危机带来的生存压力，还要面对监管政策的变化调整以及市场募资环境的震荡波动等，“困难都有，有困难是我们的常态，只是说用什么心态面对困难”，陈玮表示，创业之路注定不会一帆风顺，总会经历各类磨难，因此绝不能好高骛远，要脚踏实地把眼前的事情做好，努力在艰难曲折中向前，在跌跌撞撞中不断成长。所以在每一次面临困难之时，东方富海始终有着关关难过关关过的强大信念。在陈玮的带领下，东方富海现已成为一百四十多人规模、管理了二百五十多亿元的专业创业投资管理公司，荣膺清科 2019 年中国创业投资机构五十强，2019 年中国企业服务领域投资机构十强。

陈玮与东方富海

以事炼心——社会责任担当的践行者

在专注创投事业发展的同时，陈玮也时常思忖着感恩母校、回馈社会，成为“止于至善”校训的积极践行者。2008 年 3 月 28 日起，厦门大学为学生免费提供米饭，这一新政无疑包含着学校对广大求学学子生活上的关切。在百年校庆来临之际，厦大深圳校友会发起“箪食瓢饮 衔环涌泉”捐赠倡议，号召校友们认捐母校每年用于学生免费白米饭及矿泉水项目的六百六十六万元开支，以期抛砖引玉，

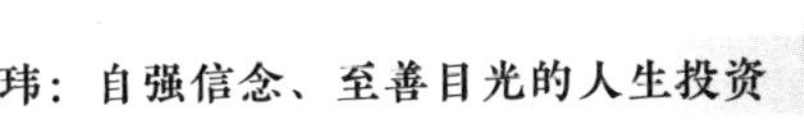

呼唤大爱传承，以涌泉之势撑起厦大绵亘百年的大爱基业。经常为学弟、学妹传经授业的陈玮成为此项目的第一响应人，他深知这一份担当更是一种对校主陈嘉庚先生“关爱学生”“感恩奉献”精神的不断传递，他也相信在氤氲的饭香中，在校的同学们感悟到的必定是“一粥一饭当思来之不易，一丝一缕恒念物力维艰”的朴素事理，也在无形中传承了厦大人常怀饮水思源、回馈母校的感恩精神文化。

求学厦门的陈玮对这座城市有着深深的眷恋，他总是希望自己能为厦门城市建设添砖加瓦。2020 年 7 月 14 日，福建省委常委、厦门市委书记胡昌升会见了陈玮，就招商引资等问题与其进行对话。陈玮认为，厦门是科技和金融企业成长的理想之地，希望能够通过运用自己在投资行业的资源，为厦门的招商引资牵线搭桥，尤其在厦门大力打造金融强市的规划中，自己不仅以专业投资人的角度献计献策，也能够主动结合厦门的招商投资环境，寻找合适的项目，促成项目的落地和进一步发展。在陈玮看来，让资本与项目优化组合，让项目推动城市发展，让城市发展为市民创造幸福生活是自己作为投资人真挚的追求与难舍的情怀。

新冠肺炎疫情期间，在深圳市政府科技评审管理中心的支持下，陈玮召集了十四家创投同行，召开了南方创投网投资联盟筹备会议。作为股权投资行业的“老兵”，他认为本次筹备会议意义重大。一方面，在抗击疫情过程中，科学技术、医疗手段势必将起到决定性作用。仅东方富海所投资的企业，就有近十家提供医疗资源助力抗疫工作。因此，对于创投公司而言，科技医疗不仅是未来创业、创新、创投领域的新增长点，也是创投人关注疫情、抗击疫情能发挥一技之长的重要之处。另一方面，疫情给世界经济特别是中国经济发展带来重大影响，但即使受到了冲击，创业、创新、创投不能受到影响。投资机构需要主动关心被投企业，对企业施以援手，并且要及时收集和反馈企业经营状况给主管部门，为地方经济发展做出应有的贡献。因此牵头组织深圳的创投机构形成联盟，从捐钱捐物捐资源，到充分支持被投企业、做好投后服务，再到积极与政府沟通联系，能发挥的空间大有可为。陈玮相信“整个社会上下一心、互帮互助”，一定能够走出疫情阴霾，迎来美好明天。

陈玮近照

从高校任教到下海深创投，再从深创投到东方富海，陈玮觉得自身两种品质的转变是令自己满意：一是如今很难有什么困难能将他打垮，因为他知道自己是东方富海的最后一道防线，自身的韧性已在困难中磨炼成型；二是他认为自己不会屈服于环境和压力，对东方富海和创业投资有着坚定而虔诚的信仰、初恋般的热情。陈玮说，要让东方富海时刻保持着机敏与开放，秉承着爱与分享，去走向下一个甚至更多个十年。

原音回放：

“第一，不要轻易创业，大学毕业应先就业再创业，而非轻易创业；第二，第一份工作最好是去你喜欢的行业，当然不喜欢也没事，最好能够进实务界而非坐在办公室，去现场等一线场所体验赚钱艰辛的过程；第三，在就业过程中逐步梳理兴趣，找到下一步出路，不要想一辈子在一个公司工作，只从事一个行业。在摸不清楚自己想干什么的时候，先进入一个行业去经历，通过经历来发展学习，寻找到自己的下一个方向。”

（文 / 学生记者 郑龙钊；图 / 受访者提供）

卢大晶：缘聚厦大，逐梦沙泉

人物名片：

卢大晶，上海人，厦门大学1995级工商管理硕士（MBA）。现任宁夏沙泉葡萄酿酒有限公司董事长、梦沙泉酒庄创建人、厦门大学宁夏校友会会长。曾荣膺宁夏十佳产业领军人物、中国MBA领军奖等荣誉。

博学慎思：转型学习企业管理

就读厦门大学前，卢大晶是安徽财经大学的一名经管专业教师，主要讲授国际贸易、营销学、管理学等课程。学校里每年都有众多师生报考厦门大学，攻读硕士、博士研究生学位。通过与他们的交流和接触，卢大晶对这所千里之外的“南方之强”萌生了兴趣。

1988年，卢大晶作为访问学者前往美国密苏里大学，学习营销学、管理学知识，他深刻地感受到美国经济发展之所以能居世界各国之首，与其十分重视MBA教育有着密不可分的关系。归国后，他敏锐地察觉到，随着国家经济建设腾飞和改革开放不断深化，建立一支职业化的企业家队伍将成为每个公司发展过程中必不可少的重要元素。于是他对自己的职业规划有了新的想法——要努力成为一名务实型、综合型的高层次经济管理人才。为实现转型，卢大晶决心潜下心来更加系统、更为全面地学习企业管理知识。此时厦门大学再次浮现于他的脑海。厦大于1991年成为我国首批可招收、培养MBA研究生的九所重点院校之一，工商管理教育领域的办学水平很高，拥有一支优秀的师资队伍。经过不懈的努力和认真

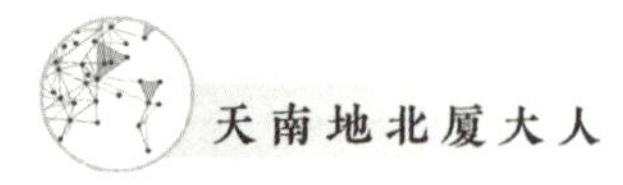

的准备，1995 年，卢大晶与夫人何苏湘一起考入厦门大学 MBA 专业，开启了一段崭新的学习时光。

1997 年，与同学在厦门大学合影（后排左二为卢大晶，前排左三为何苏湘）

厦大三年的脱产学习，给卢大晶留下了非常深刻的印象。当时学校基于长期教学实践，创新性地提出工商管理教育要以“3C”（即 confidence、competition、cooperation）素质作为人才培养宗旨。正是基于这种学习理念，卢大晶逐步培养了坚定的自信心、顽强的竞争能力和通力合作精神。在回忆自己毕业后从事的各项工作经历时，卢大晶表示，正是这种核心素质加上在厦大学习掌握的专业知识，才让自己有能力在不同领域、不同岗位游刃有余、取得进步。

明辨笃行：工作创业发挥所长

20 世纪 90 年代中期，在改革开放政策的推动下，许多国际知名企业开始进军中国市场，积极拓展在华业务。此时，熟悉中国国情、通晓现代管理手段的高级管理人员立刻成了各大公司的“香饽饽”。在这样的背景下，1997 年，卢大晶

选择赴上海的东风电仪担任上市公司董事会秘书。1999 年，卢大晶又赴我国首家主题概念海洋水族馆——大洋海底世界担任了总经理。厦大的专业理论教育和这些工作的实践历练，让卢大晶积累了一定的项目运营和管理经验。2001 年 8 月，国内一家上市公司由于财务问题面临紧急停牌的危机，卢大晶临危受命，被选任为集团副总裁，负责公司重组相关事宜。经过严谨的判断和仔细的分析，他提出集团之所以出现严重的财务问题，根本原因在于公司治理结构混乱、经营管理存在重大失误纰漏，以及由此引发的道德危机和信用危机。基于此，在公司重组过程中，卢大晶参与制订了债务重组、资产重组和管理重组三项计划，有效提升了公司运营和管理水平，2002 年年底，该集团公司复牌上市。

在上述重组复牌上市过程中，卢大晶第一次接触到了集团下属的葡萄园，并逐渐开始了解宁夏的葡萄酒产业，机缘巧合，这又成为他人生的一个重大转折点。

2002 年 6 月，卢大晶出任宁夏贺兰山酒庄的总经理，彼时的贺兰山酒庄是一个生产秩序混乱、基本没有经济效益的酿酒公司。他用了不到五年的时间，便把贺兰山葡萄酿酒公司做到宁夏葡萄产业龙头老大，并把宁夏的葡萄酒带到了国际市场。这样的业绩也让他荣膺宁夏十佳产业领军人物，中国 MBA 领军奖。

得益于这次经历，卢大晶发现宁夏的葡萄酒质量上乘，具有广阔的发展前景，于是产生了自己创业、专攻葡萄酒的想法。2007 年，怀揣着生产高品质好酒的梦想，作为一个土生土长的上海人，卢大晶与合伙人在宁夏甘城子购买了一万亩荒地，创建了梦沙泉酒庄，在年过半百之际开启了创业之旅。在贺兰山脚下这片贫瘠的土地上，创业的过程需要克服很多的困难。作为葡萄酒领域的半路出家门外汉，卢大晶的创业之路走得格外艰难、却又十分成功。他在采访中，将同样是五十三岁创立酒庄、被誉为“美国葡萄酒之父”的罗伯特·蒙大菲作为自己的领路人，一直以来坚持“小酒园酿高素质酒”的酿酒理念，坚持“耐住寂寞，苦练内功，沉下心来，夯实基础”，才能“种好葡萄，成为行家，酿出好酒”。为此，卢大晶曾赴美国著名的葡萄酒产区纳帕展开考察，潜心学习当地先进的酿酒技术，坚持不挣快钱，保证两到三年周期产出一瓶好酒，倡导有机种植……功夫不负有心人，2011 年，梦沙泉正式推出第一款葡萄酒“那样芬芳”，并在上海品酒大赛上一炮走红，此后梦沙泉出品的葡萄酒在国内外相继斩获了多项荣誉，如“第七届亚洲葡萄酒质量大赛”金奖、“第八届葡萄酒质量大赛”金奖等。尤其是精心推出的“梦沙泉红酒”，还被福耀集团选为招待用酒，在 2019 年奥斯卡最佳纪录长片奖获奖影片《美国工厂》中，福耀公司年会的场景中就多次出现了这款红酒的身影，也让中国红酒品牌在西方主流市场有了更为闪亮的亮相。

止于至善：投身慈善心系厦大

作为一名南强学子，卢大晶一直为校主陈嘉庚等爱国华侨教育兴国、毁家兴学的大爱义举所深深触动。毕业多年，卢大晶始终没有忘记母校对他的培养和教诲，始终弘扬嘉庚精神，立志为社会和母校做有益的事情，保持追求并主动践行至善至美的理想。扎根宁夏大地后，他开始为母校做一些自己力所能及的事情，为厦大扶贫干部、厦大研究生支教团、福建对口援建宁夏等提供了众多帮助，全身心地投入了感恩母校、奉献社会工作。

2015 年，卢大晶与所资助的两名同学合影

卢大晶每年都会专程赶赴海原，慰问厦大研究生支教队员们。看望队员时，卢大晶不仅为他们带去物质上的关心和帮助，还会为学生们送去“精神食粮”——新书，因为他希望年轻的支教队员们能够在远离家乡和母校的艰苦环境中感受到关爱，今后能够成为复合型人才。每次见面，卢大晶都会关心队员们的生活情况，与他们交流自己的感想，宣传支教的意义。他说：“教育不光是钱的问题，同时要关注与解决好孩子成长中出现的问题。”

卢大晶还积极参与助学活动，在厦大研究所支教团所在的海原县张湾村学校里挑选了两名同学进行长期的资助。2016 年，卢大晶携夫人何苏湘向厦门大学捐赠了十万元，被厦门市人民政府特授了捐资兴学尊师重教的铜质奖章。此外，他还多次向母校捐赠相关物资。

2019 年 6 月，卢大晶（左三）与厦门大学美籍教授潘维廉赴宁夏隆德县做扶贫调研

除此之外，作为厦门大学宁夏校友会创会会长，卢大晶还担任起了宁夏和厦大及各地校友会联系的桥梁。在厦大对口支援宁夏隆德县后，卢大晶又多次前往

隆德看望支教团同学和厦大对口扶贫干部。对厦门大学驻宁夏各村的第一书记，卢大晶及宁夏校友会都予以支持，并且做了很多捐赠和支持该村的脱贫工作，每年还积极组织和协助母校落实各院系赴宁夏展开各类型社会调研。

从高校老师变身为国企高管、葡萄酒产业创业者，卢大晶的每一步都走得大胆又沉稳。伴随着他的工作，卢大晶与厦大结下的缘分也一直延续至今，愈久弥香。“未来，我还将继续努力，为真正成为一个‘自强不息，止于至善’的厦大人而奋斗。”卢大晶笃定地说道。

原音回放：

“借一句话来总结我工作多年的切身体会：‘博学之、审问之、慎思之、明辨之、笃行之’。”

（文 / 学生记者 欧阳霞；图 / 受访者提供）

郭俊秀：法学研究者到法律实践者的嬗变

人物名片：

郭俊秀，厦门大学1996级法学博士。现任中国东方航空集团公司总法律顾问、中国东方航空股份有限公司法务总监、数据保护官，兼任中国法学会航空法学研究会会长。2011年、2015年两次荣获中央企业十佳总法律顾问荣誉称号。曾任厦门大学法学院党委副书记、副教授，厦门大学经济法研究中心副主任。

他，进入厦大，结缘陈安教授。他，从教多年，机缘巧合进入东航，努力推进东方航空企业法治建设。他，就是我校1996级法学博士校友郭俊秀。

进入厦大，结缘陈安教授

梅贻琦先生曾经说过：“所谓大学者，非谓有大楼之谓也，有大师之谓也。”这句话也很好地解释了郭俊秀与厦门大学结缘的原因。1996年，在中国人民大学完成硕士学位后已经参加工作的郭俊秀考入厦门大学，成为厦门大学法学专业的一名博士生。从山西大学到中国人民大学再到最后选择厦门大学，郭俊秀坦言，因为厦大有着他敬仰的国际法专业教授陈安。早在考硕士的时候，他就有联系过陈安老师，希望能成为陈安老师的弟子，可惜的是，那一年陈安老师因身体原因没有招收硕士研究生。

后来，考博士的时候，即使已成家有了小孩且参加工作，郭俊秀依然选择全脱产，带着家人来到了厦门大学。师从陈安老师，让郭俊秀在厦门大学的求学时光收获颇丰。厦门大学国际经济法专业对于培养人才有一整套科学的方法。第一年让学生大量地翻译国际前沿资料，通过翻译开阔眼界、积累资料与基础知识；第二年学生开始进行论文选题，围绕所选题目做一些基础研究；如此一来，到第三年学生毕业的时候，一方面已经具备了相应的研究能力，另一方面，初步的研究成果也就展现出来了。他盛赞，正是这一整套培养人才的方法，让厦门大学国际经济法专业人才辈出、成果丰硕。

郭俊秀近照

坐落于美丽鹭岛的厦门大学，不仅仅拥有漂亮的校园，更拥有扎实的学风。郭俊秀介绍到，不同于新鲜事物层出不穷、新的研究问题不断涌现的北京、上海，位于厦门岛上的厦门大学在基础理论方面的研究深度、广度在国内、国际都是领先的，学生们一旦抓住了一个研究题目以后，会持续不断地做下去，这也是厦门大学的特色所在。

机缘巧合，加盟东方航空

博士毕业后，在高校做了十八年教师的郭俊秀偶然看到国务院国资委面向全球公开招聘中央企业的总法律顾问，于是，他抱着试一试的心态报了名，结果顺

利被选聘，加盟了中国东方航空集团公司担任总法律顾问。从法学研究者到法律实践者，跨度巨大。教书育人，要有理论的创新，要出理论的成果；而企业追求经济效益，要看收益，要看结果。面对转型后的巨大差异，郭俊秀非常感激自己在厦大的求学时光，这段经历为他进行法律实践打下了基础，让他能够快速适应东航总法律顾问的工作，并且取得了一定的成绩。

加入东航十二年，郭俊秀作为东航法务的领头羊，为东方航空集团建立起了一整套科学、规范的法律业务管理制度和法律风险防范机制，使得东航在国际市场的经营活动，即使是在中美贸易战的背景下，也经受住了相关执法机关的严厉调查。

郭俊秀介绍，面对复杂的国际环境和贸易摩擦争端，东航始终坚持两条基本原则：一是依法经营、依法管理，“法”既包括中国的法律，也包括国际条约，公司在每一个国家开航线、设营业部办事处招聘当地员工都必须遵守所在国的法律；二是依法维权，当他人侵犯自己的合法权益时，一定要用法律保护自己公司的权益。

郭俊秀（左一）工作照

而对于中国航空法领域的未来发展，郭俊秀认为，中国将在 2025 年左右成为世界第一民航大国，中国民航的法律人要更多地在国际航空的法律规则制定、解释方面做出自己的贡献，提出自己的一些意见。过去，绝大多数的民航法则都是欧美提出来的，我们仅是了解、学习、掌握、适用。但是，随着中国成为民航运输的第一大国，一方面我们对整个社会承担的责任更多，例如中国民航对非洲、东盟的一些国家有越来越多的经济援助与人才培养援助。另外一方面，在对法律规则的制定、解释、理解、把握这方面，我们也应该提出中国的意见、发出中国的声音。例如，此前波音 737MAX 飞机停飞，最早提出停飞要求的就是中国民航，这充分体现了中国民航人在安全管理方面的水平是世界一流的，坚持将旅客生命安全的维护和对安全事故零容忍放在第一位。

言辞恳切，寄语厦大学子

闲暇时，郭俊秀的爱好是种植花草果树，从山茶花、绣球花、凌霄花到桃树、枇杷、桂花、红枫，一年四季的流转，花园里的景色不同却是同样的生机勃勃。“一花一世界，一叶一菩提”，各种美妙，自有人懂。他说，想起母校，想起厦门，最最难忘的就是一年四季无处不在的花香，让人的回忆里都是满满的香味。

六月的厦门一树一树凤凰花开，迎来火热的毕业季。对于即将离开厦大校园踏入社会的南强学子，热心校友工作的郭俊秀殷殷寄语“新校友”，他根据自己十八年的高校工作经验和十二年的东航实践经验给出了自己的寄语。

郭俊秀作为校友代表在厦门大学毕业典礼上致辞

首先，希望年轻的厦大人怀有一颗大爱之心。大爱之心实际上是做好任何工作的前提，要热爱生活、热爱家人、热爱单位，有感恩之心。其次，望大家一定

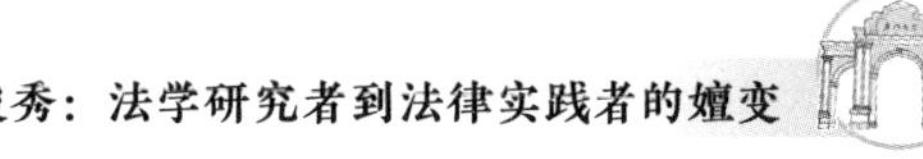

要拥有自信、刚毅的品格。他说："因为我们整个国家现在到了中华民族伟大复兴的一个关键时刻，蓬勃发展而且日益接近世界舞台的中央，所以，一定要自信。以前很多规则都是别人制定的，我们来学习，我们来模仿，现在是我们也要提出规则的时候。怎么对全人类好，怎么对整个社会好，这些都从品格上、性格上要求我们要刚毅自信。"此外，厦大学子一定要有国际视野。厦门大学从诞生之日起就孕育包含着国际化基因，时至今日也是中国高校中国际化取得成就最显著的学校之一，马来西亚分校的成功创建更是开创了中国高校海外高水平办学先河。因此，厦大人更应该心怀天下，树立广阔的国际视野，把握和顺应世界大势。最后，每一位厦大学子都应该树立规则意识。没有规矩，不成方圆。在现代社会的文明肌体中，规则就是筋和骨。人人遵守规则，树立规则意识才能推动社会向着有序、文明的方向前进。在社会上，我们要遵守国家法律，在单位要遵守员工行为守则。在人生道路上，开好头，起好步，扣好人生第一粒扣子。

（文 / 学生记者 董芬；图 / 受访者提供）

张浩：改变传统教育的梦想家和践行者

人物名片：

张浩，厦门大学 1998 级化学系、2003 级企业管理专业硕士研究生校友。快乐学习教育科技集团创始人兼 CEO、快乐魔法狮网络科技创始人。2008 年获“改革开放三十年中国民办教育杰出人物”；2012 年获“厦门市创业先进个人”称号；2014 年获“黑马十大风云人物”称号；“2015 年中国杰出贡献教育人物”获得者；2018 年获“华人教育领军人物”称号。

拳拳孝心，播下创业种子

张浩不平凡的教育创业故事，起源于一个儿子对父亲最平凡的孝心。2004 年，一次回到老家合肥，在那么一瞬间，他发现父母老了，而自己却还在读书，靠着父母供养。如何加快自己成长的步伐，赶超父母年迈的脚步呢？这个问题萦绕在张浩脑海中，挥之不去。张浩的父亲是小学老师，合肥的冬天很冷，父亲每日骑电动车上下班。张浩看着很是心疼，没有过多言语，他在心中做出了一个决定——在父亲退休之前买一辆车送他。男孩的成熟仿佛是瞬间完成的，回到学校以后，他将一张印有“十万”的纸条贴在墙上，以此提醒自己去赚取人生的第一桶金。

作为一个没有毕业的学生，张浩坦言，当时自己的想法有点疯狂，也令自己感到紧张。干什么能挣到十万元？当时厦门家教的行情是两小时五十元，每天晚上做一份家教，周末每天做四份，一个月四周，不到三千元，一年下来四万元不到，与十万元的目标相去甚远。于是他开始思考：能否提升单位时间的价格，两小时一百元呢？张浩想到了“Demo 效应”，可以先找一份家教，做出成绩后，拿成功案例议价。最开始，他为一个初二的男孩做家教。一年后的中考，学生从全年级三百六十名中的倒数第五十名，考到全校第二名，并成功考入厦门一中。体验到优质辅导的甜头，孩子的父母主动帮他介绍其他生源。在不断的口口相传中，学生源源不断，张浩的业余时间已被排得满满当当。于是，张浩进行了第二步思考：能否增加单位时间的辅导人数呢？说干就干，张浩在厦大找了个小教室，将同一年龄段的学生集中在一起教学，一个暑假开设两个班，挣了一万八千多元。

张浩创业时期开讲座的照片

当年那一间小小的教室，谁曾想到它会成为孕育快乐学习教育科技集团的摇篮呢？而厦大浓厚的人文氛围，又在多少孩子心中播下种子，成为他们梦想起航的地方呢？

快乐学习，梦想亦初心

“快乐学习”，既是张浩创办的教育培训机构，也是他强调的教育本质，希望实现教与学双向互动，从而让教师和学生体会学习快乐的初衷。张浩认为，教育并不仅停留于教学任务本身，在教育学生时，首先应该培养他们的兴趣，激发他们的积极性和主动性；然后授予其正确的学习方法，培养正确的学习习惯。在这种快乐学习的氛围中，引导学生自主向上求索。张浩坦言，前文成功案例中提到的那位学生其实很叛逆，加上成绩不好，一家人经常大动干戈，家庭关系充满了火药味。张浩为此感到很心酸，也感受到快乐学习对一个家庭来说是多么重要。一个孩子可以改变一个家庭，一个家庭可以改变一座城市，一座城市可以改变一个国家，"要让教育改变中国"的责任感油然而生。

张浩认为教育不单纯是为了赚钱，更是他的梦想。一年多后，随着培训班规模扩大至十六个班，张浩在校外租用了四个教室，面试、培训了一批优秀的兼职家教老师。张浩与这几个志同道合的伙伴，一同为学生上课，让孩子们快乐学习成了他们奋斗的动力。他们在公司的教育文化和氛围影响和感召下，在"快乐学习"扎根，彼时他们大多是大二大三、寻求一份课外兼职打工的学生；此时他们已经是公司的副总裁、各事业部的高管，大多是公司的元老骨干。

张浩近照

"管理是一门科学，也是一门艺术。"张浩分享，根据马斯洛的需求理论，人都是渴望自我实现的。"什么时候都要坦诚，这是当一个领导很重要的品质；学会

无条件地信任别人，这是别人相信你的前提；要用爱、宽容和员工交流——你不包容员工，难道要员工来包容你吗？你看别人不顺眼，其实是自己修养不够。要谦虚也要自信。”张浩觉得作为一个创业者需要很大的胸襟，别人才能与你同甘共苦。因而虽然现在他已经事业有成，可他知道跟随他的很多人还没有实现梦想，所以“当我的员工还有人买不起房子的时候，我绝不买好房子；当员工还没买车时，我绝不买好车”。也正是因为这样的做派，张浩这个没有领导经验的总裁做得很让人信服。尊重和认同的企业文化，使员工自发同甘苦，与企业共同成长。

上下求索，不断再出发

“创业难”“创业之路坎坷”，这是我们对大学生创业的一般认识。可张浩却说，创业过程中，可怕的并不是困难本身，因为“难题每天都是新的”，难题终归可被逐一解决。创业真正考验的是创始人的初心、细心、耐心和敬畏之心。在经营的过程中，创业者会面临两个难题，其一是对行业的洞察，其二是对已然成功的消化。“对于未来方向的判断”——正确的方向判断，对于企业的未来甚为重要。

张浩工作演讲照

老子言："天地万物生于有，而有生于无。"企业经营者要敢于不断清零，重新出发，正如同张浩当年选择放弃保研，跨专业重新考取企业管理的硕士。张浩从来都是一个听从自己内心，随时准备重新出发的人。这也在公司的发展与成长轨迹上得到印证。2009年，"快乐学习"在厦门已经做到了同行业的老大，但张浩不止步于现有的成功，而是带领团队前往上海开辟新的市场。他说："现在每一个风生水起的企业，你回头看看它的五年前，一定有一个了不起的决定。"2015年，基于对线上教育的行业判断，"互联网+"为传统教育创造了巨大的变革以及变数，张浩决定北上创办"疯狂老师"。

2015年，"疯狂老师"获得包括腾讯在内的几家知名基金数亿人民币的投资。在网络环境和直播技术日渐成熟的背景下，双师在K12产业迅速走红，经过深思熟虑，结合快乐学习成功的经验，张浩决定将"疯狂老师"的探索和储备，将技术平移到双师教育。2016年，"疯狂老师"业务转型并更名为"快乐魔法狮"，专注发展双师教育。

"双师模式"，顾名思义，一个课堂两个老师，一个是主讲老师即主师，另一个是辅导老师即辅师，它兼具了传统面授模式和纯在线模式两者的优点。主师在演播室通过技术平台给多间教室同时直播授课，每一个教室里有一个辅师辅助教学。"双师模式"是传统线上教育升级的标志，分工提升专业，专业提升效率。教学与辅导分工，既实现了经济的规模效应，也克服了学生在线学习效果衰减的问题。

"双师模式"将"内容+老师+服务"三者直接打包，用技术管道，输送到三四五线城市。对用户孩子来说，双师意味着更好的课程、更好的师资，尤其是三四五线的孩子有机会跟一线城市的孩子享受同样的教育资源。对老师来说，双师意味着更高的单位时间价值，可以同时辐射更多的班级，更多的孩子。

渠道下沉，大有可为。"快乐魔法狮"在实现企业转型与升级的同时，也把握了渠道下沉的广大潜在市场。在教育领域探索的十五年，张浩坚持初心——"要让教育改变中国"，让小城的孩子有机会享受公平而有质量的教育。经营企业如逆水行舟，不进则退。不满足于阶段性的成功，"快乐学习"一直在不断出发的路上。

回首创业路，张浩坦言，拼搏过程所带来的精神收获是他一生难忘的宝贵财富。他鼓励大学生创业，因为创业的过程能够丰富人生，磨炼意志，体验世间百态，明白做人道理。纵然创业之路注定充满艰辛，但在张浩看来，只要坚持为梦想而奋斗，终有一天，每个创业者都会迎来属于自己的传奇！

原音回放：

“我给大学生提出了4个数字计划——1,10,100,1000，分别指代的是1次认真的恋爱，10次背包的旅行，100本非专业的书籍，1000个小时的课外兼职。这是基本的知识储备，这很重要。”

（文／学生记者 镡旭璐；图／受访者提供）

侯斌：人生不设限，做自己的冠军

人物名片：

侯斌，厦门大学2003级广告专业校友，2009级EMBA校友。他曾蝉联1996年、2000年、2004年三届残奥会跳高冠军，是残奥会男子跳高世界纪录持有者。他是全球首位国际残奥大使，2008年北京残奥会开幕式主火炬手，2022年北京申办冬奥会形象大使，奥林匹克冠军演说家，“再站起来”公益项目创始人等。曾荣获全国“自强模范”称号，两届全国“五一劳动奖章”，全国“五四青年奖章”。

奥运、冠军、圣火、公益，这些颇具显著性的要素，哪怕只有一个傍身，都已足够传奇。而被命运开玩笑的侯斌，用一条腿走了更远、更传奇的路，自强、拼搏是他的标签，任何一项成就都是他给命运最优雅有力的回击。

年少遭遇横祸，小草也要破土追光

“如果当时我将自己封闭起来，就不会有今天的我了。”

侯斌从小就是个乐观开朗的孩子，直到九岁那年，一次火车事故带走了他的左腿，从此，身体的疼痛和他人的眼光便伴随他成长。

所幸，父母的悉心陪伴与鼓励给予了小侯斌重新面对世界的勇气。他开始戴着假肢和院子里的孩子打篮球，还培养了诸如修手表、绘画、唱歌、篆刻、书法在内的许多兴趣爱好。也是从那时起，侯斌心中种下了乐于尝试的种子。

三年级时，侯斌报名参加班里的文艺活动，却在上台前退缩了。活动结束后，

他懊悔不已，愣是花了一年时间，苦练一首《小草》。终于，在第二年的文艺演出上，侯斌一举艳惊四座。那一刻，成就感、自信，乃至展现自己所带来的自由感，猛烈地冲进了侯斌的心灵，他隐约意识到，自己这棵小草，也可以通过日复一日的努力获得回报。

为了贴补家用，侯斌初中毕业就早早来到了残疾人福利厂工作，但渴望改变现状、追求自我提升的憧憬始终深植于心。后来他看到了全国残运会的新闻，便在朋友的指点下找到了体校。当时，我国残疾人体育正处于起步阶段，侯斌便开始了一边工作，一边和健全人同步训练的生活。

体育训练，本就是一件高强度的工作，对于侯斌而言更是有种种不便——体校距离远，单腿骑自行车到达时体力几乎耗尽；训练时伤腿疼痛、频频跌倒、日常维修假肢，还要面对一些健全人的嘲笑和欺负。“体育训练也是磨炼自己意志的过程。”他知道困难一直都会存在，唯有坚持才能看到希望的曙光。

侯斌早期训练照

侯斌就这样坚持了一年，福利厂领导深受触动，特许侯斌在工作不忙碌的时候早下班去训练。侯斌因此拥有了更多的训练时间，为后来成为专业运动员创造了更有利的条件。“人生就是不断去主动地尝试，得先有目标，努力了，别人才有可能帮助到你。”谈及领导的帮助，侯斌感触良多。

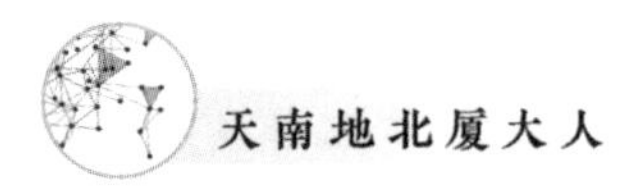

“尝试”“努力”“坚持”，正是这些积极向上的劲头，推动侯斌追逐着一个又一个的目标。“人的主动性是很强大的。”侯斌用经历证明，看似脆弱的“小草”，也可以见到温暖热烈的阳光。

三夺残奥桂冠，行动诠释奥运精神

“我要把一个好样的中国人形象，展示给全世界，展示给奥林匹克舞台。”

1996 年的亚特兰大残奥会，侯斌以单腿跃过一米九二的优异成绩打破残奥会跳高世界纪录，夺取中国代表团的第一枚残奥会男子跳高金牌。美国亚特兰大《宪法报》用整版篇幅进行报道，并称：“在世界上没有什么能阻拦这位独腿年轻人对美好记忆的追求，他是一位永不会停止跳跃的人。”

谈到令他大放异彩的奥林匹克运动会，侯斌首先想到的不是成就，而是永不言弃的奥林匹克精神。

2004 年，在雅典残奥会比赛前夕，侯斌随队坐火车去往北京，准备参加残奥会出征仪式。火车上，侯斌意外跌倒，头撞到了桌角上，瞬时血流不止。然而，火车上条件极其有限，只能等到北京才治疗。侯斌只得用衣服包着头部，咬着牙从凌晨熬到了天亮。到了医院一检查，伤口需要缝针。队医跟医生说，这是我们国家的运动员，不能打麻药。

可不打麻药怎么缝合呢？侯斌虽然嘴上和医生说着“可以，没问题，你缝吧！”，实际上心里也很紧张。“我马上想到岳母在岳飞的背上刺‘精忠报国’四个字的画面。医生缝下了第一针，但是我怎么也想不起来还有什么历史人物，只能咬着牙，第二针、第三针，一共缝了四针。”

代表团参加完出征仪式，第二天便飞往希腊雅典，在高空气压中，侯斌的伤口剧烈地疼痛着。直到比赛前夕，教练员看侯斌伤势严重，便劝侯斌退赛。但侯斌像每次比赛一样，提前准备好了号码布、运动服，检查运动鞋。比赛当天，侯斌并没有去找裁判申请退赛，而是做好准备活动、量好步点，准备迎接比赛。大量的汗水，刺痛着侯斌的伤口。

“我不想带着受伤的纱布去迎接比赛，当我准备起跳的时候，我把头上的帽子拿了下来，把上面的网状的纱布拿了下来，把最里面的方块的纱布，也拿了下来。”

侯斌用伴随着疼痛的一次次跳跃，赢得了他人生中第三枚残奥会金牌。向着目标奔跑、自强不息、永不放弃，这是他一直努力传递出去的“奥林匹克精神”。

这一点，与2008年北京残奥会开幕式的核心概念不谋而合。

2008年9月6日22时59分，奥运火炬传递到了最后一棒。偌大的“鸟巢”中，坐在轮椅上的火炬手顺着一条垂直于地面的绳索，一下一下地向上攀爬。灯光逐渐暗了下来，只看到一束追光打在他的身上。在观众热切的目光与加油声中，他终于在近三十九米的高空停下，点燃了神圣的残奥圣火。全场沸腾了！

侯斌点燃2008年北京残奥会圣火

这一幕的震撼人心，也是侯斌作为主火炬手，在模拟鸟巢的训练场上每天自上而下五十米，攀升无数次的结果。

高空训练初期，侯斌被拉到二十米就开始手脚发抖；起初技术不完备，轮椅拉到高空摇摇晃晃，非常危险；夜晚训练，密密的蚊虫撞在他的脸上、眼睛上、嘴上，也无法驱赶；还有因为保密需要，不得不对家人隐瞒任务行程；开幕式前两天，侯斌十指关节发炎，晚上用热水泡手加速恢复，却累得在洗脸池旁边睡着了……实际上，起初侯斌的手臂力量并不如另一位候选人，正是因为坚持积极地训练，综合能力才得以迅速提升，最终成为主火炬手。

“点燃圣火的那一刻，灯光从我的身上慢慢暗了下来，那个时候我一边双手往下滑行，一边泪流满面。我终于成功了！作为中国人太自豪了！那一刻太美好了。”侯斌感慨道。

奥林匹克精神已经融入了侯斌的血液，如今，也正通过侯斌的声音影响着更多的人。

而立重返校园，知识眼界装点自强人生

“在厦大求学的这些年，思维和价值观的改变是我最大的收获。”

在奥运赛场上，侯斌通过不断学习与挑战，以一米九二的惊人高度蝉联亚特兰大、悉尼、雅典三届残奥冠军，迄今无人能破。在日常生活中，他亦从未停止学习的脚步，用知识和眼界充实自己。

2000 年，夺冠的辉煌告一段落后，侯斌的生活回归平静，他开始思考自己的不足——文化学历。在一次偶然的情况下，侯斌参观了厦门大学校园。走在芙蓉湖边，他心底萌生了在这里读书的愿望。三年后，侯斌响应国家政策，成功考入厦门大学新闻传播学院广告专业函授本科。毕业以后，2009 年，因为对学习的执着和对公益事业的贡献，侯斌又被厦大录取攻读 EMBA。

侯斌坦言，在厦大读书对他来说既是一次机会，也是一个很大的挑战。特别

是 EMBA 的课程，一周四天的课程安排，每一门都涉及许多知识面，这对阔别课堂已久的他来说有不小的难度。但他像一块海绵，迎着困难如饥似渴地吸取一切值得学习的事物。厦大老师学识渊博，每次阅读、作业、案例、小组讨论，对他来说都是新鲜而巨大的碰撞。他走进从未涉足过的领域，了解到了体育之外的世界。在厦大，他还结识了许多优秀且努力的同学，与他们相处受益良多。这一切都使侯斌心存感激。

来到厦大后，侯斌深入了解学校近百年的校史，并被校主陈嘉庚先生深深震撼。他一遍遍问自己："近百年前，校主在想什么？校主是如何回报社会的？今天，我作为一个奥运冠军，该如何回报社会？"他"愈发觉得自己得到太多，付出太少"。这种"多给予，少索取"的价值观不仅影响了他对人际关系和家庭关系的经营，也促使他更坚定地投身公益事业。

竭诚尽心公益，与千万慈善者同行

"我们残疾人一直受到别人的帮助，也应当帮助别人。"

受校主陈嘉庚先生的影响，多年来，公益事业俨然成为侯斌生活的一部分。

2013 年，侯斌发起了"再站起来"公益项目，致力于为残障儿童安装舒适安全的假肢。然而，他逐渐发现，这些孩子们的困境不仅仅是没有好的假肢——侯斌帮助的地震和车祸受害者，最初大多都处于自暴自弃的状态，嗜烟、封闭、抑郁，看不到未来。残疾人需要面对身体的痛楚和他人的眼光，孩子们的心理健康显得更为重要。

为此，侯斌和公益伙伴们付出了很多时间精力去陪伴和鼓励孩子们，帮助他们在人生路上"站起来"。"这份公益事业是许多人共同的努力——心理医生、义工、社会爱心人士、厦门大学 EMBA 的同学们。更多的人通过这个项目联系在一起，大家一起传递更多的爱、更多的智慧到这些残障孩子身上，这个社会就会有更多温暖，更加美好。"

除了“再站起来”项目，公益演讲也是侯斌生活的一部分。在厦大学习的经历让侯斌感受到了教育的力量。因此，他投身教育行业，希望通过演讲，将自己的励志经历及奥林匹克精神分享给更多需要的人，呼吁大家向上、向善，通过自己的努力追求美好的生活。于是，演讲成了侯斌的一份事业，也成了他的一项使命。目前，侯斌已在全球二十多个国家开展了一千五百场震撼人心的演讲，被外国媒体称为“中国斌”。

侯斌回到母校厦门大学参加主题演讲

走遍世界，侯斌也没有忘记母校。2019 年，侯斌欣然受邀回到母校演讲，他认认真真做了许多准备，设计了许多巧思，还自费做了小礼物送给到场的学弟学妹们。他希望能够给学弟学妹们些许经验，鼓励他们挑战自我，为社会做出更大的贡献。

侯斌心有凌云壮志，心怀大爱，他未曾囿于身体残疾，而是用自己的人生诠释了“自强不息，止于至善”的校训。

原音回放：

“在厦大读书的学子已经非常优秀了，但是我们可以更优秀。我们不应该把时间浪费在等待上，一定要去规划自己的未来，要制订人生方向。只有‘更努力’，才能更优秀，而‘更努力’的背后是更高的标准、更多的付出、更多的挑战。未来的时代是自己创造的，我们都会成为厦大最优秀的学子，成为更多人的榜样，成为让世界尊重的中国人。”

（文／学生记者 陈婧；指导老师／杜筠；图／受访者提供）

赛迪艾合麦提·亚尔麦麦提：一位扎根南疆大地的“辣椒书记”

人物名片：

赛迪艾合麦提·亚尔麦麦提，厦门大学2004级机电系校友。毕业后，他作为新疆维吾尔自治区第三批选调生扎根南疆基层三年，2011年，他被遴选到自治区团委组织部，之后又回到基层开展驻村工作，先后在墨玉县、和田县等地基层乡镇工作六年。2018年年初，赛迪艾合麦提被选派担任和田县塔瓦库勒乡塔尔艾格勒村第一书记。他扎根南疆大地，带领村民脱贫致富，被村民们亲切地称为“辣椒书记”，成为自治区“访民情、惠民生、聚民心”工作和脱贫攻坚行动的杰出奋斗者。

近日，一位帅气的新疆小伙出现在中央电视台四套《中国地名大会》节目上，他的故事让大家久久难忘。他是赛迪艾合麦提·亚尔麦麦提，是被乡亲称为“辣椒书记”的和田县驻村干部，也是厦门大学遍布中国天南海北校友中的一员。

转变身份　走向基层只为回馈社会

2008年，赛迪艾合麦提·亚尔麦麦提（以下简称“赛迪”）从东南沿海走到南疆小村，用他的话说，“好像从一个世界到了另一个世界”。扎根农村，脱贫攻坚，在这条并不平坦的道路上，支撑他走下去的原初动力，都来源于埋藏于心底的一份感激。

在厦大读书期间，作为一名新疆学生，无论是在生活还是学习上，赛迪都收

获了学校和同学们的很多帮助和照顾，这些都被他记在心里。“以前我遇到困难的时候，享受了那么多的惠民政策，得到了那么多人的帮助。那既然毕业了，我也应该跟他们一样，给社会反馈一些东西出来。”抱着这最简单朴实的理想，从机电系毕业后，他放弃了在城市发展的机会，毅然决定成为一名选调生，回到新疆，开展基层工作。

报考选调生后，赛迪被分配到当时最为艰苦的和田地区，在说服了父母家人之后，他一路南下，跨越大半个新疆，开始了基层生活。

十多年前他所在的村子，宿舍没有网络，没有洗澡间，也没有二十四小时的自来水。刚到和田地区时，正值寒冬，对于赛迪来说，每当夜幕降临，席卷而来的寒冷和孤独是最大的“考验”。但他始终相信，越到艰苦的地区，越能锻炼人的意志，更能体现人生价值，因为那才是最需要人才的地方。就这样，赛迪不断调整自己的心态，也慢慢融入新环境之中。

在经历了漫长的基层锻炼、驻村生活后，2018年年初，他被选派为塔尔艾格勒村的第一书记，在脱贫攻坚最前线继续发光发热。塔尔艾格勒村是深度贫困村，全村343户，人均耕地1.1亩，贫困户222户，共907人，如何帮助贫困户顺利摘帽，成为摆在赛迪面前的最大难题。

要脱贫，基础设施建设和农民生活保障必不可少。从安居房建设，到道路建设、电路改造，自来水入户……一年多的时间里，在党支部的带领下建设了近百套安居房，在脱贫方面，赛迪一方面鼓励村民外出务工，另一方面鼓励在本地发展特色种植。这样一来，村民们不仅收入提高了，在吃穿用度、生活环境、医疗保障等方面也有了质的提升。他的到来，给村民的生活带来了可喜的变化。于赛迪而言，虽然吃了很多苦，但也总算能够对得起自己的“良心”。

敢想敢做　脱贫致富也需创业精神

来到塔尔艾格勒村后，赛迪深入田间地头，和村民一起劳动，了解当地的农业生产情况。在与村民聊天的过程中，他发现，同样是种辣椒，不同农户种出来

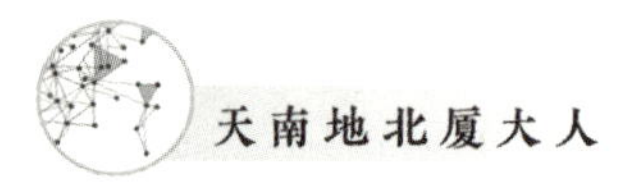

的辣椒品质差别很大。经询问发现，村里多数农户选用的是廉价种子，而使用优质辣椒种子的农户仅占一成，这样一来，辛苦劳作一年，村民售卖的辣椒价格会相差很多。

为了解决这一问题，赛迪前往和田市，找到种了二十多年辣椒的老辣农刘同吉，请他推荐适合当地种植的优质辣椒种子。顺利拿到种子后，他却在推广新种子的过程中遇到了“麻烦”。因非农业专业出身，也没有太多农业劳作的经验，赛迪无法得到村民的信任。他只好以个人名义贷款买了二十二万五千元的种子，发放给农民，统一了全村的辣椒品种。

种子到位了，配套的管理种植经验也要跟上，赛迪邀请种子提供商到村里进行现场指导，同步学习管理技术。每天清晨，赛迪在大喇叭上督促村民起床劳作；每逢浇水期，他也会通宵守着辣椒地，防止被水淹。秋天，全村一千三百五十二座拱棚辣椒、五十二亩大田辣椒喜获丰收，六百吨辣椒被统一销往乌鲁木齐、喀什、阿克苏等地区，给农民增加了不少收入。就这样，赛迪被村民们亲切地称为“辣

赛迪（左二）在辣椒地里了解辣椒长势

椒书记”。

虽然辣椒成为村民增收的一个突破口，但赛迪并不止步于此。他改造了一座丢弃的大棚，买来八万三千个育苗盆，亲自带领村民培育西瓜苗，推动农产品向中高端发展。为了丰富农产品，提升拱棚利用率，赛迪还引进了菠菜、白萝卜、白菜种子，用特色种植取代种植小麦、玉米等传统作物的低效种植方式，“二月收菠菜，四月拔萝卜，六月扛白菜，十月摘辣椒……”塔尔艾格勒村的农作物从“一年两茬”发展为“一年三茬甚至四茬”。随着农产品收入的稳步增长，去年年底，塔尔艾格勒村已顺利脱贫。

赛迪说：“在厦门上学的那几年，我在沿海发达城市学到、看到、体验到的一些东西，在这个过程中起到非常重要的作用。在产业推进过程中，需要有创新精神、冒险精神，你不尝试的话就什么都没有，万一成功了呢？”

扎根人民　群众工作流露点滴真情

基层工作的几年，让赛迪懂得了群众工作的重要性，他坦言，作为第一书记，要让老百姓打心底里认可、接受自己，并不是一件易事。通过带领村民种辣椒、萝卜，赛迪在村民中的信任度上升了，也逐渐和乡亲们“打成一片”。

为了赢得村民的认可，赛迪主动学习农业种植的知识和技术，亲自下地示范，并在电视上下载网络平台的资料，向村民们传授科学种植经验。为了更好地完成工作，他常常住在农民家中，跟乡亲们一起生活、工作，及时有效地帮助他们解决困难诉求。除此之外，他还曾邀请内高班老师和厦大校友来到村里，开展“手拉手”民族团结活动和帮扶工作。作为首届内高班毕业生，赛迪还多次跟随自治区教育厅组织的宣讲团赴内地院校学校、疆内初中班宣讲党的教育惠民政策，通过分享自己的学习、工作经历，鼓励更多学生通过知识改变命运。

在赛迪看来，人与人之间，付出和关心是相互的，自己做的这些事情，老百姓都看在眼里。平日里，村民们自家地里种了什么菜，都会拿出一些分享给工作队，

久而久之，赛迪和村民之间的关系也愈加亲密。他在村里任期还未结束，村民们就自发前来挽留，对此，赛迪笑道：“也不知道他们是从哪里听来的消息，都来说‘赛书记你能不能不走’，虽然好笑，但心里还是很感动的。”

赛迪近照

虽然与村民一起度过了很多愉快时光，但漫长的驻村生活，也让赛迪与家人聚少离多。自女儿和儿子出生后，赛迪就很少有时间陪伴他们，对儿女而言，他是一个近乎“陌生”的存在。对此，赛迪虽有遗憾，但从不后悔，他说：“在脱贫攻坚这种特殊时期，跟全国那么多扶贫的战友一起，有幸参与到这块工作当中，在脱贫攻坚工作中贡献一份力量，我也是很自豪的。虽然在他们最可爱的时光我没有陪伴在他们身边，但我觉得等我的孩子长大以后，他们一定会理解我的这种选择。”

（文／学生记者 赵学真；图／受访者提供）

林风杰：心怀有“嘉” 返璞归真

人物名片：

林风杰，厦门大学嘉庚学院机电工程学院2005级校友。曾任原机电工程系学生会主席并创办CAD（三维建模）协会。毕业后创办深圳市元硕自动化科技有限公司并任总经理。2015年，担任厦门大学深圳校友会嘉庚学院分会首届会长。曾以公司名义分别在嘉庚学院建校十周年和十五周年期间设立科创类奖学金及捐赠校内公共自行车“小绿”。

2018年10月20日上午，一辆辆崭新的校内公共自行车“小绿”，整齐地摆放在漳州校区嘉庚广场前，拼成“I ❤ TKKC”图案形状，这是嘉庚学院校友为母校十五周年校庆送上的一份生日礼物。这份礼物就来自校友林风杰创办的深圳市元硕自动化科技有限公司。该公司向嘉庚学院捐赠人民币三十万元，分两年购置“小绿”共七百多辆。

林风杰，作为公司的总经理，也是主要创始人，他在“小绿”投放仪式上说：“第一，绿色代表了和平友爱；第二，自行车在骑行过程中是一个转动的过程，也是一种爱的传递；第三，这批‘小绿’是‘永久’牌自行车。这代表着‘爱的传递，永远转动’。”他希望更多校友将这份爱永远传递下去，铭记母校“以学生为中心”的办学理念以及学校为学生所做的一切。

林风杰说：“返璞归真是生命的智慧，也将是我这一生的信条。虽然已经远离校园十年，可是心从未走远，甚至时常牵挂，或是前世注定，亦是今世之缘；若问重新选择，还会来‘嘉’吗？答案是肯定的。”

感恩“嘉园”里的良师益友

2005 年 9 月，夏末初秋，林风杰背着行囊来到嘉庚学院。在他眼中，这是一个充满机会的地方。作为嘉庚学院正式招收的第三届学生，当时整个校园学生数量加起来才四千多人，一切都刚刚起步，等着他们去开拓。

那时候，林风杰学习刻苦，成绩优秀，多次获得优秀学生奖学金和“三好学生”荣誉称号。除此之外，还历任班级班长、机电工程系学生会副主席、主席，并创办属于全校范围的学术社团——CAD 社团并任首届社长。他说，成长虽靠自己的努力，可是在嘉庚学院，有三位良师益友至今仍深深影响着他。

林风杰（中）大学时期照片

第一位是林风杰口中“一辈子值得感恩的辅导员”——黄奕霖。在嘉庚学院办学初期，辅导员和学生同住园区，办公也在园区，真可谓是学生的知心朋友。初入嘉庚学院的林风杰和同学们，一开始就感受到了这种无微不至的关怀。“有事

儿找辅导员”，在他们眼里，辅导员就是无处不在、无所不能的存在，为他们带来了“嘉”的安全感。而和其他同学略有不同的是，因为担任班干部，林风杰和辅导员有着更多的交流。在辅导员身上，他深深感受到学校“以学生为中心”的办学理念和辅导员“处处为学生着想”的高尚品格，当然也学习到如何组织一场班级出游，如何带领一个团队。林风杰也渐渐在系里崭露头角。随后，在各项竞选中，林风杰脱颖而出，如愿当上了班长、学生会副主席及学生会主席。而他还不止步于此，基于专业课实践的需要，他还首创了 CAD 学术社团，任首届社长。在其他人看来，林风杰大学生活丰富多彩，风光无限，而他在乎的却是这些锻炼给他培养出来的眼界及格局。

“心胸豁达”的原机电工程系主任姚斌是林风杰口中的第二位良师益友。林风杰回忆道，当时校区刚刚建立，文娱活动还相对较少。他联合了中文系筹办了机电工程系的第一场大型晚会——“文”“机”起舞。当时校园场地有限，大型晚会一般都是在露天的操场举行。经过前期的精心筹备，晚会开始了，但天公不作美，居然飘起了雨。作为总负责的林风杰心情沉重。怎么办？本想呈现给领导老师和同学们一场高规格的惊喜，却变成担惊受怕的“烫手山芋”。然而让林风杰感动的是，姚斌老师不仅没有提早离席，还津津有味地和其他老师同学一起，欣赏着晚会，给了同学们莫大的支持。这种支持，也内化成风林杰生命中的豁达。

第三位良师益友则是林风杰口中“指路明灯”的语文老师陈晓霞。在陈老师的课上，林风杰深深地爱上了阅读，养成了终身学习的习惯。大学毕业，他带着 220 多本书踏上了前往梦想的地方，“那里不仅仅需要能力，更需要知识，也需要知识升华成智慧”。

采访的时候，“感恩”是林风杰时时提起的词，感恩学校平台，感恩良师益友，感恩同窗知己。同时也感恩自己四年的学习。他说学校的学习对他帮助很大，特别是专业知识和金工实习，95% 以上的知识可以应用到他所在的行业。而在学校训练出来的“严谨、逻辑、哲学”等思维对于他经营企业更是有莫大的帮助。

成就别人就是成就自己

毕业后，带着大学四年的知识和二百二十多本书，林风杰来到了深圳，就职于深圳宝龙达信息技术股份有限公司。虽然林风杰在宝龙达公司只工作了一年多就踏上了创业的道路，但是他说，在宝龙达的这一年多也是一笔非常宝贵的财富。由于林风杰工作踏实且乐于助人，在公司他获得了很好的口碑，打下了良好的人际基础。他讲述了一个小故事：那是 2009 年秋天，宝龙达公司组织去厦门秋游。刚刚进入宝龙达工作的林风杰也有幸参与。在秋游中，他带了单反相机，而在学校里学到的摄影技术，没想到帮公司大多数人都拍到了美美的照片，回去后，大家都找他要照片，从而认识了他，领导和同事都在背地里问：这应届生是哪所学校的？在后续的创业中，林风杰还经常回公司向领导请教。良好的上下级关系转变成师生关系。而宝龙达公司出于对林风杰的信任，还曾悄无声息向林风杰公司购买价值三百多万的设备。谈起在宝龙达公司得到的厚待，他说："成就别人就是成就自己。"

2011 年，林风杰开始创业，和他大学的同窗叶瑞龙和魏宗金一起创办了深圳市元硕自动化科技有限公司。回忆起当时的情形，他说："那时候毕业不到两年，几乎等于一个小毛孩，初涉世道，不懂世理，仅有的只是激情、天真、纯朴和希望。"但恰是没有回头之路的心态，让他们三个人一直走到了现在，而且还在走向更远的未来。过程的艰辛，只有他们三个人有深刻的体会。林风杰说，虽是艰辛，但因有"嘉"的依恋，亦不失心里依靠。每每事业烦恼之时，亦是想"嘉"之日。在他们心中，"嘉"既是前进路上的一盏明灯，也是成长路上的快乐元素之一。

为中华智能制造崛起而奋斗不息。经过近十年的"切磋琢磨"，林风杰公司的发展已经迈入了亿级销售额的行列，其公司集研发、生产、销售、服务为一体，致力于 LCD 和 OLED 平板显示领域技术领先的智能化装备制造的国家级高新技术企业。公司目前拥有六项发明专利、三十二项实用新型专利、二十一项软件著作

权和诸多社会荣誉称号，并在2018年9月顺利通过ISO9001认证。公司也相继与富士康鸿海精密集团、京东方、日本JDI、台湾AUO、欧菲光、维信诺、华星光电、天马等国内外企业及上市公司达成合作并已经在为进入资本市场而准备了。

心怀有“嘉”，心系母校

心怀有“嘉”。2014年年底，深圳校友会嘉庚学院分会筹备启动，林风杰作为筹备组组长，联系在深“嘉”人，经过两个多月的筹备，2015年1月，校友会正式成立。林风杰在成立大会上被推选为首任会长。致辞中，他动情地说：“2009年来到深圳，我便渴望在这片热土上有一个温暖的‘嘉庚馆’，如今，这个‘嘉庚馆’终于有了，它叫厦门大学嘉庚学院深圳校友会。”

校友会从2015年成立之初的几十人发展到现在的上千人，离不开林风杰带领的理事会成员的努力。他们组织的活动从小范围的行业交流，节日出游到大规模的中秋博饼、年会，大大地丰富了在深校友们的生活，为大家创造了一个名副其实的“嘉庚馆”。

林风杰捐资助力嘉庚学院办学

心系母校，毕业后，林风杰时刻想着自己能为母校做点什么。除了搭建起深圳校友会平台，林风杰还多次以各种形式回馈母校。早在公司创办初期，他每年返校招聘，为学弟学妹们提供就业和实习岗位。2013 年，嘉庚学院建校十周年之际，刚刚创业两年的他，就以公司名义在原机电工程系设立了“科技创新奖励金”，分五年发放，用于奖励母系科技创新及比赛获奖的学生。2018 年，嘉庚学院建校十五周年之际，他以公司名义捐赠三十万元，用于学校公共自行车“小绿”的购置。除此之外，他还通过参与学校组织的各类论坛交流活动，向学弟学妹们分享经验，助力学弟学妹们成长。

林风杰说：“创办公司，我们仨不仅仅只是为了实现自己的梦想与人生的价值，恰恰还有为‘嘉’而战之心，因为我们的血液中流淌着‘嘉’的情。我愿真心实意，伴你‘嘉’一生。无论走到哪里，心怀有‘嘉’，万物皆变，我心不渝。”

（文 / 嘉庚学院 王协；图 / 受访者提供）

阿莉雅·巨艾提：我在新疆支教

人物名片：

阿莉雅·巨艾提，厦门大学法学院2006级法学专业学生。2010年毕业后，带着从厦大吸收的知识，带着在厦门开拓的视野，带着回报家乡的理想，她通过新疆维吾尔自治区公务员考试选拔，来到乌鲁木齐高新技术产业开发区，投身家乡经济发展建设，并于2014年考入新疆维吾尔自治区纪律检查委员会。2016年，她积极响应自治区党委的号召，带着不足两岁的儿子，来到位于边远南疆的克州阿克陶县皮拉力乡中心幼儿园驻村支教。她拓宽渠道，广泛联络，共为幼儿园筹得近二十万元学习、生活物资；开设自己的支教公众号“我的支教日记”，以文字图片的形式，向社会展示出一幅生动的援疆干部风采画卷。

“告诉老师，你们长大后最想去哪所大学读书？”

“厦——门——大——学！”讲台上话音未落，台下就响起一片整齐划一的回答。

这段对话不是发生在厦门市某所中小学的课堂上，而是发生在遥远的新疆克州阿克陶县皮拉力乡。讲台上的老师叫阿莉雅·巨艾提，目前是皮拉勒乡中心幼儿园的支教老师。

从纪检干部到幼儿教师

阿莉雅2010年毕业于厦门大学法学院，现任新疆维吾尔自治区纪委副主任科

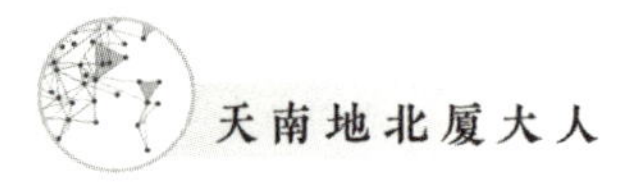

员。2016 年，她积极响应自治区党委的号召，带着不满两岁的儿子，来到位于边远南疆的皮拉力乡中心幼儿园驻村支教。

从大城市来到偏远农村，从一名纪检干部到一位幼儿教师，阿莉雅并没有经过太多思考。因为对她来说，人的成长、成熟的过程，就是不断突破自己舒适圈的过程。她把这次转变看作是对自己的一次锻炼，希望在自己完全不熟悉的环境和身份中得到成长。

阿莉雅的父亲曾经资助过七位农村孩子，她记得父亲常常在台灯下拿起笔给远方的孩子“回信”，而她的母亲也从不忍心拒绝任何一个人的请求，总是忙碌于所有人的求助中。从初中起的每个寒暑假，父母总是把她和哥哥送到乡下农民的家里体验生活，告诉他们，这个世界上还有很多人都在过着困苦的生活。父母的言传身教点点滴滴地影响着她，让她觉得自己有义务将这种家训和美德传递下去。

阿莉雅（中）与幼儿园的孩子们

“我自己就是‘民考汉’的受益者，从小学习双语的经历，让我有了一个更高、更广的平台去认识这个美丽世界，并且有机会走出新疆，到厦门大学接受新的成长洗礼。我希望偏远农村的孩子们也能如我一般幸运。”

“我愿意给她们描述，在某个遥远的地方，有一个不一样的大‘世界’，只要努力，就能抵达。”

数年后，阿莉雅站在讲台上，给台下的学生仔细描绘那个海边的如童话般美好的“城堡”大学，她也许会想起那个并不算遥远的高三下午，父亲对着一本宣传画册为她勾勒着自己的未来，当时自己眼睛里闪耀着的正是这样的神采。

一位老师与四十名学生

皮拉力乡中心幼儿园成立于2009年，于2009年9月正式招收幼儿入学。目前幼儿园共有近二百五十名四至六岁的幼儿，基本都是当地村民的孩子。阿莉雅所带的班级有四十名学生。

一说起自己这四十个“孩子”，阿莉雅掩饰不住得意：“他们和城里的孩子一样单纯可爱，不同的是他们更活泼，更调皮，自理能力也更强。”

尽管如此，对阿莉雅来说，当一名幼儿教师仍然是一种全新的生活体验。一切都要从零开始学起，只有付出足够多的时间和精力，才能担当得起支教的责任。

阿莉雅工作照

由于教师短缺，和城里的幼儿园不同，这里没有具体的教学老师和保育老师之分，基本都是一至两个老师负责一个班一日生活的全部内容。从早晨到校迎接孩子入园开始，卫生、晨检、两餐一点、教学、户外活动、午睡到将幼儿安全送回家长身边，再到打扫教室卫生、备课、准备教学道具，每一天都紧凑忙碌。

因为面对的是幼儿，又是农村新入园的幼儿，阿莉雅不得不集中起十二万分的注意力，在传授知识的同时，帮助幼儿建立良好习惯，并保证他们安全健康成长。

刚开学的时候，常常有学生趁她不注意就逃跑了，幼儿园里几乎天天上演“猫抓老鼠”的大戏。这时，阿莉雅只能立刻放下手中的事情，把他们抱回班里；入冬后，许多孩子的小手、小脸都皲裂了，阿莉雅就买来脸盆、香皂和润肤油，每天接上热水一遍一遍教孩子们洗手、洗脸，再抹上润肤油；幼儿园条件欠缺，阿莉雅通过联系亲朋好友、发公众号倡议等方式为幼儿园协调募集了近二十万元的硬件物资；而早在2014年，阿莉雅就和朋友们一起成立了爱心微信群“茶花姑娘”，每个月拿出二百元帮助有困难的孩子。

课堂教学是此次支教的中心环节。孩子们正是天真烂漫的年纪，稀奇古怪的想法层出不穷。一节课二十分钟，大家能安静五分钟就算不错了。阿莉雅就每天想不同的招，把孩子们的思绪从无边的宇宙中拉回来。多媒体软件、手工刀具、游戏、画画、儿歌，她想方设法让课堂教学方式尽量丰富多样，充分调动课堂气氛和幼儿兴趣，融入课堂教学的幼儿也越来越多。刚入园的时候，孩子们一句汉语都不会说，她就从“老师，你好”开始教起，短短几个月，孩子们已经能理解简单的日常用语。老师家访的时候，大点的孩子甚至能比手画脚地充当起老师和家长之间的翻译。

刚来的时候，家里亲戚朋友给阿莉雅寄了很多孩子的学习用具、玩具和衣物。她会每天带一些到课堂上，发给当天表现好的小朋友。有一天早晨她刚到班里，好几个孩子就围上来，有人拿着一个小核桃，有人画了一幅画，有人带了一个苹果、一块馕，她们说：“老师，你每天都给我们带东西，我们也要给你送东西。”

对阿莉雅来说，跟孩子相处的每一天都充满快乐和感动，每一个孩子都会出其不意地带给她惊喜，她常常在班里大笑起来。对阿莉雅不满两岁的儿子乐乐来说，这同样是一趟弥足珍贵的成长之旅。

阿莉雅来支教的时候，乐乐才一岁六个月，她犹豫过是不是该将孩子一起带来。最终，出于各种主客观原因，她还是决定带着孩子一起驻村。刚开始的时候，他像每一个单纯的孩子一样，不接受妈妈跟其他的孩子亲近。每次阿莉雅跟班里的孩子互动，乐乐就会抱着她的腿大哭，不让任何人靠近妈妈，也不让任何人靠近他自己，阿莉雅几乎不能离开他半步。对此，阿莉雅选择完全理解。她抱着乐乐，带他认识幼儿园，将班里的孩子一个一个介绍给他，刚开始的一周，甚至把他抱在怀里带班、上课。慢慢地，他似乎理解接受了妈妈每天的工作方式，在班里也有了好朋友。虽然他还不太会说话，但也会搬着小凳子坐在小朋友中，跟着小朋友一起咿咿呀呀互动，一起吃饭、游戏，成为班上年纪最小的"同学"。

在阿莉雅看来，每个班级就是一个小家庭，老师就是全能家长。"我是我们班四十个孩子的妈妈，每一个孩子的身心发展都与我息息相关，这里面要有满满的爱与责任。我要能叫出所有孩子的名字，我要知道每一个孩子的性格和特点，我要对他们每一个个体负责。"

厦大，一切开始的地方

阿莉雅曾给孩子们描述过自己的母校厦门大学，在她记忆里，那是孩子们听得最入神的一堂课。阿莉雅高三的时候，父亲去厦门出差，带回一本厦大宣传册。那是她第一次看到这个后来让她魂牵梦绕的地方。到厦大以后，她常常一整天坐在白城沙滩上看着海面，沉浸在梦想成真的眩晕中，也会和其他女孩一样，为一碗烧仙草或芒果刨冰而欢呼雀跃。

然而，更让她难以忘怀的还是这里善良热情的市民、老师和同学。在厦门，她常常有种受宠若惊的感受。"有次我在车站问路，一位老爷爷恨不得牵着我的手把我送到要去的地方。"

阿莉雅还记得那位严格的税法老师，当时她的学年论文一再被这位老师退回来。虽然不能理解，但她还是在老师的指导下，静下心来找资料，完成了论文。去年，她将论文重新修改后成功发表在核心期刊上。“这些都得归功于老师当时的严格要求。”

而毕业后，她和很多厦大毕业生一样，都患上了“相思病”。“我读书包括工作时也去过很多其他学校，但在我心里厦大永远是最与众不同的。她不仅是传授专业知识的场所，更是一个包容开放的‘小联合国’。”

阿莉雅（右一）与舍友合影

“在厦大，听课是一种享受。课堂上常常激荡着各种先进思想。走出课堂，你可以参加各种社会活动或者加入学生会，主动权都在学生手中。所有活动基本都是学生自己组织的，学生们还在校园里面就开始接触、学习适应社会上的规则和处事方式。这种锻炼让大家走入工作岗位后能很快适应，游刃有余，受益终身。”

阿莉雅在校期间就是一个闲不住的学生，她参加了爱心学社、民族学社、宣传部等各个社团和学生会，还利用业余时间做家教、到咖啡厅打工，以及到厦门市中级人民法院实习等。通过爱心学社，阿莉雅定期给漳州一所小学的孩子们上

课，还会去养老院给老人们打扫卫生、表演节目。这些经历，塑造提升了她为人处世的方式和性格，也为她此后的支教打下了基础。

“当我选择驻村支教的时候，别人可能会觉得条件这么艰苦，我能坚持下来太了不起了。但对我来说，这是再正常不过的事，我乐在其中。”

人生的选择千万种。有人选择白手起家自主创业，有人投身职场努力拼搏，也有人像阿莉雅一样，前往一所默默无闻的小村庄，给那里的孩子带去知识和希望。在她看来，比起做什么工作，更重要的是确立起自己的价值。“只要你有正确的价值观，有积极乐观向上的态度，有吃苦耐劳的准备，不管你做什么工作，都能为这个社会贡献一份力量。”

原音回放：

“学习当然是第一要务，要珍惜每一个课堂。但学习不要仅限于课堂、书本，你要抬起头，同样重要的是实践，实习是种学习，打工是学习，积极参加学生会、社团更是学习。在校的学生，要怀有作为年轻人的热情、激情，要满怀好奇心，这会让你更充实。”

（文 / 学生记者 陆婷婷；图 / 受访者提供）

Mohit: 厦大成就我的“白衣梦”

人物名片：

Mohit，印度人，厦门大学医学院 2006 级 MBBS 专业（内外全科医学士）校友，现为印度最大的私立医院阿波罗医院神经内科高级住院医师，并担任厦门大学印度校友会秘书长。

2020 年 1 月 15 日，印度新德里子午线酒店高朋满座，由中国驻印度大使馆和金德尔全球大学共同举办的“2020 年印度留华学子春节联欢会”正在进行。活动现场，一位厦大人的身影格外引人注目。受大使馆邀请，作为厦门大学医学院 MBBS 专业首批毕业生，Mohit 代表印度留华校友上台演讲。尽管离其初入厦大已隔十余载，回忆起那段在东海之滨、“花园学府”的求学经历，他依旧饱含深情，“我爱中国，我爱厦大，是她把我从顽石点化为珠玉，成就了我的白衣梦……”。岁月如梭，Mohit 关于厦大的记忆从不曾随光阴消磨；潮落潮起，鹭岛鸥鸣，他与厦大的“缘”就这样静静地被时光细细珍藏……

Mohit 在“2020 年印度留华学子春节联欢会”上做主题发言

跨越山海：怀揣梦想缘结东海之滨

“在我们的社会观念里，医生是一个神圣高尚、充满挑战的职业。我从小就憧憬着能够成为一名救死扶伤的医生。”在谈及当年不远万里选择厦大攻读医学的初衷时，Mohit 如是说。在印度，很多家庭即使不富裕也会省吃俭用让孩子去学医。但印度当地公立医学院校较少，报考竞争很激烈，而私立医学院的费用又很高。相比印度医学院校而言，中国高校医学院的基础设施与实验设备较为完备，教学科研水平较高，收费也更为合理。综合对比之下，对于想要出国接受优质的高等医学教育的印度留学生们来说，中国成为他们最好的选择之一。

2005 年，厦门大学医学院依托高水平综合性、研究型大学的学科优势，参照国际标准，创办来华留学临床医学本科 MBBS 项目，培养医学基础雄厚、临床技能扎实、人文素养深、创新能力强的“德高艺精、仁心仁术”型高水平医学人才。2006 年 11 月，包括 Mohit 在内的六十五名印度学子慕名到厦大，成为 MBBS 项目的首批学生。“我是家里的独子，当我决定到中国学医时，父母起初都很担心。但后来了解到厦门气候宜人，与我的家乡海德拉巴并无二致；同时，我们也知道中国和印度的文明交流源远流长，很多去过中国的亲戚朋友都说中国人包容开放、热情友善，家人就转变态度支持我来华学医。”Mohit 无比感谢父母和朋友的支持，让他得以结缘厦大，义无反顾地追逐自己儿时的梦想。“在厦大学习时光是我此生最美好、最快乐、最难忘的时光。”Mohit 深情地说。

撷浪鹭岛：师友相伴梦筑南方之强

Mohit 至今依旧记得第一眼望见厦大恢宏大气、充满鲜明嘉庚建筑风格特色的校园主楼群时，从心底涌出来的震撼与激动。但随之而来的还有大多数留学生初到中国时都会面临的一大难题——语言。“刚到厦大的时候，我的中文说得不好，也很担心会遇到交流方面的问题。还好学院的专业课都是全英文授课，也开设了基础汉语课让我们学习汉语；同时，学院还为我们配备了专职辅导员来关心、照顾我们的生活学习。中国老师和同学为我们提供了方方面面的帮助，让我们学到很多。”谈到校园生活的点点滴滴，Mohit 显得无比激动。在厦大，他第一次过中秋节，和中国朋友们一起体验了闽南文化习俗“博饼”，这种趣味性的文化活动一下子拉近了他和朋友们的距离；还是在厦大，他第一次唱着中文歌参加校园歌手大赛，中国朋友手把手教唱的《朋友》歌词，十几年后他依旧铭记于心；他还和同学们一起参加学校组织的“凤凰花旅游节”、一起骑着自行车去教室上课、一起在清晨的海边漫步，享受海风拂过耳畔的惬意……

Mohit（左）厦大求学期间参加学生活动的照片

与此同时，医学院还针对外国留学生的特点，让留学生们接受中华优秀传统文化熏陶的同时，广泛进行临床见习实践，使理论学习与临床见习相结合。“我还记得教授中医学的老师指导我们如何通过观察舌象判断病人疾病发展的情况，还有如何通过针灸‘一针见效’地缓解病人某些部位的疼痛。”Mohit 回忆说。厦大的老师总是想方设法地调动学生积极性，鼓励他们勇于尝试。让 Mohit 印象最深刻的，是医学院李炜教授在给他们讲授遗传学和眼科学课程时所展示出独特的化

繁为简、深入浅出分析问题的能力，以及他脚踏实地、细致严谨的专业研究态度。“当时，李炜教授还邀请我加入他所领导的一个关于睑板腺的研究项目，鼓励我说不用担心，大胆试一试，感兴趣的话就继续留下来。”

医学院鼓励学生突破自我、大胆尝试的开放式教学模式同样延续到了他们的临床实习之中。在厦门大学附属中山医院实习时，Mohit 的指导老师是一位经验丰富的心外科医生，也常常邀请 Mohit 一起上手术台近距离观察、学习专业技术操作。这种“理论结合实践”的教学模式在潜移默化中既夯实了学生的理论基础，又提高了实践操作水平。老师们的言传身教，同窗好友的互帮互助，让 Mohit 在厦大这块知识的净土上一步步靠近自己的梦想。

在厦大就读期间，Mohit 连续被评为“优秀班干部”，获得“优秀留学生奖学金”；经过五年的专业学习，Mohit 还高分一举通过了难度很大的印度执业医师资格考试，顺利在当地 Svrrggh 医院出色地完成了一年的临床实习。作为第一批厦门大学 MBBS 毕业生，Mohit 顺利应聘到印度国内著名的孟买 Lilavathi 医院。“可以说，是厦大让我具备了成为一名优秀医生所需要的全部能力。能够成为厦门大学的学生是我一生的骄傲，我永远感谢这块哺育我成才的知识净土！”

鸥鸣不绝：情牵母校尽绵薄之力

“自强不息，止于至善”，厦大的校训精神一直镌刻在 Mohit 心中，鞭策着他不断追求职业上的发展。在孟买 Lilavathi 医院积累临床工作经验后，Mohit 通过自己的努力，过五关斩六将，通过激烈的面试，成功应聘到阿波罗医院成为一名神经内科医生。阿波罗医院，是印度最大的私立医院，也是印度首家被国际医疗卫生机构认证联合委员会（JCI）认证的医院。

身在印度，Mohit 却始终牵挂着母校，也总是希望能够尽自己的绵薄之力为母校做些贡献。2018 年，厦门大学医学院 MBBS 学生暑期社会实践期间，Mohit 主动担任学弟学妹们的校友导师。回忆起母校的学习与培养时，他对学弟学妹们诚恳地表示，正是母校老师们的言传身教，以及医学院对临床教学的重视，让自己积累宝贵的临床经验的同时，也在心中播下知行合一、脚踏实地、持续探索、终身学习的种子。感恩在厦大的学习经历，成就了自己现在拥有的一切。

Mohit 在厦门大学印度校友会成立大会上发言

在厦门大学印度校友会成立时，Mohit 被推选为秘书长。本着增强校友凝聚力与向心力的初心，他积极组织印度各地厦大校友团结一心，努力将厦大印度校友会打造成校友们沟通联络、共同进步的有益平台，为母校发展做出一份贡献；在新冠肺炎疫情出现以后，他也心系母校，组织校友从各地发来视频，表达他们的祝福以及对中国战胜疫情的信心。

白城沙滩上，我们总能见到那群自由自在的海鸥，它们终日翱翔，却从未真正远离过这座见证、哺育他们成长的鹭岛。如果对于海鸥来说，大海是它蔚蓝色的梦，那么对于 Mohit 来说，厦大则是他“白衣梦”开始的地方。厦门大学医学院 MBBS 项目自 2006 年创办以来，也吸引了一批又一批来自世界各地尤其是“一带一路”沿线国家的留学生，他们像 Mohit 一样来厦大成就“白衣梦”，为全球医学事业发展做贡献。

（文 / 医学院 林诚泷、程芬；图 / 受访者提供）

谢广汉：用兴趣与热爱，赋值人生的广度和深度

人物名片：

谢广汉，厦门大学2007级民商法学博士，厦门大学澳门校友会理事长，澳门柔道协会主席，澳门特区政府体育委员会体育委员，澳门第三届(2009—2015)行政长官选举委员会委员，中华炎黄文化澳门促进会理事长，澳门健美总会会长，澳门克柔术总会会长，亚太体育总会常务副主任，国际柔道联合会洲际竞赛主任，国际柔道协会运动竞赛委员，亚洲柔道联盟运动竞赛部长，泛太平洋柔道协会财务长，国际搏技总会会长，亚洲克柔术总会副会长，东亚健美总会副会长。参与北京奥运、雅典奥运、世锦赛、多哈亚运、亚锦赛、泛太平洋赛等国际赛事，并连续两届担任奥运会技术组织官员及亚运会的技术代表。

从电机工程，到工商管理，再到法学，他跨越了陌生的专业，却始终浇不灭心中的学术热情；

从餐饮，到企业管理，再到教书育人，他跨越了陌生的领域，却依旧在探寻自己的能力极限；

从中国澳门，到亚洲，再到整个世界，他跨越了陌生的地域，却仍在开拓中国体育的无限可能。

不断地跨越、追寻、开拓，这是谢广汉人生的代名词，也是他坚定地在这条满丛荆棘、坎坷崎岖的路上走下去的信念来源。

跨界，既是兴趣，亦是探索

在获得电机工程学士学位之后，谢广汉进入到专业对口的澳门电力公司工作，被公司安排参与当时正在筹建的路环九澳发电厂工程并担任发电厂工程师。发电厂是由日本三菱重工承建并由澳洲莱斯公司和葡萄牙 EDP 公司担任顾问，所有技术会议都需要各方讨论沟通，但当时各个公司都使用自己的国家语言，一旦涉及专业术语，翻译员常常翻译不到位，这对中方的技术人员和施工带来很大压力，影响整个工程的合作进度。为了解决这一问题，谢广汉主动修读了中、英、葡翻译课程，并开始自学日语，在之后的合作会议中主动承担了术语翻译问题，助力路环九澳发电厂工程有序高效推进。

后来，谢广汉离开澳门电力公司，投身商界创业经商。为了解决经商过程中遇到的商业运作专业问题，他从 1983 年开始在澳门东亚大学（今澳门大学）学习工商管理，在取得第一届工商管理学士学位之后又取得了对外经济贸易大学工商管理博士学位。

谢广汉开始利用学习到的专业知识在企业经营中不断摸索，其间又发现了诸多不可忽视却又难以解决的法律问题。为了更好地把握问题核心，他开始自己钻研法律知识，并先后取得澳门大学、中国法学会、中国政法大学、亚洲国际公开

谢广汉近照

大学等多所大学的法律文凭、学士及硕士学位。当时厦门大学法学院齐树杰教授正值调派澳门大学执教，担任了正在该校攻读法学硕士学位的谢广汉的导师，得知谢广汉有意在法学领域继续深造，遂建议他参加厦门大学博士生招生考试，并给了他很多指导建议。在经历了竞争激烈的笔试、面试考核后，谢广汉成功考入厦门大学法学院。

谢广汉的博士生活非常繁忙，既要学习专业知识，还得兼顾自己业务生意。撰写博士论文时，谢广汉以中国和葡萄牙的仲裁法为对比做研究，展开大量案例分析和条例阅读。论文即将完成之际，他却被告知葡萄牙仲裁法发生巨大改动。为了学术研究的严谨性，谢广汉决定重新撰写论文。虽然时间规划突逢变故，许多事务和行程都被打乱，但在葡萄牙法案修订中有所参与的经历让他对论文更加得心应手，也对两国仲裁法有了更加深刻的体会和理解。凭借在厦门大学等高等学府学习的法律知识，谢广汉不仅顺利解决了公司发展过程中遇到的法律问题，后来还专门成立了翻译事务所，专门处理法律上的审批、程序等翻译工作。

被问及为何跨界如此广泛，并且自得其乐时，谢广汉谈道：“兴趣使然。”广泛的兴趣，对生活和未知无尽的热情，使得他能在一个又一个陌生的领域不断开拓，也让他不断刷新自己。

柔道，既是追求，亦是信念

柔道是一项起源于日本的运动，20 世纪 60 年代初传入澳门，当时葡萄牙在澳门设立了一个类似童子军的葡萄牙青年团，并聘请韩国及日本教练开设柔道班，十岁的谢广汉成为首届学员，并在之后成为澳门柔道代表队队员及队长，连续八年蝉联柔道冠军。在第一期柔道学员的协助下，韩国籍教练丰川威廉在澳门开设了第一间私人柔道场——丰川柔道场，对柔道充满热情的谢广汉积极担任助教工作。但是，没过多久，柔道场就因为种种原因进入低谷，柔道班也随之结束，低潮时只剩下谢广汉一人负责丰川柔道场的全部开支，使得柔道场不至于倒闭。

1975 年，一批志同道合的年轻人陆续返回道场，将丰川道场易名为澳门柔道馆，由谢广汉主理，重新发展及推广柔道。

为了更好地推广普及柔道运动，1976 年，谢广汉开始担任澳门保安部队柔道总教官及后来设立的保安部队高等学校（警官大学）教官，将柔道推广到警界，坚持在警界推广柔道三十多年。1982 年，在谢广汉与众多同仁不断努力下，澳门柔道馆加入亚洲柔道联盟成为会员，正式更名为澳门柔道协会，并在一年后成为国际柔道协会成员。从此，澳门柔道运动员有了更多接触国际柔道赛事、了解国际柔道水准的机会，谢广汉也真正实现了让澳门柔道走向世界的愿望。

谢广汉参与柔道赛事合影

从 2004 年开始，谢广汉先后参加了雅典奥运会、北京奥运会、澳门柔道协世锦赛、多哈运、亚锦赛、泛太平洋赛等众多比赛，除连续两届担任奥运会技术组织官员以及亚运会的技术主管之外，还作为柔道国际项目代理人，在诸多比赛中担任国际裁团成员和教练。谢广汉不仅是中国柔道发展的见证者，更是首创者、参与者，对其引进、推广和发展做出了巨大贡献。

爱校，既是热情，亦是本能

2012 年 9 月，时任校长朱崇实在与澳门校友座谈时，表达了希望能在澳门建立校友组织将在澳门的厦大人紧密联系在一起的想法。谢广汉主动请缨，积极参与到澳门校友会的筹建与联络工作中，广泛联系、多方奔走，汇聚了一百多位在澳门学习、工作和生活的厦大校友，于当年十二月正式发起成立了厦门大学澳门校友会，并担任了理事长一职。校友会成立后，经常举办各类联谊与交流活动，极大地增进了校友之间的联系，加强了校友与母校的联系，更加深了在外奔波飘摇的学子与大陆母亲的感情。2014 年重返母校参加第四届厦门大学全球校友会会长秘书长联席会议时，谢广汉提议由澳门校友会作为承办方负责第五届全球校友大会，这一提议不仅得到了与会代表和母校的支持，也就此开启了厦大全球校友代表大会由各地校友会主动申请、轮值举办的先河。

2019 年盛夏，时值迎接新中国成立七十周年、庆祝澳门回归二十周年之际，厦门大学原创话剧《哥德巴赫猜想》专程赴澳门交流演出。这次话剧演出也得到了澳门校友会的鼎力支持，从协调澳门大学演出场地，到落实演职人员在当地食宿后勤，再到义务宣传组织观众，谢广汉和澳门校友会的各位负责骨干多方奔走，积极投身到各项筹办工作中。在他看来，校友会参与到母校原创话剧赴澳公演活动，既是对母校建设发展的支持，还有利于将母校精神、大学文化在澳门更为广泛地传播，让当地民众真切感受到厦大人“自强不息，止于至善”的精神。众志成城、万众一心，在全体演职人员的精心准备和校友会的悉心协调下，《哥德巴赫猜想》话剧公演文化交流活动圆满成功，参访和表演交流促进了内地与澳门之间的文化交流，也增强了两地之间血浓于水的深厚感情，这场演出成了澳门与厦门城市交流之间的桥梁和纽带，促推两地大学生加深了解，增进情谊。

无论是专业水准极高的柔道专家，还是白手起家创业的企业家，谢广汉在不断变换着自己的角色，也在不断挑战着自己的人生极限。他以积极进取、豁达乐观的人生态度，敢于拼搏、勇面挑战的人生精神以及永不浇熄的热情不断地开拓着自己的人生。

（文 / 学生记者 宁一奇；图 / 受访者提供）

王光文：止于至善的“钢铁人”

人物名片：

王光文，厦门大学管理学院2008级EMBA校友，三宝集团股份有限公司董事长兼总经理，先后荣获“全国钢铁工业劳动模范”“福建省优秀企业家”“福建省非公有制经济优秀建设者”等称号，曾当选第十一届福建省人大代表、漳州市人大代表、市工商联副主席、区工商联主席等。

筚路蓝缕：一步一印耕耘钢铁梦想

在追求钢铁梦想的道路上，王光文已经求索二十余年。

早在20世纪90年代初，年轻的王光文便同老乡远赴广东闯荡钢铁市场。彼时正值全国经济高速发展的时期，钢铁需求量大，在王光文的家乡福建省福鼎地区，有许多像他一样怀揣志向的青年，背井离乡前往全国各地兴办轧钢厂，从事钢贸生意。回忆起当年的经历，王光文说：“那几年我办的轧钢厂只能用小打小闹来定义，但让我积累了许多经验，也看到了规模小、设备简陋、产品档次不高等影响企业发展的局限。”这些早期的经验让王光文对钢铁行业有了更深刻、更宏观的洞察和思考，也由此立下了更远大的目标：创办一家上规模、上档次、高质量的现代化大型钢铁生产企业，为国家钢铁事业贡献自己的一份力量。

为了实现这个在外人看来像是天方夜谭的钢铁梦想，1999年，王光文回到家乡福建，筹集资金在漳州市芗城区浦南工业区征地二十三亩，从无到有地开始了三宝钢铁的创业之路。王光文带领着最早的一批三宝人，脚踏实地从一砖一瓦做

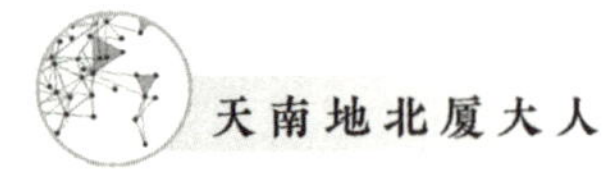

起，为钢厂未来的发展打稳基础。随着棒材一厂、炼钢二厂、棒材三厂相继建成投产，三宝钢铁也逐渐在漳州大地上站稳了脚跟，在同行中有了自己的一席之地。

创业初期，企业面临设备简陋、技术含量不高、资金短缺、品牌知名度低等重重困难，同时各种诱惑和抉择也纷至沓来，曾有经销商建议三宝把达不到标准的劣质产品出售给他们，因为劣质钢材成本低，返利快，谋取近利，可解资金的燃眉之急，看似是难得的“机遇”；然而，非法生产“地条钢”“再生钢”不仅会损害前期累积下的耕耘和成果，也与自己当初的钢铁梦想背道而驰。于是，王光文毅然拒绝了经销商的订单，在寒冬中咬牙坚持，一步一印、稳扎稳打地开拓前进，继续以高品质、严要求鞭策自己。“生意，能做得成就多做一点，做不成就少做一点。为了企业的发展，在产品质量与诚信经营上绝对不能让步。”王光文坚定地说道。

功夫不负有心人，在王光文和一众三宝人的建设下，三宝公司获得了国家“工业产品生产许可证”，这标志着三宝走上正规发展、快速前进之路；2007 年，三宝与厦门路桥签了三万吨钢材购销协议，为后来厦门集美大桥、杏林大桥、翔安海底隧道等重大交通工程的合作奠定基础；2008 年，三宝（冶金）福建集团股份有限公司注册成立（后改名为三宝集团股份有限公司）；2010 年，炼铁厂六百二十立方米高炉建成投产，标志三宝钢铁跨入全流程联合钢企的行列；2013 年，三宝集团成为国家工信部核准的符合钢铁行业规范条件准入的企业，二期生产线全面投产；2014 年，“三宝”牌螺纹钢成为上海期货交易所交割品牌；2019 年，耐腐蚀热轧卷板项目建成投产……

王光文近照

回顾三宝稳步发展的历程，王光文这样总结道：“我始终认为，瞄准自己的主业，专注自己的主业，坚守自己的本分，心无旁骛地进行专业化生产与经营，才能逐步累积自己的优势，在激烈的市场竞争中拥有信心和底气。”

艰苦卓绝：创新转型征服行业寒冬

2012—2015 年，无论对国内钢铁行业，还是三宝集团，都有着重要意义。

那几年，“钢铁寒冬”的阴影笼罩全国。一方面，行业产能过剩，整体供大于求，价格竞争日趋激烈；另一方面，中低端产品同质化竞争现象十分普遍，同时“地条钢”、无票销售现象扰乱钢材市场。面对这样的行业困境，王光文也在思索着“越冬”的对策和三宝的未来。

2014 年，福清核电站开始建设，需要大量核电用钢。核电用钢对质量要求极其苛刻，但三宝管理层经过讨论后，一致认为公司必须走高质量发展战略之路，毅然接下了研发任务。然而研发技术难度大，且成本高、盈利空间小，这对当时的三宝而言，既是机遇，亦是挑战。当时许多企业都选择减少甚至暂停对钢铁研发的投入，以保住利润。王光文却认为钢铁行业犹如逆水行舟，要想顺利度过寒冬，就要创新突破，通过产品升级形成差异化竞争优势。“大家都在低端产品上竞争，钢筋才会卖白菜价”，于是，王光文带领战略思想高度一致的管理层团队，选择“技改升级”加大研发投入。

最终，经过全员的日夜奋战、加班加点的不懈努力，三宝集团用了两个月时间攻克核电用钢的难关。回忆起奋力攻坚的那段日子，王光文笑着说：“做一个新产品肯定会有压力，但是要把自己的决定化成动力，带动全厂的员工和技术人员一起来干，还是可以成功的。困难总是抵不过我们自己的决心嘛。”

三宝的新产品一炮打响，并与福清核电建立了长期动态的合作关系，扩大了市场。以此为契机，三宝走上了高质量发展的转型之路，这也成了三宝应对“寒冬”，最终征服“寒冬”的诀窍。三宝集团十分重视科研创新，投入大量研发经费，引进先进技术团队，致力于高端精品的研制；与此同时，三宝也积极发挥作为民营钢铁企业的灵活、高效优势，紧跟市场，以多样化的生产模式满足客户规格齐全的要求。在与福清核电站成功合作的基础上，三宝还与宁德核电站、云霄核电站等省内核电项目建立合作关系，成为全国第一家为华龙核岛建设供应产品的民营钢铁企业。2020 年 3 月，三宝还获得中国核工业授予的“2019 年度优秀合作伙伴”荣誉称号。

如今的三宝集团，系漳州市首家纳税突破十亿大关的工业企业，荣获“国家高新技术企业”“全国民营企业五百强”“全国民营制造业五百强”“全国绿色工厂”“全国钢铁工业先进集体”“全国守合同、重信用企业”“福建省百强企业”“福建省百强民营企业”“经济建设突出贡献奖”等殊荣。是一家具有国内先进生产水平的现代化综合型钢铁集团企业，拥有国内一流的全自动化生产线、高品质的耐腐蚀钢筋产品、环境优美的花园式厂区，形成了以钢铁制造、销售为主，向高端精品钢、现代物流服务业、钢铁文化生态旅游等产业链延伸的企业格局。放眼未来，王光文也早已做好打算。他表示，未来三宝集团将着力营造绿色环保企业，走钢铁绿色发展道路，带动产城融合发展。

王光文以“品质决定发展、诚信铸就大业”作为三宝的经营理念，以“创建行业标杆、铸就百年三宝”作为企业愿景，作为一名深耕钢铁行业多年、已取得瞩目成就的“钢铁人”，他认为自己的钢铁梦想依旧在路上，他坚定“止于至善”的精神，为了新的突破而努力奋进，为了更高远的目标而执着追求，以期实现“精品高效、绿色低碳、超低排放、生态三宝”的百年企业梦想。

饮水思源：热心行动回馈母校恩情

谈及母校的恩情，王光文诚挚地表示，厦大的学习经历，让自己受益良多，无论是在开拓视野，还是企业的管理与运作都有质的飞跃和提升。同时，王光文十分重视人才储备和培养，与厦大更是有许多形式多样的合作。例如，选送高管参加厦大 EMBA 进修，与厦大合作举办 EDP 高层次人才培训班，同时定期到校举办企业校招专场宣讲，以吸纳更多高层次人才，为企业长远发展提供储备力量。王光文不忘初心，怀抱拳拳之心，在钢铁行业不懈探索，始终追求卓越。在王光文身上，“钢铁人”和“厦大人”这两个身份，有着难以割舍的联系。

作为漳州校友会第七届理事会会长、EMBA 漳州校友会第二届理事会会长，王光文为漳州校友会的建设和发展做出了巨大的贡献。他表示，要将校友会建成真正的“校友之家”，加强校友会的组织建设，积极推进校友、企业、政府之间的沟通，开展全方位、多层次、持续性的交流合作。在漳州校友会第二届理事会会员大会上，他以新任会长的身份通过漳州市慈善总会向厦门大学九十五周年校庆捐献了三十万元人民币作为“助教基金”。在他的引领下，漳州校友会的各项工作也取得可观、可喜的成果。

漳州校友会是厦门大学全球校友组织中，历史最为悠久的校友会之一，曾先后两次在厦门大学全球校友会先进工作单位评选中荣获“优秀校友会”称号。王光文担任会长以后，也带领漳州校友会沿袭优良传统，为母校人才培养、科学研究、社会服务、资金资源捐赠等各方面做出一系列贡献：由漳州校友会建立的一百万元的“漳州学子励学金”继续发挥作用，积极配合母校基金会和学生处做好困难学生助学金发放工作；由漳州校友会牵线搭桥，厦门大学科技处与有关学院多次赴漳州片仔癀药业集团洽谈，促成一批项目合作；校友会多次向母校图书馆与嘉庚学院图书馆、马来西亚分校图书馆及嘉庚号科考船捐赠校友所著图书两千五百册……

王光文被母校授予首批“奋进新百年、共筑新伟业”行动计划大使荣誉称号

在厦门大学百年校庆倒计时五百天启动仪式上，王光文被授予首批“奋进新百年、共筑新伟业”行动计划大使荣誉称号。一回到漳州，王光文立即与漳州校友会领导班子成员研究贯彻落实意见，详细制定了“行动大使”九步走计划：包括在《闽南日报》发表漳州与厦门大学百年情缘长篇文章，创作一首校友之歌，组织百人合唱团与交响乐团回母校演出，出版一本感恩母校漳州校友诗文集，筹备一场校友艺术作品展在母校图书馆展出，拍摄一部《同饮一江水百年母校情》高端访谈专题片等。

无论是作为“钢铁人”，还是作为“厦大人”，王光文始终以进取之心探寻求知之路，以坚韧之毅探索钢铁伟业，以宏图之志助力实业兴邦，他的行动，正是对校训“止于至善”精神的诠释。

原音回放：

“鹭岛之滨，百年图强，桃李芬芳，沧桑何足惧；海峡西岸，涛声依旧，梦萦南强，明天更辉煌！”

（文 / 学生记者 林毅；图 / 受访者提供）

曾志龙：奔跑在“一带一路”上的企业家

人物名片：

曾志龙，厦门大学EMBA 2010级中美班校友，大湾区共同家园投资有限公司董事总经理，澳门特别行政区第四、五届行政长官选举委员会委员，政协福建省委员会委员，澳门东盟国际商会理事长，澳门厦门联谊总会永远会长，厦门大学澳门校友会会长，澳门城市大学校董。曾获颁厦门市“荣誉市民”。

他精力充沛，说话声音洪亮，办事雷厉风行，待人热情真诚。一步一个脚印，他的故事在海丝路上锻造佳话。

大爱无疆，依依桑梓之情

从濠江江畔来到坐落于祖国东南一隅的“海上花园”，曾志龙在厦门大学开启了他人生中的第二次求学之旅，也由此书写起他与厦大的故事。

入学厦大，曾志龙受校主陈嘉庚先生的精神感召；完成学业后，他身体力行地为教育、为文化建设出力，成为一名“爱无疆”的厦大人。

2013年12月，厦门大学澳门校友会成立，曾志龙任首届会长，积极团结在澳校友，宣传母校，促进澳门校友与母校之间的联络与沟通，积极推动澳门与厦门、澳门高校与厦门大学的交流互动。2014年4月，曾志龙带领澳门各界精英回到母校进行交流，拓宽了澳门与厦大在人才培养、学术交流、文化互动等方面的交流与合作。2016年10月，曾志龙又率澳门校友会，在澳门圆满承办了厦门大学第五届全球校友会会长秘书长联席会议，来自海内外八十四个厦门大学校友会的近一百五十名会长、秘书长等代表齐聚一堂，畅谈校友工作经验，为母校发展建言献策。

2019 年，曾志龙在福建省两会上作为港澳代表发言

与此同时，曾志龙不忘春风化雨之恩，他深知，厦门大学从陈嘉庚先生倾资兴学创办中国第一所华侨大学，到当前能在“与世界各大学相颉颃”的一流大学征程中稳步迈进，是一代代厦大人的不息奋斗与社会各界人士鼎力支持的结果。自 2014 年以来，他以实际行动多次向母校表达深情厚爱，截至 2020 年，曾志龙已向母校累计捐赠超过三千万元人民币，在母校设立创新创业基金支持创新创业项目，设立“校友励学金”资助优秀学子，积极资助校友活动与校园文化建设，大力支持学校建设与发展。

创新驱动，拳拳奋进之力

科技是第一生产力，创新是引领发展的第一动力。近年来，曾志龙参与投资创建了厦大科技园，致力于将科技成果实行有效转化。厦大科技园是福建省唯一一个经国家科技部和教育部共同认定的“985 工程”高校国家级大学科技园，主园区依托厦门大学一批新兴应用学科及科技创新平台，通过政、产、学、研、资协同，以及国内外知名高校和科研院所的紧密合作，打造了完善的科技服务平

台体系。如今，作为厦大国家科技园翔安主园区总经理，曾志龙在福建省政协港澳委员座谈会、省侨联十届一次常委会暨十届三次全委会上多次提及科技成果转化提高的重要性，希望将厦大科技园打造成为厦门大学科技成果转化与产业化的重要平台，呼吁构建“海丝”科技创新联盟，实施多维的科技创新链与产业链的精准对接，为厦门市实施创新驱动战略、构建现代产业支撑注入活力与动力，助力海丝沿线国家和地区的产业经济发展。

曾志龙（左）荣获厦门市“荣誉市民”称号

2018 年，厦门市政府授予曾志龙“荣誉市民”称号，表彰他在经济建设与对外交流等方面的贡献。

自 2010 年同厦大结缘开始，曾志龙写下了他与厦大的第一章故事。随着他的事业版图不断扩展，他的故事已经从厦门延伸至粤港澳大湾区，甚至是海丝沿线国家与地区。

爱国爱澳，殷殷家国情怀

一直以来，曾志龙胸怀坚定的“爱国爱澳”责任感，投入了大量精力、时间和资源参与澳门的发展与建设，充当澳厦两地政府、澳门与祖国甚至是其他国家和地区之间的民间联络人，积极地牵线搭桥，满腔热情地回报国家。

当前，中央政府正大力倡导“一带一路”倡议，把澳门定位为世界旅游休闲中心和中国与葡语系国家经贸服务平台。作为在澳门回归后的经济大发展中受益的企业家，曾志龙自感责无旁贷，应该为澳门和国家做出自己的贡献。早在 2009 年，曾志龙发起成立“澳门东盟国际商会”，致力促进中国与东盟国家的交流，并通过多层次、广领域的各项活动，增进中国与东盟国家及企业界的商贸往来，响应国家“一带一路”倡议。

曾志龙（左三）参加第三届“三门”青年论坛暨 2019 厦门创新创业创造分享季

同时，他还积极响应中央政府提出的“双创”（大众创业、万众创新），策划组织了首届“三门青年论坛”，把大中华圈里的“三门”——澳门、厦门和金门联通起来，为三门的青年架起一座奔向创新创业成功的桥梁，助力他们实现创业梦。作为福建省侨界青年联合会会长，曾志龙力争为侨界青年打造一个交流和对接的理想互动平台，促进侨界青年创业创新。他组织策划了“首届世界侨青论坛暨澳门与‘一带一路’青年峰会”。在会上，中国葡语系国家经贸文化交流中心与安哥拉、巴西、莫桑比克、葡萄牙、东帝汶代表共同签署了《葡语系国家侨界青年交流合作共识意见书》，号召青年们怀揣青春梦想，以更开放包容的姿态，加强与世

界不同国家、不同民族的青年互融、互鉴、互通，开展多领域、多渠道、多层次的合作交流，共建共商共享中国梦。

2019年，在澳门回归二十周年之际，曾志龙联同多家驻澳的中资企业和澳门社会知名工商界翘楚共同创建大湾区共同家园投资有限公司并出任董事总经理。公司以“助力多元化澳门、创新世界级湾区”为历史使命，计划设立“大湾区共同家园基金”，重点投资澳门、珠海横琴和粤港澳大湾区经济圈，响应国家创新发展战略，助力实现粤港澳大湾区建设宏图。

2020年年初，新冠肺炎疫情突然袭来。曾志龙一方面率领澳门校友会，联合旅港校友会募捐，购买医疗设备捐赠给武汉协和医院；同时个人向澳门特区政府捐赠八万个口罩用于抗疫。

曾志龙坚信，作为“一国两制”成功实践的典范，澳门与祖国血脉相连，在祖国不断发展壮大的大背景下，在实现中华民族伟大复兴中国梦的历史征程中，澳门的明天也将更加绚烂多彩！

“行有余力，则以学文”，曾志龙的经历诠释着这句话。他的商业版图从澳门到厦门再拓展到大湾区，现在他又紧随国家脚步，瞄准“一带一路”建设，抢抓创新创业机会，布局融入大湾区建设，搭建粤港澳地区乃至内陆地区的商业桥梁。他满腔热情，投身教育事业，担任多所大学校董，身兼数职，怀揣着一颗赤诚的爱国之心，肩负起时代赋予他的使命与责任，为当代年轻人树立起“拼搏进取”的好榜样。

原音回放：

“厦大百年，不负荣光，身为校友，与有荣焉。祝愿厦大明天更美好！也祝愿厦大学子们既有未来可奔赴，亦有岁月可回头。”

（文 / 学生记者 陈惠莹；图 / 受访者提供；以上部分资料来源于人民日报［海外版］、环球网［财经］）

孙涛：两年扶贫路　拳拳驻村情

人物简介：

孙涛，山东日照市人，厦门大学2012级金融系博士研究生校友，2015年毕业后成为广西壮族自治区党委组织部定向选调生，于2015年7月进入广西壮族自治区财政厅工作。同年十月，他主动报名，被自治区党委组织部派驻凌云县伶站瑶族乡陶化村，任贫困村党组织第一书记。

转换身份　用真情开展群众工作

“在贫困村里当第一书记是什么感受？”孙涛经常被问到这样的问题。2015年，孙涛从学校迈入社会，从东部走向西部，再从省直机关自愿前往扶贫一线，其间的身份转变在常人看来不可思议。

“陈嘉庚先生‘变卖大厦也要建设厦大’的故事潜移默化影响着我，西部是人才干事创业的热土，我一直有想法到西部做点事情。”2015年毕业前夕，适逢广西组织部来厦大招定向选调生，孙涛直言被组织部干部的诚恳所打动，一拍即合，只身前往广西。在广西财政厅工作不久，区党委号召青年干部投入精准扶贫，孙涛立马报了名。他心想，青年干部需要到基层接受磨炼，既然已经选择了西部，也就不惧怕到基层工作。他说：“全国正在轰轰烈烈开展精准扶贫，能亲身参与是一件幸事。”

在孙涛看来，“如何当好贫困村党组织第一书记”这个问题更为重要与艰巨。

伶站瑶族乡陶化村，典型的石漠化地形，缺水、缺土地，资源匮乏，自然条

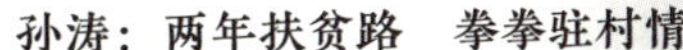

件恶劣，由十四个自然村构成，有的村落间隔十几公里，交通闭塞，教育文化水平落后，全村 360 户共 1786 人，超过 68% 为贫困户，一直以来是广西百色市凌云县脱贫任务最艰巨的村之一。如何脱贫致富是摆在孙涛面前最大的难题。

孙涛上任第一件事是摸底调查，他把所有贫困户都走了一遍，听取群众意见，为理清脱贫思路做好准备。在 2015 年年底，孙涛带爱心人士上山给高桥屯群众送来第一批物资，并亲手给每家每户安装了一个 LED 电灯，让许多群众第一次用上了电灯，全屯百姓跟过年一样开心。当晚，孙涛与村主任夜宿山顶，挤在农户家一张小床上，门外就是羊圈，时常有羊踢门而入。孙涛说，看到农户家里点点微弱的灯光，他的内心特别温暖。事后，他才得知那家农户只有一张床，农户夜里围在火炉坐了一晚。这一次经历让孙涛第一次对“为人民服务”有了特别的感触。一年多过去，那些贫困户在孙涛的努力下终于从山顶的土坯房搬迁到山下宽敞明亮的安置房。这中间，变化的不仅是群众的生活环境，更是一个年轻干部的党性修养。孙涛说，他体会到对人民的感情、对党的感情，要靠在为人民群众办实事的过程中建立起来。

孙涛给陶化村党员讲党课，开展“两学一做”学习教育

两年来，孙涛用真情开展群众工作的事例还有许多：他为家中有七个黑户的低保户特事特办，积极联络和协调政府部门，为其上户口、申请低保，把孩子们送到了学校，让这一家从此步入正轨；他通过与社会爱心人士、爱心企业对接，

帮扶村里的孤寡老人，先后资助七名贫困学生读书……

孙涛说："每个人都不能选择自己的家庭背景，我们是幸运的，除了感恩，也有责任去帮助那些不那么幸运的人。"

踏实勤勉　用实干当好基层"穿针人"

"我是2010年入学的，在厦大硕博一共读了五年。在母校的五年是我成长最快的五年，除了知识，也是我人生观、价值观逐渐成形的五年。"孙涛在我校2017年赴西部、基层、国家重要行业就业毕业生出征仪式作为校友代表如是谈及厦大的影响。

在孙涛看来，厦门大学虽位居东南一隅，却有着良好的学术与读书氛围，在厦大校风影响下，厦大人做事特别踏实和勤勉，摒弃了繁华都市的喧嚣与张扬。而在日常纷繁的基层工作中，他也意识到"戒骄戒躁"尤为重要。他坦言："基层带给我的财富是'踏实'与'勤勉'，与我在厦大学到的东西一脉相承。"

大学时期的孙涛

"上面千条线，下面一根针。"这是对第一书记工作的形象描述。孙涛工作多、任务重，既要与上级部门有效对接，又要处理好复杂多变的日常事务。具体而言，他的工作涵盖"科教文卫、经济建设、行政维稳、干部培养"等方方面面，而抓

党建与促脱贫是他工作的重中之重。

初到陶化村之时，党支部被称为“软弱涣散党组织”，支部共有三十二名党员，一半多外出务工，留下来的一半中又有许多是贫困户。党组织松垮，党员积极性不高，村干党性不强，开会经常迟到甚至不来，基础设施建设也因为“个人私利”互相扯皮。

为了扭转这一局面，孙涛决定带领村干跑项目，获取财政厅的支持，将陶化村十多年悬而未决的唯一一条惠及八个屯的通屯路落实到位。孙涛相信，自己工作起来热情饱满、毫无怨言，也就一定能感染、调动村干的积极性。不仅如此，孙涛以发展村集体经济为契机，推动“农村党建”，采取“能人党员承包，与贫困户合作”新模式，培育农业特色产业，吸纳五十二户贫困户参与脱贫产业。为创新基层党建，孙涛还多次组织党支部的结对帮扶建设活动，把“两学一做”与精准扶贫相结合，开展党支部农业技能和政策培训，加强农村党员的先进性。“把党员培养成能人，把能人发展成党员”，孙涛对农村党建有着自己的理解。

值得一提的是，孙涛带头在村里流转、平整荒地三百亩，积极引进两家公司，发展“产销一体”的特色种养业。2017年，他要力争村集体经济实现年产值五十万元以上，收入五万元以上。

孙涛直言，他进村时没有刻意告诉村民自己的博士身份，半年之后，村民才知晓。孙涛说：“身份标签会让群众产生距离感，我很欣慰群众从来没有喊过我孙博士，这说明他们没拿我当外人。”

立足高远　促扶贫工作长效推进

累计筹集帮扶资金七百多万元，实施村屯道路硬化四千四百七十米，修建水柜二十九个，铺设水管三千六百米，安装路灯五十盏，新建两个文化活动中心，新建乡土建设示范屯一个，整屯搬迁二十户，解决了一百八十户贫困户通路问题，一百六十户贫困户饮水问题，二十户贫困户通电问题，四十户贫困户住房问题。

这是陶化村目前为止的脱贫攻坚成绩单。

当然，陶化村的改变远不仅于此。两年来，孙涛集结了同学好友、社会爱心人士、爱心企业以及政府帮扶等多方力量，全心全力促进村落发展。现在，村里的小二郎书巢正式开馆了；厦门大学大学生支教团参与陶化村教育扶贫，利用暑期支教活动开拓孩子们的视野；村里举办起了瑶族特色春节节庆活动……两年来，孙涛的付出收到许多村民诚挚的谢意。村里的大学生评价道，他们所给予山村孩子的不只是物质上的帮助，更是精神上的帮助。

孙涛在村屯宣传党的支农惠农政策

2021 年 4 月，孙涛横跨四年的任期也将结束，他表示，他将利用这段宝贵的经历，反映基层的真实面貌，在新的岗位进一步思索贫困乡村的发展之路。他说，建立发展的长效机制，确保村落在帮扶干部离开后能继续正常运行，甚至发展比现在更好，是他离开前的工作要点。而此刻，孙涛还在做许多事情，如正积极规划研究把贫困家庭的学生集中到县城读书，探索如何在金钱关系主导的背景下发展和谐健康的农村文化……

孙涛说："现在我们所担负的不仅仅是帮助一个村、几千人脱贫致富，而是，探索如何改变成千上万贫弱者的生活。在民族复兴的伟大进程中，我们往往关注

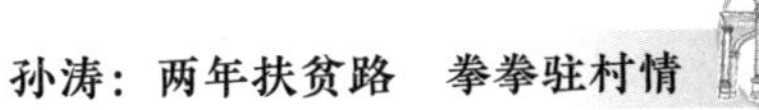

那些引领这个国家前进方向的人，但也需要一些人关心、关怀贫弱者的利益，这也是公平与正义的内在要求。”

孙涛坚定地认为，任何宏大的国家愿景，最终都要落实在一个个普通人的身上。这也是他给予厦大学弟学妹真挚的期许。

（文 / 宣传部 林济源；图 / 受访者提供）

许伟、张曼：带着汉语走进非洲

说到非洲，你想到的是沙漠、草原、黑人、部落？还是古老、神秘、奔放、狂野？当汉语教师志愿者带着历史悠久的汉语和博大精深的中华文化走进非洲……让我们一起来听听他们的故事。

人物名片：

许伟，海外教育学院2012级语言学及应用语言学硕士，2013年10月25日至2014年10月24日，任尼日利亚纳姆迪阿齐克韦大学孔子学院汉语教师志愿者。

第一次踏足那片土地时，那种置身陌生环境所带来的紧张与局促不安仍历历在目。当时在本国人都一个个打开行李箱接受检查，可当做好了入境被海关刁难准备的我们告诉执勤人员我们是汉语志愿者时，他们表现出了极大的热情，不但没有为难我们，还给我们一路开绿灯。其中一个执勤人员还一直送我们到机场门口，走之前还留下了自己的联系方式，想让自己的儿子来我们任教的学校学习汉语。

艰苦的教学条件，好在学生不冷场

上课的第一天，我就被学校环境给震撼到了，木板隔成的教室、破旧不堪的桌椅，而且偌大的一个校园竟然没有一个公共厕所。因为学校教学资源的严重不足，其他系的学生有很多都是站着上课的。大学还好些，中学的设施更让人觉得心酸：一排教室，没有一扇窗户是完整的，连门都没有，黑板也是坑坑洼洼的，更不要说电灯和多媒体了。晴天还好，阴天或者下雨的话，教室基本上都上不了课……

由于硬件设施的缺陷，非洲学生学习汉语的方式很传统。没有多媒体，也就不能使用课件。也因为大部分学生没有智能手机和电脑，所以来之前准备的很多学习汉语的软件和电子书也都派不上多大的用场。为了使他们学习汉语不那么枯燥，我将很多知识点编成游戏，以比赛的形式拉动他们学习汉语的积极性；还自制了很多教具，用自己的电脑播放视频和图片。

不过好在非洲学生的课堂永远不会冷场，老师不需要过多调动气氛，只要一两个话题的引入就足够让课堂活跃起来。

许伟（前排中）和他的学生在一起

从“生活的低能儿”到“承办一桌酒席”

刚到尼日利亚时，才发现自己真正是生活上的低能儿。开关坏了，习惯性地找人来修，才发现无人可找；窗纱坏了，买来新的，却发现自己不会木工活；学校送来了柴油，可自己面对这么一大桶，总想不到法子将其加进发电机里……在这里经历的这些，也让我更加珍惜我所拥有的一切，至少不会再那么“愤青”。

物质条件越缺乏，越能调动起人类的创造性。大半年过去了，我学会了修发电机小问题、接电、修马桶、通下水道、补窗纱、理发，凡事都是自己动手，而这些都是以前从来没有做过的。做饭就更不用说了，炸得了麻花，做得了馅饼，蒸得了馒头，包得了饺子，擀得了面条，炖得了鸡汤，卤得了牛肉，腌得了酸菜，不敢说煎炸蒸煮炒炖煸样样精通，承办一桌酒席还是没问题的，美味谈不上，至少不难吃。

那里的生活确实称得上艰苦，没电没水是常事，所以我们时不时地会有“烛光晚餐”。活动范围也比较局限，真正的“两点一线”：教室、宿舍，加上每周一次的市场，平时基本上没有娱乐活动……不过有句话说得好，凡事都是守恒的，现在我透支了这些，以后的人生就会更好走一些。我一直都坚信这一点。

东方文化与尼国文化的碰撞

当含蓄内敛、柔情似水的东方文化遇到热情奔放、不拘小节的尼国文化，碰撞出的火花，有新奇，有错愕，也有些不可思议。

从饮食来看，相对于中国饮食方式多样、讲究色香味俱全，尼日利亚的饮食则单调得多，一般除了 Swallow（一种混合当地特制的蔬菜和汤汁的食物），就是炒米饭。除了在饭店，他们一般不会在桌子上吃饭，他们喜欢围在一起，每个人把食物放在自己面前的小凳子上，用手抓着吃，有时会用勺子或者叉子。记得我第一次去外方院长家做客时，由于不了解尼日利亚的饮食文化，坐在了用来吃饭的小凳子上。后来外方院长开玩笑说：“你坐在了土豆和牛肉上”，让我很是尴尬。

而说到打招呼的方式，在尼国，熟人每次见面都会拥抱；陌生人之间则会握手，并在握手结束时打个响指。他们认为打招呼时的肢体接触越多，就越能说明两个人的关系好。初到那里，学生总是喜欢用手搭着你的肩膀，或者和你握手。这对中国人来说多少有些不习惯，因此刚开始与学生还会产生一些误会。但尊重和友善总能消融所谓的差异，正如孔子所说的“和而不同”。

人物名片：

张曼，海外教育学院2012级汉语国际教育硕士，2013年5月至2014年6月，任南非斯坦陵布什大学汉语教师志愿者。

白人与黑人交织的国度

我所任教的孔院位于南非西开普省的古镇斯坦陵布什，与很多人想象中黑人聚集、治安堪忧的南非不同，这个小镇人口以白人为主，平静安逸。小镇以斯坦陵布什大学为中心，到处都是年轻而充满活力的大学生。最初来到这里，漫步街头，满眼的俊男美女，衣着时尚性感。男孩子喜欢脚踩滑板，帅气地穿梭于街道间。我还注意到一个小细节，很多人喜欢赤脚走路，尤其是在夏天，这些“赤脚党”都是白人，没见过黑人这样。我和当地的中国朋友猜测，可能是因为白人在着意地让自己显得自由没有束缚，而本身社会地位和经济状况都不佳的黑人群体对于外在的体面倒是更敏感。

这里就不得不提到种族问题。在南非，每年学校会举办活动，学生们可以在学校里自发组织各种展览和活动。有一次“彩虹节”，我见到很多小旗子和标语，比如“黑色最美”之类的，都是黑人们写的反对种族歧视的小标语。而白人和白人之间也有歧视，比如有些荷兰裔家庭不愿意和英国裔通婚。

黑人与白人的差距还是很多的。第一次见到那延绵不绝的贫民窟着实吓了我一跳。黑人孩子和白人孩子的学校往往是分开的。白人孩子的学校条件好，一个班里只有一两个黑孩子或混血孩子；黑人孩子的学校条件差，见不到一个白人孩子。每次国内派来教师代表团到学校教孩子中国文化，白人学校的反应就不如黑人学校那样热烈。因为白人学校平时的课外活动十分丰富，而黑孩子对中国人充满好奇，有时甚至会来摸、拽你的长头发，让人哭笑不得。

张曼（中）和她的学生

口音的挑战和有趣的学生

在这里任教和生活，使用英语是没有问题的，唯一的障碍就是本地人那重腔调的口音。南非的官方语言达十三种之多，各种母语的人们的英语口音也各异，尤其是黑人和混血人的口音，听起来十分费劲。以南非荷兰语为母语的白种人的英语口音也很重。初来乍到，这些口音着实让我费了一番功夫去适应。

在任教中也遇见过不少特别的学生。一次上课，我说："学习语言的乐趣是少数时候，多数时候要能够忍受那些枯燥。"一个学生马上反驳："老师，不是的，我觉得学汉语每时每刻都很有意思！"这个学生成绩优秀，现在他在北京工作了，同时做三份工作：旅游公司的翻译、拉丁语教师还有西餐厅服务生。我真的很佩服他。

还有个学生，是个白人女孩，她有一种类似强迫症的心理疾病。这让她在课堂上的表现显得比较奇怪，有时她会大声回答问题，盖过其他人的声音，招来同学的白眼和嘲笑。她每天都背一个超级大和沉的书包，放着所有可能需要的书籍和物品，考试和上课时她会来反复确认。她的家长专门跟学校请示过，期望她可以得到格外的照顾。做她的老师确实需要多费心，但是她的成绩很优秀，每到学期末，她的家长都会发来感谢信，感谢老师对他们孩子的照顾。

（文 / 黎悦帆 王增式；图 / 受访者提供）

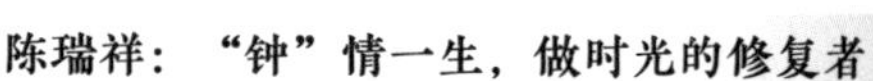

陈瑞祥：“钟”情一生，做时光的修复者

人物名片：

陈瑞祥，软件学院2013级软件工程系校友，厦门大学温州校友会副会长兼秘书长。他是一名“80后”青年创业者，放弃经商投身钟表行业，用互联网思维为传统行业注入新活力；他是一名国家钟表维修技师，对待工作精益求精，用行动诠释工匠精神的真谛；他更是一名钟表文化传播者，创建强达钟表文化中心、发起“走进钟表世界”公益活动，成功将钟表修复技艺申请成为温州市非物质文化遗产项目。他付出诸多努力，普及钟表文化，让钟表文化走进温州，也让温州的钟表文化逐渐走向世界。

热心于校友工作

2013年，陈瑞祥考入厦门大学攻读软件工程硕士。回想起自己与厦大的渊源，还要追溯到六年前在厦大温州校友会帮忙的一段经历。当时，因受老同学（原温州校友会秘书长）的邀请，陈瑞祥来到校友会协助组织校友活动，陪同接待来访的厦大师生。活动过程中，他第一次对厦门大学的校主文化有了深入了解，也切身感受到厦大校友对母校的深厚情感，体会到校友之间那股强大的凝聚力。于是，在校主文化的感召和厦大校友情怀的影响下，他决定到厦大完成研究生阶段的学习。毕业之后，他义无反顾地再度投身到校友会工作之中，即便事业繁忙，他仍尽心、尽力、尽责地完成。

谈及温州校友会，陈瑞祥提到最多的一个词便是“感动”。一是感动于校友们对校友会工作的热心。温州校友会汇集老、中、青三代校友，尤其是一些耄耋之年的校友仍然十分关心、热衷于参加校友会的工作，每年中秋博饼都会捐助礼品，并且亲自到场参与活动，行动不便的也会作诗、画画、写字赠予校友会。这种人人都愿意付出、奉献的精神，让他深受触动。二是感动于各地校友会之间的互帮互助。温州校友会三十周年换届之时，母校校友总会以及杭州、宁波等地的校友会积极为活动出谋划策，提供了许多建设性的意见和建议。三是感动于校友们之间的互助支持。对于陈瑞祥而言，校友们对他的事业给予了诸多帮助，不论是从钟表的销售、推广，还是到钟表与互联网嫁接上。同时，陈瑞祥也为校友们提供了力所能及的帮助。他常常在校友会组织的沙龙活动中，与校友们分享一些关于钟表鉴赏、钟表使用和维护的内容，由他所创办的强达钟表文化中心还为校友们提供了免费的钟表维修、护理等服务。

陈瑞祥（右二）组织温州校友会参与母校招生宣传工作

钟情于钟表修复

陈瑞祥出生于钟表世家，其父陈强达是温州市唯一获得国家高级技师职称的钟表维修大师，先后为浙江省培养了二百多名从事钟表行业的学员，其中包括许多钟表高级技能人才。父亲对于钟表的执着与热爱，对待工作的严谨与细致，潜

移默化地影响着陈瑞祥的一言一行。从小耳濡目染的他，也渐渐对钟表产生了难以割舍的浓烈情感。但起初，他却并没有选择从事钟表行业。

2005 年，从北大金融系本科毕业后，怀着“实业兴国”的抱负，陈瑞祥决定自主创业。他与另外两个同学一起前往金华义乌做小商品贸易，但由于缺乏经验，不到半年，创业就宣告失败。之后，他进入丽水青田的一家饰品企业工作。公司了解到他在义乌的创业经历，便让他带团队到义乌开设对外窗口。凭借着勤恳专注的工作态度和极强的工作能力，陈瑞祥仅用了一年的时间，便把企业的年产值从五百万元提升到一千万元，也因为业绩出色，他成为这家企业的股东。在工作期间，他对中国的饰品工艺有了进一步了解，这也让他在日后对钟表材质的判断形成了独到的见解。

就在事业做得风生水起之时，2008 年发生的一件事却彻底改变了他的人生轨迹。那年，陈瑞祥代替父亲到香港参加钟表研讨会，与会的香港同行提出，温州人只是“有钱”，并不了解钟表，更不懂钟表文化。在这番偏见之下，陈瑞祥当场表态：“温州人不仅懂钟表，更能做好钟表文化。”他下定决心，要改变人们的刻板印象，撕掉“温州不懂钟表文化”的标签。回到内地后，他开始逐步将重心转移到钟表上。2012 年，处理完在义乌的工作后，陈瑞祥返回家乡温州，全身心投入钟表行业。他将自家在解放街的钟表修理店扩充了门面规模，创立了强达钟表维修中心，又利用资源迅速与多家国际名表厂商建立合作关系。与此同时，他还拜访了国内外诸多钟表大师，开始系统地学习与钟表相关的文化知识，了解钟表的历史渊源，将每个知识点、每个细节认真记下；他向国内知名独立制表师钱国标先生学习制表技能，通过琢磨每个环节、每个技巧，不断提升自己的技术水平。在此过程中，他对钟表的迷恋进一步加深。

钟表修复是一项精细活，不仅需要热爱，更需要极大的耐心、细心和专心。在工作过程中，陈瑞祥总是全身心投入。他深知，失之毫厘差之千里，钟表中有许多细如牛毛、脆弱不堪的零件，必须要小心避免失误，防止造成不可挽回的损失。每每看到手中修复的“僵尸钟表”起死回生，听到它们再度响起“滴答滴答”

的响声时，他都欣喜不已。

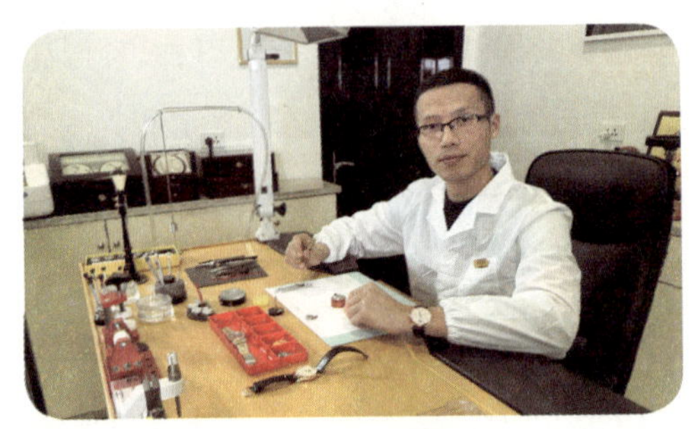

陈瑞祥工作照

凭借精湛的技术，陈瑞祥如今已成为一名国家钟表维修技师。由他负责的温州市陈强达技能大师工作室也成为国家钟表职业技能培训承办单位，并荣获市级技能大师工作室、浙江省技能大师工作室称号。2016 年又再度被评为浙江省优秀技能大师工作室。在陈瑞祥的努力和带领下，强达钟表名声大震，技术力量在国内也可称得上是数一数二。

热衷于钟表文化传播

除了钟表的修复研究，陈瑞祥更热衷于对钟表文化的探索和传播。他认为，衡量一个国家、一个民族的水平，除了 GDP，还应该包括文化，而钟表文化就是其中之一。但是，陈瑞祥也深知，钟表文化传播比钟表技术传播更难。因为技术可以手手相传，而文化需要悟性，需要更加深入的学习。尤其与北上广等城市相比，温州虽然创业氛围和商业氛围浓厚，但整体的文化气息却很薄弱。要在这种情况下进行钟表文化的推广，并不是件易事。为此，他付出了诸多努力，在钟表文化的传播工作上倾入大量的精力和心血。

读研期间，陈瑞祥利用在厦大所学的专业知识，将腕表的品牌和数据进行细分和索引，借助互联网传播钟表文化。此外，他还入股了钟表互联网平台——放肆购名表网，用互联网思维，为传统的钟表行业注入新活力。为进一步普及和传

播钟表文化，提高人们对钟表的鉴赏水平以及健康的收藏理念，2014 年，他自费举办了温州首届古董钟表鉴赏会，展出了 18 世纪金嵌珍珠口画珐琅芝麻链怀表、1900 年德国产鸟鸣珐琅八音盒等六十八件古董钟表，其中有许多钟表更是陈瑞祥自己多年的珍藏。2015 年 9 月，由他创办的强达钟表文化中心正式开业，不仅极大地填补了温州市钟表文化的空白，也为更好地传承钟表修复技艺和传播钟表文化提供了交流平台。每年，都有许多来自全国各地的古董钟表行家到强达钟表文化中心进行交流，国内专业的名表交流网站还专门设有温州站，里面主要交流物品来自强达钟表文化中心。强达钟表文化中心共有两层楼，一层是省级技能大师工作室和当代现代经典名表的交流区，二层是钟表文化展示区，内部陈列包括宫廷珐琅微绘怀表、19 世纪麦森古董瓷器钟、19 世纪中期宝石花篮钟等在内的百余款藏品，清晰地展示了钟表的发展脉络。两层楼之间由有着二十四级台阶的玻璃旋梯连接，而这二十四级台阶则寓意着一天的二十四小时。可以说，在强达钟表文化中心的每一处地方，都能让人感受到时光所赋予的魅力。2015 年 12 月，陈瑞祥在温州市博物馆举办了"时光的艺术——温州民间收藏钟表精粹展"，这也是温州第一次大型钟表文化展览。2016 年 6 月，他还将历峰集团世界著名钟表品牌罗杰杜彼引进温州传播钟表文化。

除此之外，他多次在温州举办古董钟表鉴赏会、组织中小学生开展"走进钟表世界"公益活动、举办公益讲座，向近万人传播钟表文化知识。他与南开大学共同研发钟表教玩类的玩具，让孩子在接触过程中寓教于乐，体验钟表的独特魅力，更清楚时间的概念。另外，他还策划编辑了两本关于钟表的书籍，获得国际社会的极大认可。第一本名为《时光的艺术》，书中主要展示了欧洲的钟表，从早期的日晷、沙漏到现在各式钟表。该书一经出版便收获诸多好评，但陈瑞祥并没有沉浸在人们的赞誉之声中，而是进行了更多的思考：国外拥有这么多钟表，国内是否同样也有呢？于是，他将自己、父亲、爷爷多年来耗费心血从全国各地收藏的珍贵钟表整合起来，并从中甄选修缮了能见证近代中国命运和中国共产党的革命及建设的艰辛历程与精神风貌的钟表一百多件，编辑成册，命名为《时光的

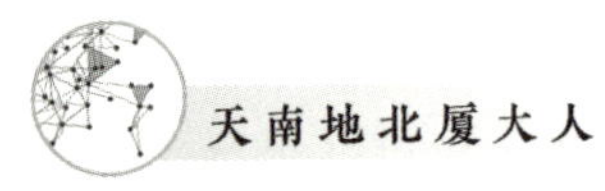

印记》。书中展示的钟表藏品，时间横跨整个 20 世纪。借助“钟表”这一独特的计时仪器，见证国家技术水平的发展，从钟表发展的脉络，展现中华民族的伟大复兴。也正如书中所言 :“以钟声之抑扬顿挫响应历史之起承转合，以指针之默言细语管窥历史之波澜壮阔。”这本书也填补了相关数据的空白。当《时光的印记》交到日内瓦时，受到了极大称赞。正是在他不懈的努力下，温州市民对钟表的认知度逐渐提高，对钟表的好感度也不断加深，温州的钟表文化日渐兴盛。

放眼于美好未来

李克强总理曾在政府工作报告中提到“培育精益求精的工匠精神”。在陈瑞祥看来，工匠精神的本质就是敬业精神，对自己的本职工作有所热爱。对于钟表行业，他有着满腔的热爱与热情，他一直以“专心专注、持之以恒、精益求精、突破创新”要求自己。作为一名钟表维修师，陈瑞祥用一双巧手，化腐朽为神奇，在方寸之间让无数钟表重获新生。作为一名钟表文化传播者，陈瑞祥用与时俱进的互联网思维，为钟表注入源源不断的活力，用各种方式提高市民对钟表的认知度。所谓精于一业娴于一技者被称之为“匠人”，陈瑞祥是一名“匠人”，他将钟表修复和钟表文化传播做到了极致，用切实的行动诠释着“工匠精神”。他的努力付出，也让他获得了“首届温州市十大青年工匠”等荣誉称号 ; 2016 年 11 月，受团中央邀请，他为“大众创新，万众创业——与信仰对话”大型活动做“投身创新创业，弘扬工匠精神”的主题演讲，向全国青年宣传钟表文化和工匠精神。

陈瑞祥主题演讲照

对陈瑞祥而言，钟表修复和钟表文化传播不仅仅是一个养家糊口的谋生工具，更是对他家族的一份责任。他希望将钟表作为温州的一张名片，更好地服务浙江省，为国家尽一分力量。他说："钟表是记录时间的仪器，是伴随人类成长的元素，它集合了历史、艺术、美学、数学、物理学、天文学和机械力学等，是人类所有智慧和工艺的结晶。"他真切地希望带领大家走进时光里的美。

陈瑞祥对未来钟表文化的发展也有着美好的期望。钟表文化在国外近乎人人熟知，许多知名博物馆更是单独开设了钟表专馆，传播钟表文化。如今。我国钟表文化的发展也已经逐渐走上正轨，人们对于钟表的认知度在不断提高，越来越多的人对钟表产生了兴趣。他希望未来温州的钟表文化能得到国际上的认可，更好地与国外进行交流，让温州的钟表文化能够"走出去"。

年难留，时易损，但从陈瑞祥以及与他一样热爱事业、追求精益求精的钟表维修师们身上所展现出的"工匠精神"，一定能经受住时间的考验，随着承载他们精湛工艺、细心耐心的钟表穿越时空，熠熠生辉，在"滴答、滴答"的钟表声中不断延续。

原音回放：

"不论选择什么行业，只要力求精益求精，沉下心来，不断琢磨，不断创新，都能成功。"

（文 / 学生记者 章韵洁；图 / 受访者提供）

柯希平：造商海传奇，扬慈善之道

人物名片：

柯希平，厦门大学2014级管理学院EMBA校友，EMBA 2014级厦门校友会荣誉会长、厦门大学MIB校外导师。现任厦门恒兴集团董事长、厦门市工商联主席和福建省工商联副主席、政协第十三届全国委员会社会和法制委员会委员、全国工商联执委会常委。

他是多届福布斯富豪榜的“商界精英”，因投资紫金矿业一战成名；他热心于教育慈善事业，多次捐助家乡学校和贫困学生；多年来，他也用实际行动和亲身经历，让“企业家精神”深入人心，给予人们诸多思考和启发。

独具慧眼，书写造富神话

从安溪小镇里的普通青年，到兼具多重身份的“商界精英”，柯希平靠的不仅仅是运气。

早在青年时期，柯希平就展现出过人的商业头脑。他敏锐地发现平原与山区农作物的不同，用以物易物的方式，减少了买卖的中间流通环节，从中获取利润。

改革开放之初，在安溪木偶戏团工作的柯希平响应国家“以文养文”方针，主动请缨，成立了一家文化服务公司，不拿工资，自负盈亏。1989年，他承包了福建省乡镇企业供销公司厦门分公司，从此开始了在厦门的创业生涯。

1994年，柯希平在湖里马垅创办了恒兴建筑装修材料公司，也就是恒兴集

团的前身。经过二十五年发展，如今恒兴集团已成为集股权投资、冶金矿产、物业资产、贸易、文化旅游、教育等为一体，总资产超过一百七十亿、营业额超过一百二十亿、利税总额超过九亿的大型民营企业集团。

而真正让柯希平走入大众视野的关键，是他投资紫金矿业并大获成功的“传奇”经历。

1996 年，柯希平利用闲置的工程设备与紫金矿业开展合作。随着对紫金矿业的深入了解，他看到了潜藏在黄金背后的投资价值。2001 年，紫金矿业启动改制时，柯希平又筹集了大笔现金入股紫金矿业。

让柯希平始料未及，时隔十年，对紫金矿业的投资成为投资生涯中的一次神来之笔，也成为中国资本市场啧啧称奇的造富神话。

回馈社会，以公益兴教育

“人活世上，得为社会留点什么。”柯希平深知教育的重要性以及贫困学生求学艰难的处境，大力开展教育慈善事业。

他在安溪创办了非营利性的恒兴中学，捐建了安溪第十五幼儿园（暨铁铮幼儿园）；十多年来每年资助一百位贫困学生免费上学，已向数百位贫困大学生提供资助和奖励；先后向厦门大学、福建农林大学安溪茶学院、安溪进来学校、安溪八中校董会、龙岩上杭一中等捐款近亿元。至今，柯希平在教育及公益事业的捐款已累计超过四亿。

作为厦门大学 2014 级 EMBA 校友，柯希平也多次资助母校的教育事业。在他看来，这不仅是一名企业家的责任担当，也是作为一名学子的感恩回报。“在厦大学习的经历让我收获很多，对我的事业很有启发，因此我想为母校做点贡献。”他希望这些款项能够用于杰出人才的培养，资助他们的科研项目，培养名师、奖励优秀学生，通过一代又一代人的努力，让学生们享受最好的教育资源。

除了捐款，柯希平也乐于与年轻人分享经验与智慧，以一名“师者”的身份“传道授业解惑”。2014 年，柯希平受聘成为厦门大学国际商务硕士（MIB）的校外导师，以“一带一”的方式，帮助 MIB 学员提高国际商务实践技能。在他看来，这是以另一种方式来关心、支持教育。无论是与学生分享创业经验和恒兴集团的发展经验，还是给他们提供观摩、实践机会和讲座、论坛资源，都是能实实在在为学生提供帮助的途径。

柯希平近照

担任校外导师，于他而言，也是一个“教学相长”的过程，柯希平说：“和学生们交流，不只是我教他们，我也从年轻人身上学习到很多，比如年轻人的开拓思想，创新精神等。”

自悟自省，体会处世哲学

三十六年经商史，二十六年企业创业史，这期间充满了无数艰辛与收获，共同浇铸出柯希平对于创业、对于经商、对于社会、对于人生的理解与思考。

在柯希平看来，一位优秀的企业家必须具备睿智、韧性、诚信、信念和责任五大特质。

企业家首先必须是聪明的，有对宏观的洞察和对微观的认知能力，以及对机会的把握和对未来的先觉能力。除了投资紫金矿业，为了迎合建材市场的巨大需求，他主导投资兴建了厦门江头建材市场，正好赶上了中国房地产高歌猛进的黄金二十年；怀着家乡情怀，他响应政府政策，投资了安厦快速道；因为看中了不

可复制的地理位置，他投资了厦门财富中心，完成了一次“抄底”杰作……这一系列的投资手笔，让柯希平被人们称为“中国 A 股的掘金客”。

“人到绝境，必有转机。”这是柯希平常挂在嘴上的一句话。在他看来，经商就如人生，难免经历酸甜苦辣、起起伏伏。若是没有当初闲置设备面临损失的困境，他也不会与紫金矿业结缘，之后的投资也无从谈起。

同时，在担任厦门市工商联主席与全国政协委员期间，柯希平呼吁恢复“商人节”，倡导“在商言信，大益为公”。在积极参与慈善事业的过程中，他也践行着属于自己的社会责任。这一切，都源自他身为一名企业家的内心驱动。

而厦大独有的文化精神传统，也对柯希平影响颇深，他说：“厦大校训‘自强不息，止于至善’激励着我们积极进取、努力开拓，追求至善至美。这是我对自己、对我的员工的要求，不管是学习、工作、生活，都应该不断追求进步，这也是恒兴集团发展的原动力。”

原音回放：

“厦大是一所优秀的高等学府，一直在源源不断地为社会培养、输送优秀的人才。我相信在全体师生的共同努力下，将来厦大不仅是国内名校，还能成为在亚洲乃至全世界有影响力的高校。”

（文 / 学生记者 赵学真；图 / 受访者提供）

佘施淑好：育慈善之种，修福慧双馨

人物名片：

1986 年，厦门大学知名校友、菲律宾著名实业家、爱国华侨佘明培捐资在思明校区修建了厦门大学第一所现代化综合室内体育馆——明培体育馆；2012 年，厦门大学九十一周年校庆之际，其遗孀佘施淑好在翔安校区捐建了一所利用太阳能的现代化游泳馆——佘明培游泳馆。爱国之情拳拳，念校之意殷殷，佘氏夫妇以无私博大的胸襟、兼济天下的情怀矢志不渝地回馈祖国，建设母校。

感恩母校，开捐资兴学之风

据了解，佘明培自幼家贫，高中辍学，浮沉商海，故而倍惜学习机会，深感教育对国家发展、民族振兴的重要，毕生热心发展文教事业，竭力促进中菲友好交流。1957 年，佘明培入读厦门大学海外函授学院中国语文专修班，不仅得偿了其读书之夙愿，更是开启了与厦大一生的不解情缘。

1985 年，佘明培与厦大总务长黄良快老师、柯芳楠师兄漫步校园时，听闻学校尚缺一所正式的体育馆供师生强身健体，毅然答应出资兴建。回菲后，考虑到自身经济能力，他致信厦大校务委员会，写道：“以敝人及内子施淑好之名义献捐人民币外汇券一百万，以作为在母校校园建一室内体育馆之费用，为故国教育、体育事业的发展，为母校的建设和发展，稍尽绵力。”

1986 年 4 月 6 日，体育馆破土奠基，次年正式开工。可惜天妒英才，佘明培于 1988 年 5 月 9 日在菲律宾马尼拉的住所附近不幸遇害，众界震惊，菲华哀恸。

明培体育馆奠基仪式

淑好强忍悲痛，以顽强的毅力肩负起菲立电线电缆有限公司的经营重任，以坚定的信念秉承了先夫“滋兰树慧，泽被后世”的巍壮遗志，接力完成建设体育馆的善举。最终明培体育馆于 1990 年 4 月竣工，建筑面积四千七百多平方米，共三层，外形层叠如金字塔，屋顶为进口铝锌钢板，馆内设两千个座位的篮球场。三十年来，明培体育馆为无数厦大学子体育锻炼提供了极佳的场所，为学校开展各项文化体育活动提供了优良的场地。

剪彩当日，淑好怀着悲喜交加的心情发表讲话，“明培在世时，一再强调以他

佘施淑好近照

有限的能力，献出区区之数，只是想抛砖引玉”。明培遂成首位向厦大捐赠超过百万的海外校友，掀起了菲律宾华侨捐资兴学厦大的蔚然之风。

耳濡目染，播慈善公益之种

淑好数十年如一日地热忱公益事业，可以说源于其乐善好施、帮贫助困之家风的熏陶。1939 年，淑好生于菲律宾马尼拉，兄弟姐妹八人，祖籍福建晋江石狮，中学就读于菲律宾中正学校，大学毕业于台湾师范大学国文系，曾任中学教师兼教务主任。其父为菲律宾第一代移民，虽中年早逝，但是先考生前热爱家乡、辛勤工作、关心乡民的美德声名远扬，颂为佳谈，对她后来的乐心行善产生了深远的影响。

1965 年，淑好与明培喜结连理，婚后协夫从商，教儿育女。公公佘文闪古道热肠，每每返乡都会久居数日，并向亲朋好友广发善款，尽表心意。明培生前高瞻远瞩，于中菲建交前夕创立“菲华青年友好协会”；坚信祖国统一大业有朝一日终将实现；兴学助教，长期支持菲律宾的华文教学、故国母校的教育发展，因而淑好对祖国、对厦门大学也怀有一种特殊而深厚的感情。

明培去世后，为完成其“希望播下爱的种子，将来能长出芬芳的花朵，结出丰硕的果实，遍撒全国和海外世界各地”的遗愿，淑好与家人成立“佘明培纪念基金会”，资助菲律宾家庭困难的大学生全部学费，设立菲律宾第一个“佘姓华文教师奖励金”，也曾鼎力支持菲律宾华教中心的华语师资队伍“造血计划”或文教事业。

1998 年，厦门大学“萨本栋教育科研基金会”成立，随即众筹善款，佘氏家属慷慨解囊；2004 年起，淑好便参与台湾陪伴照顾癌症病患的团体活动；2014 年，台湾“六合心家园健康癌友协会”创立，她更加投入，于台湾、厦门和菲律宾等地义务照顾陪伴癌友；2007 年，明培家族捐建福建师范大学新校区的行政大楼——佘明培楼；2015 年，应福建省教育厅之邀，她捐资兴建了福建山区的十所小学。“收到孩子们的作文及成果报告，我实在是万分欣喜，真希望有机会能亲眼看看他们的成长”，举手投足之间，流露出她对慈善事业无限的热爱与追求。

垂教后人，承中华文化之美

现在的淑好，家族长幼共融，尽享天伦之乐，定制的手机外壳上印有全家福照片，时时相伴，甚为珍视。提及所育的二儿三女，她言语里满是自豪和期许，“现在孩子们都事业有成，家庭幸福美满，热心公益事业”。

淑好和她的家人们

出于培养子女优秀品德和良好修养的苦心，淑好在他们的成长过程中扮演了严母的形象。待儿女长大成人后，她选择了尊重与信任，将家族事业悉数托付，成就了今日菲立电线电缆有限公司屹立菲律宾电缆行业龙头的辉煌。

淑好一直坚持子孙接受华文教育、践行公益精神。她将孩子们送至华校就读，掌握中文和闽南语，鼓励他们利用暑假到中国加强学习，亲身感受中国社会的巨变，体会中华文化的优美；经常带领家族子女参观捐资兴建的厦门大学明培体育